古典文獻研究輯刊

十六編

潘美月・杜潔祥 主編

第 11 冊

趙翼年譜長編（第一冊）

趙興勤 著

國家圖書館出版品預行編目資料

趙翼年譜長編（第一冊）／趙興勤 著 — 初版 — 新北市：花
木蘭文化出版社，2013〔民 102〕
目 4+230 面；19×26 公分
（古典文獻研究輯刊 十六編；第 11 冊）
ISBN：978-986-322-162-3（精裝）
1.（清）趙翼 2.年譜
011.08 102002355

ISBN-978-986-322-162-3

9 789863 221623

古典文獻研究輯刊
十六編 第十一冊 ISBN：978-986-322-162-3

趙翼年譜長編（第一冊）

作 者	趙興勤	
主 編	潘美月 杜潔祥	
總 編 輯	杜潔祥	
企劃出版	北京大學文化資源研究中心	
出 版	花木蘭文化出版社	
發 行 所	花木蘭文化出版社	
發 行 人	高小娟	
聯絡地址	235 新北市中和區中安街七二號十三樓	
	電話：02-2923-1455／傳真：02-2923-1452	
網 址	http://www.huamulan.tw 信箱 sut81518@gmail.com	
印 刷	普羅文化出版廣告事業	
初 版	2013 年 3 月	
定 價	十六編 30 冊（精裝）新台幣 50,000 元	

趙翼年譜長編（第一冊）

趙興勤　著

作者簡介

趙興勤，1949 年 7 月生，江蘇沛縣人，江蘇師範大學文學院教授，中國古代文學、戲劇戲曲學研究生導師。兼任中國元好問學會理事、中國《金瓶梅》研究會（籌）理事、江蘇省明清小說研究會副會長、《西遊記》研究分會常務理事、常州市趙翼研究會副會長等職。已出版的學術著作有《古代小說與倫理》、《明清小說論稿》、《趙翼評傳》（南京大學版）、《中國古典戲曲小說考論》、《古代小說與傳統倫理》、《趙翼評傳》（江蘇人民版）、《理學思潮與世情小說》、《元遺山研究》、《話說〈封神演義〉》、《趙翼研究資料匯編》等 17 種，主編、參編《中國風俗大辭典》、《中國古代戲曲名著鑑賞辭典》等 30 餘種，在海峽兩岸發表論文 150 餘篇。

提　　要

　　趙翼（1727～1814），字雲松，號甌北，晚號三半老人，江蘇陽湖（今江蘇常州武進）人，為清中葉著名文學家、史學家，與袁枚、蔣士銓並稱「乾隆三大家」，其歷史貢獻很值得深入探究。本譜正文每年下分「時事」、「本事」兩部分。「時事」在前，主要交代本年國內重要政事及文人活動，特別是與譜主生平、思想相關之重大事件、人物活動，以俾讀者深入理解，並盡可能還原歷史語境、回到歷史現場。「本事」列後，以譜主詩歌為主要線索，酌參《甌北先生年譜》、《西蓋趙氏宗譜》、史志碑傳及清代各家別集、筆記、年譜、日記等，舉凡譜主參與之政事及交遊、唱酬乃至生活瑣屑，可考者均一一入錄，不憚詳細。力圖以豐贍翔實之歷史資料，將譜主籠罩於宏觀、多維背景之下，對其心路歷程作熨帖式的回味與咀嚼，以期真實勾勒甌北思想演化的軌，展現譜主精神世界裏豐富而又矛盾的種種面相。甌北交遊廣闊，作品中出現的人物以數百計，凡史籍載有「本傳」或資料較易查覓者，本譜一般只作交代性述；凡不甚著名，尤其是古籍所載有誤或近年出版的相關著述漏收或誤考者，則儘量蒐羅剔抉，詳加考訂，以補苴漏。從一定意義上講，本譜既是一本趙翼之詳盡年譜，亦是一部譜主作品之編年稿，還可視為迄今最為全面的甌北交遊叢考。本譜融史料與史識為一體，甄別史實之精，廓清積溷之勤，排比年月之細，考訂事之詳，引經據典之專，澄明發覆之功，反映了當前趙翼史實研究的現狀與水平。本譜與《趙翼研究資料彙編》同時發行，是作者兩部《趙翼評傳》的後續之作，堪稱目前海內外趙翼研究方面頗具代表性的成果。

全國高等院校古籍整理研究工作委員會
直接資助專案

（批准編號：0945）

目次

第一冊

附　圖

前　言 ………………………………………………… 1

凡　例 ………………………………………………… 5

趙氏世系圖略 ………………………………………… 9

雍正五年丁未（1727）一歲 ……………………… 27

雍正六年戊申（1728）二歲 ……………………… 28

雍正七年己酉（1729）三歲 ……………………… 28

雍正八年庚戌（1730）四歲 ……………………… 30

雍正九年辛亥（1731）五歲 ……………………… 31

雍正十年壬子（1732）六歲 ……………………… 32

雍正十一年癸丑（1733）七歲 …………………… 33

雍正十二年甲寅（1734）八歲 …………………… 35

雍正十三年乙卯（1735）九歲 …………………… 37

乾隆元年丙辰（1736）十歲 ……………………… 39

乾隆二年丁巳（1737）十一歲 …………………… 43

乾隆三年戊午（1738）十二歲 ……………………………… 45

乾隆四年己未（1739）十三歲 ……………………………… 47

乾隆五年庚申（1740）十四歲 ……………………………… 50

乾隆六年辛酉（1741）十五歲 ……………………………… 52

乾隆七年壬戌（1742）十六歲 ……………………………… 55

乾隆八年癸亥（1743）十七歲 ……………………………… 57

乾隆九年甲子（1744）十八歲 ……………………………… 59

乾隆十年乙丑（1745）十九歲 ……………………………… 63

乾隆十一年丙寅（1746）二十歲 …………………………… 68

乾隆十二年丁卯（1747）二十一歲 ………………………… 69

乾隆十三年戊辰（1748）二十二歲 ………………………… 75

乾隆十四年己巳（1749）二十三歲 ………………………… 78

乾隆十五年庚午（1750）二十四歲 ………………………… 88

乾隆十六年辛未（1751）二十五歲 ………………………… 96

乾隆十七年壬申（1752）二十六歲 ………………………… 99

乾隆十八年癸酉（1753）二十七歲 ………………………… 103

乾隆十九年甲戌（1754）二十八歲 ………………………… 108

乾隆二十年乙亥（1755）二十九歲 ………………………… 119

乾隆二十一年丙子（1756）三十歲 ………………………… 128

乾隆二十二年丁丑（1757）三十一歲 ……………………… 140

乾隆二十三年戊寅（1758）三十二歲 ……………………… 153

乾隆二十四年己卯（1759）三十三歲 ……………………… 167

乾隆二十五年庚辰（1760）三十四歲 ……………………… 180

乾隆二十六年辛巳（1761）三十五歲 ……………………… 190

乾隆二十七年壬午（1762）三十六歲 ……………………… 201

乾隆二十八年癸未（1763）三十七歲 ……………………… 212

第二冊

乾隆二十九年甲申（1764）三十八歲 ……………………… 221

乾隆三十年乙酉（1765）三十九歲 ………………………… 241

乾隆三十一年丙戌（1766）四十歲 ………………………… 257

乾隆三十二年丁亥（1767）四十一歲 …………… 282

乾隆三十三年戊子（1768）四十二歲 …………… 299

乾隆三十四年己丑（1769）四十三歲 …………… 322

乾隆三十五年庚寅（1770）四十四歲 …………… 342

乾隆三十六年辛卯（1771）四十五歲 …………… 365

乾隆三十七年壬辰（1772）四十六歲 …………… 381

乾隆三十八年癸巳（1773）四十七歲 …………… 410

乾隆三十九年甲午（1774）四十八歲 …………… 429

乾隆四十年乙未（1775）四十九歲 ……………… 434

乾隆四十一年丙申（1776）五十歲 ……………… 444

乾隆四十二年丁酉（1777）五十一歲 …………… 451

第三冊

乾隆四十三年戊戌（1778）五十二歲 …………… 461

乾隆四十四年己亥（1779）五十三歲 …………… 474

乾隆四十五年庚子（1780）五十四歲 …………… 496

乾隆四十六年辛丑（1781）五十五歲 …………… 510

乾隆四十七年壬寅（1782）五十六歲 …………… 520

乾隆四十八年癸卯（1783）五十七歲 …………… 533

乾隆四十九年甲辰（1784）五十八歲 …………… 544

乾隆五十年乙巳（1785）五十九歲 ……………… 570

乾隆五十一年丙午（1786）六十歲 ……………… 600

乾隆五十二年丁未（1787）六十一歲 …………… 624

乾隆五十三年戊申（1788）六十二歲 …………… 635

乾隆五十四年己酉（1789）六十三歲 …………… 659

乾隆五十五年庚戌（1790）六十四歲 …………… 667

乾隆五十六年辛亥（1791）六十五歲 …………… 687

第四冊

乾隆五十七年壬子（1792）六十六歲 …………… 701

乾隆五十八年癸丑（1793）六十七歲 …………… 725

乾隆五十九年甲寅（1794）六十八歲 …………… 749

乾隆六十年乙卯（1795）六十九歲 …………… 756

嘉慶元年丙辰（1796）七十歲 …………… 773

嘉慶二年丁巳（1797）七十一歲 …………… 792

嘉慶三年戊午（1798）七十二歲 …………… 822

嘉慶四年己未（1799）七十三歲 …………… 844

嘉慶五年庚申（1800）七十四歲 …………… 857

嘉慶六年辛酉（1801）七十五歲 …………… 879

嘉慶七年壬戌（1802）七十六歲 …………… 910

第五冊

嘉慶八年癸亥（1803）七十七歲 …………… 927

嘉慶九年甲子（1804）七十八歲 …………… 947

嘉慶十年乙丑（1805）七十九歲 …………… 970

嘉慶十一年丙寅（1806）八十歲 …………… 984

嘉慶十二年丁卯（1807）八十一歲 …………… 1006

嘉慶十三年戊辰（1808）八十二歲 …………… 1020

嘉慶十四年己巳（1809）八十三歲 …………… 1041

嘉慶十五年庚午（1810）八十四歲 …………… 1056

嘉慶十六年辛未（1811）八十五歲 …………… 1069

嘉慶十七年壬申（1812）八十六歲 …………… 1074

嘉慶十八年癸酉（1813）八十七歲 …………… 1079

嘉慶十九年甲戌（1814）八十八歲 …………… 1086

主要人名索引 …………… 1089

主要參考文獻 …………… 1137

後　記 …………… 1159

附　圖

趙翼行書手卷

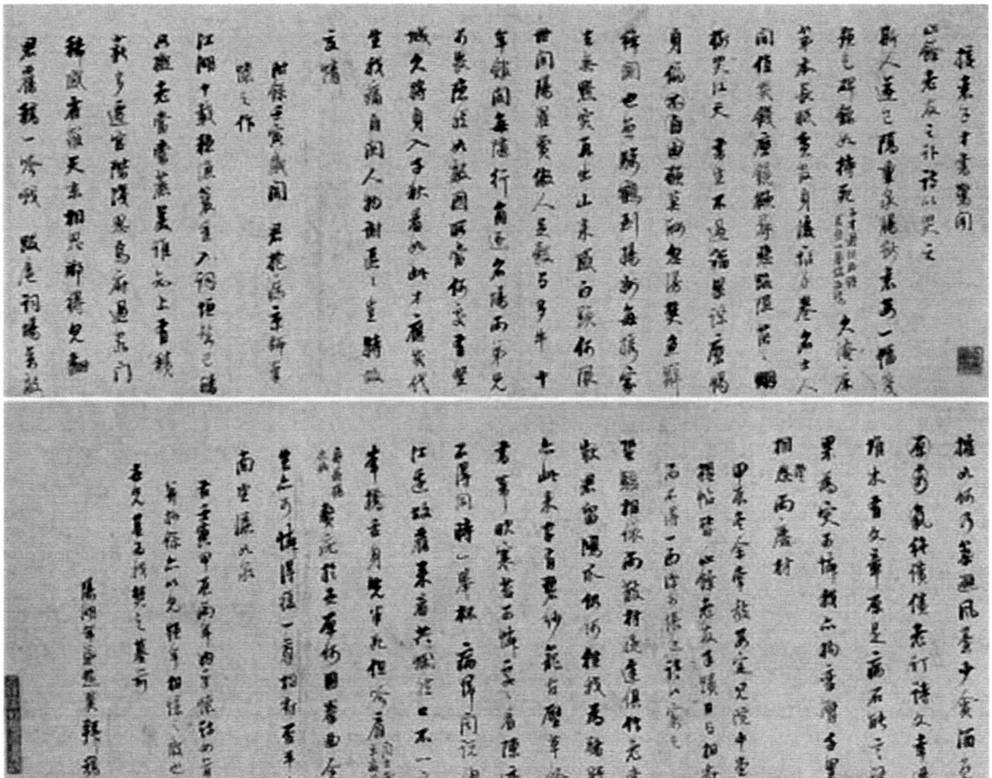

趙翼《庭園坐談圖》

文政十年丁亥東都書林新鐫本《甌北詩選》

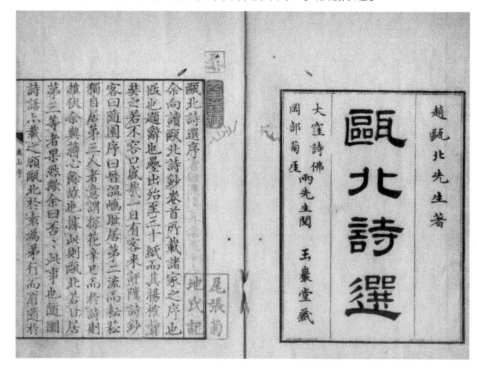

—圖 2—

紅杏山房刻本《甌北詩鈔》

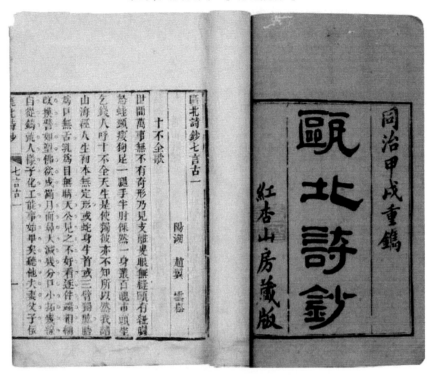

湛貽堂刻本《陔餘叢考》

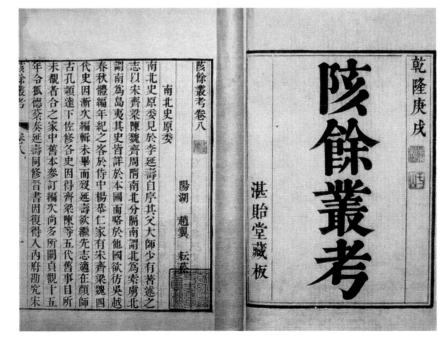

湛貽堂刻本《甌北集》

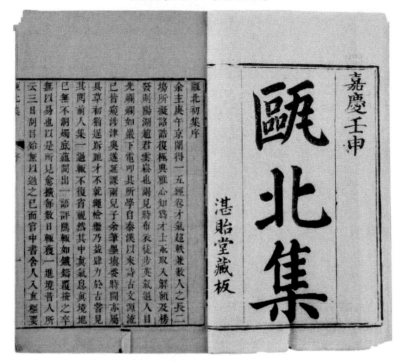

湛貽堂刻本《甌北詩話》

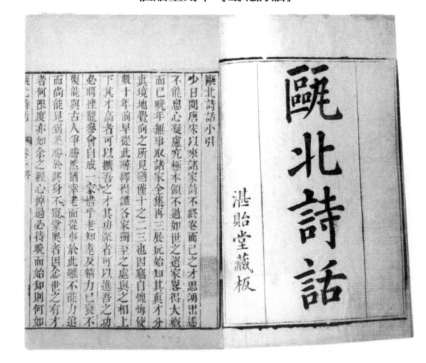

—圖4—

壽考堂刻本《皇朝武功紀盛》

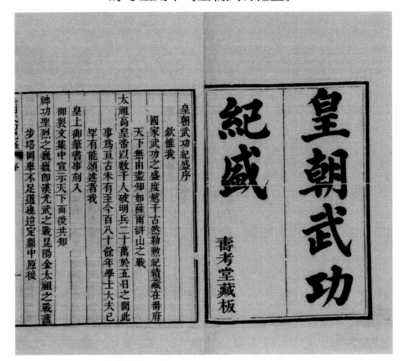

廣雅書局刻本《廿二史劄記》

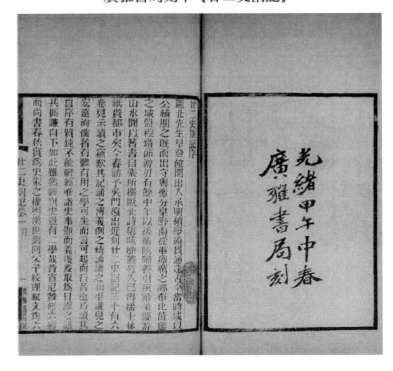

—圖 5—

趙翼書法扇面（一）

趙翼書法扇面（二）

趙翼書法扇面（三）

趙翼書法扇面（四）

趙翼書法對聯（一）

趙翼書法對聯（二）

—圖7—

趙翼書法對聯（三）　　趙翼書法對聯（四）　　趙翼書法對聯（五）

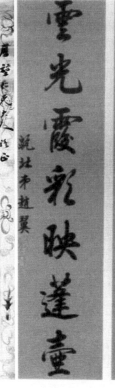

趙翼行書軸（一）　　　　　　趙翼行書軸（二）

—圖8—

趙翼行書軸（三）

趙翼行書軸（四）

山不在高有僊則名水不在深有
龍則靈斯是陋室惟吾德馨苔痕
上階綠草色入簾青談笑有鴻儒
往來無白丁可以調素琴閱金經
無絲竹之亂耳無案牘之勞形南
陽諸葛廬西蜀子雲亭孔子云何
陋之有

癸酉暮春右書陶淵明陋室銘文　趙翼

趙翼致王昶手箚（局部）（一）

趙翼致王昶手箚（局部）（二）

—圖9—

前　言

　　清人趙翼，文史兼擅，在當時就已聲被海外，尤其在東南亞一帶，有著巨大的影響。學界一般認爲，「域外漢籍」包括三方面內容：流傳到國外的中國古代典籍；國外整理刊刻的中國古代典籍；歷史上由國外作家和漢學家用漢文書寫的文學作品等。現有資料顯示，趙翼的域外影響已涉及上述全部內容：一是清中後葉《甌北詩話》等著作已隨駐外使節、商船等流傳海外；二是甌北部分作品在海外被翻刻且有域外題跋，如《廿二史劄記》等傳入日本後曾被翻刻，賴襄子成於丙戌年（道光六年，1826 年）所寫之跋語曰：「王鳴盛有《十七史商榷》，錢大昕有《二十二史考異》，皆與趙書同體，而趙可資實用。」又謂：「世人往往貴耳賤目，若甌北者，措諸古人中極難得者，雖曰史學千古一人可也。」三是趙翼諸人詩，已以選本等形式廣爲流傳，在當時之日本「靡不家置一編，晨夕課誦」，對森魯直、賴山陽、大窪詩佛、菊池海莊等詩壇名宿俱產生較大影響。仿擬、唱和、步韻、評說甌北詩作的人比比皆是，追慕甌北成爲一時風尙。

　　對於趙翼的研究，據臺灣權威研究機構所編《乾嘉學術研究論著目錄》，上個世紀 50 年代至 90 年代中葉，日本與中國學者所發表的趙翼研究論文僅 60 餘篇。在這一時期的研究成果中，最爲特出的是杜維運先生的《趙翼傳》。是書第一次對趙翼作系統探究，客觀評價了傳主在史學方面所取得的成績。21 世紀以來，趙翼研究走向深化與拓展。本人在這一研究領域，也做了積極的探索。2002 年，所著《趙翼評傳》於南京大學出版社出版，對傳主的心路歷程作了多層面的開掘，探索了甌北的社會政治思想、哲學思想、史學思想、詩歌創作思想等。是書反響良好，2009 年南京大學出版社再次印刷，2011 年

又推出上、下冊典藏本。2008 年，本人第二部《趙翼評傳》（係同名著作）由江蘇人民出版社出版。該書深入傳主人格血脈和精神維度的底層，眞實勾勒出甌北鮮明的思想演化軌蹟，還原了其精神世界的豐富性與矛盾性。2009 年，由曹光甫、李學穎先生點校的《趙翼全集》由鳳凰出版社出版，是新世紀以來趙翼著述整理上的主要收穫。另外，白興華《趙翼史學新探》（中華書局 2005 年版）、梁揚、黃海雲《古道壯風——趙翼鎮安府詩文考論》（中國社會科學出版社 2005 年版）、李鵬《趙翼詩歌與詩論研究》（汕頭大學出版社 2007 年版）、周明儀《趙甌北詩及其詩學研究》（臺灣花木蘭文化出版社 2008 年版）等著作，在趙翼專題研究方面也比較有特色，但主要關注點並不在趙翼史實研究。

就現有文獻而論，趙翼史實大體比較清晰，但有很多細節問題學界看法往往似是而非，即使著名學者，也不能例外。（參見拙文《關於趙翼研究的幾個細節問題》，載《閱江學刊》2010 年第 2 期）作爲趙翼史實研究最重要的參考資料，清湛貽堂本《甌北全集》所收《甌北先生年譜》（以下簡稱《舊譜》）亦時有疏漏，對趙翼諸多史實交代不清甚或敘述有誤。主要表現在三個方面：

一、是史實漏載。如趙翼在出任揚州安定書院講席之前，先後於乾隆四十五年、四十八年，分別任教於淮安的淮陽書院、儀徵的樂儀書院。甌北有《漕帥鄂公延主淮陽講席賦呈》（《甌北集》卷二六）、《赴眞州樂儀書院即事》（《甌北集》卷二八）諸詩可證。另，乾隆四十八年九月，甌北曾隨同趙懷玉等人出遊陽羨張公洞、善卷洞等處，《舊譜》及《甌北集》均未載，據趙懷玉《亦有生齋集》補入。

二、爲事件誤植。趙翼「葬太恭人」事，《舊譜》乾隆四十五年庚子（1780）曾載及。其實，據甌北乾隆四十六年辛丑（1781）所寫《四月初一日營葬事於馬蹟山禮成敬志三律》（《甌北集》卷二七）諸詩來看，此事乃發生在次一年。《舊譜》將此事誤植入乾隆四十五年。（詳見本譜乾隆四十五年考述）

三、是人名有誤。《舊譜》於乾隆三十七年載曰：「奉旨送部引見。圖公欲奏留於貴州，囑學使孫公士毅、藩司韋公謙恒、糧道國公棟咸來道意，圖公又親至省寓勸留。」「糧道國公棟」云云，乃國梁之誤。甌北《壬辰冬仲，以廣州讞獄舊事，吏議左遷，特蒙溫旨，送部引見，聖恩高厚，蓋猶不忍廢棄。而衰親年已七十有五，書來望子甚

殷。論令早歸，一慰倚閭望，因呈乞開府圖公給假旋里，擬即爲終養計。途中無事，感恩述懷，得詩十首》(《甌北集》卷二〇) 之五「多謝諸公苦挽行」句後注曰：「圖公堅欲奏留，補山、約軒、笠民諸公亦多敦勸。」笠民，又作粒民，乃國梁號，時任貴州糧驛道，與《舊譜》所標署身份相同。《欽定八旗通志》卷一二〇《藝文志》謂：「《澄悅堂詩集》，國梁撰。國梁，滿洲人，姓納拉氏，乾隆丁巳進士，官至貴州糧驛道。遺稿甚富，尚未付梓，其兄國棟，字天峰，官總兵，亦能詩，稿多散失不傳。」可見，《舊譜》記載有誤。(詳見本譜乾隆三十七年考述) 此等狀況甚多，不一一列舉。

　　另外，《甌北集》雖是編年體，然後來所收，由於時隔久遠，亦偶有時間錯亂之現象。甌北與人交往，有的來往不多，或僅一面之交，而姓名、字號往往僅記其音，以致把「胡雙湖」誤作「吳雙湖」，「萍洲」寫作「屛周」，這便給史實研究帶來了困難。而且，趙翼爲人和善，交際廣泛，與之有交往的人恐不下數百。所交往者中，不少在當時爲知名之士，然而，隨著時光的流逝，其中大多爲歷史的塵埃所遮蔽，考察起來，有不少難度，即便目下一些有關清代文學的年表、敘錄、提要、辭書等專書，或因材料搜尋未廣，記載往往有誤；或將其生卒年搞錯，如江春、唐思之卒年，全德之生平等；或將江蘇武進之蔣蘅與福建甌寧之蔣蘅混爲一談。若想將與其有交往者之行誼一一梳理清楚，囿於聞見，誠非易事。所以，筆者儘管花費了很大氣力，糾正各書疏漏達上百處之多，但有些人物的考訂，仍未必完全準確；某些人物之事迹，還只能暫付闕如，以俟來日。

　　本譜的撰著，基本思路是重讀甌北傳世全部著作，擇選閱讀大量清人別集，佔有第一手材料，並對涉及甌北之史料文獻做較爲系統的比勘對讀，釐清至今仍纏繞不清的相關趙翼史實問題。同時，也留意輯錄其佚詩佚文，以補《趙翼全集》之未逮。研究方法主要是實證研究法，對甌北家鄉江蘇常州、甌北仕宦或掌教之地廣西德保 (鎮安府)、廣東廣州、江蘇揚州等處，或作實地考察，或盡可能地尋訪查閱檔案、書信、手箚、家譜、方志、碑傳等地方文獻及相關資料。

　　本譜的另一著重點，是挖掘甌北與乾嘉非著名文人的互動。就史實而論，甌北的交往主要集中在如下幾個層面：一爲遊幕京師、供職翰林院之時的文化圈，所結交多爲當道大僚、翰苑名流、詩文同好。二爲遊宦西南、從軍滇

南時的文化圈，所結交除當地官宦外，還有方面大吏、閫外將軍。三爲揚州任教時之文化圈，所結交多爲賦閒官吏、文化名人、富商巨賈、過往名流。四爲吳中文化圈，所結交除書生宿儒、詩文名家外，還有不少學問專門家。其他短暫宦遊之地，似可忽略不計。上述不同文化圈，對甌北學術思想、治學路徑的形成，均起到潛移默化的浸潤作用。甌北與乾嘉文人群體的聯繫，可以從幾個層面考慮：一是各種資訊的傳遞與互動；二是多種文化的融彙與聚合；三是不同階層人物心靈的碰撞與交流；四是價值評判標準的揀擇與篩選；五是治學路徑的互相啓迪與感發。倘精力許可，此或即下一時段研究的用力之所在，進而著力探究甌北的幕府交往、仕宦交往、游學交往、鄉居交往等。通過閱讀數百種清代文獻，考證乾嘉時期一些非著名文人的生平事蹟、詩文著述以及與趙翼交往情況，弄清他們生平和創作中的一些具體問題，補正當前研究中的某些疏漏。目下清代文學研究的聚焦點，仍多在著名文人、著名作品上，對於非著名文人，關注程度偏弱。對於非著名和非主流的關注，既可以彌補目下清代文學研究的某些不足，也可釐清甌北思想的形成與所結交友朋間微妙的關係。筆者希圖通過爬梳大量一手文獻，復原甌北的生活環境與生存狀態，以對研究對象作原生態的追尋，從而爲趙翼史實的全方位探究拓展空間。

凡　例

一、《甌北集》雖爲編年體詩集，但多非整年編卷，且偶有錯編之處。本譜對
　　譜主傳世作品逐一加以編年考訂，特別是近 5000 首詩歌，舉凡重要者，
　　均按以年、月（或時令）。以是觀之，本譜既是一本趙翼之詳盡年譜，亦
　　是一部譜主主要作品之編年稿。譜中所涉年月，均指陰歷。重要的干支、
　　太歲紀年後以括弧形式注明西元年份，涉及年底、年初陰、陽歷跨年問
　　題，除生卒年考訂外，一般不作考慮。

一、本譜行文詳略之安排，大約遵循以下原則：同於《舊譜》者迻錄入編，《舊
　　譜》語焉不詳或未能載述者增補之，《舊譜》錯訛處改之，並以按語形式
　　加以詳細考辨，並說明文獻依據。對於時事之征引較一般年譜爲詳，旨
　　在對譜主生存空間作全面展示，借史觀人，以人觀史。

一、與譜主交遊之人物，以數百計，有文獻可考者，據鸁略統計，也在 300
　　人上下。凡史籍載有「本傳」或《清代七百名人傳》、《國朝耆獻類徵》、
　　《國朝詩人徵略》等敘述較詳者，本譜一般只作交代性敘述；凡不甚著
　　名，尤其是古籍所載有誤或近年出版的相關著述漏收或誤考者，則儘量
　　蒐羅剔抉，詳加考訂，以補苴漏。

一、甌北交遊人物之間的互動交往，亦於考述生平之時加以簡單交代，如：「×
　　×亦與××、××有交，見×書卷×、×書卷×」，以利讀者深入研究。

一、由於譜主之活動與詩歌創作緊密繫聯，故凡所引作品涉及之人文、地理、
　　史事、傳聞，皆據史料，擇要加以說明，以明確譜主出行之路線、時間
　　之先後、游歷之始末、交往之情狀以及讀書、見聞之概況。

一、本譜正文每年下分「時事」、「本事」兩部分。「時事」在前，主要交代本

年國內重要政事及文人活動，特別是與譜主生平、思想相關之重大事件、人物活動，以俾讀者深入理解；「本事」列後，以月、日爲序，凡日之不能定者，則繫之以月；月之不能定者，則據大約時段妥善入編。只能排定年份的，置於是年之末。

一、本譜「時事」部分之文人行年，主要依據張慧劍《明清江蘇文人年表》、江慶柏《清代人物生卒年表》，李靈年、楊忠主編《清人別集總目》和清代各家別集、年譜，凡依張、江、李書者，爲簡省篇幅，一般不注出處。

一、本譜「本事」部分以譜主詩歌爲主要線索，酌參《舊譜》、《西蓋趙氏宗譜》、史志碑傳及清代各家別集、筆記、年譜、日記等，舉凡譜主參與之政事及交遊、唱酬乃至生活瑣屑，可考者均一一入錄，不憚詳細。

一、本譜對包蘊譜主社會活動、思想變化、文學主張等重要資訊之趙翼作品（主要是詩歌）酌情引錄（小注部分大都省去，對於考訂有重要意義者則於按語中引述），標明卷數，以省讀者翻檢、對照之勞，所依版本，均爲曹光甫校點本《趙翼全集》（鳳凰出版社 2009 年版）。

一、本譜徵引文獻廣泛，爲減省篇幅，引文出處一般只標名目、卷數，作者、版本等資訊一律參見所附《主要參考文獻》。因版本不同造成的重要差異，或在文中按語部分或加以說明。

一、本譜所引古籍（刻本、鈔本等），原文缺損或漫漶無法辨認者，以「□」符號加以標示。明顯錯訛處直接改正，異體字、通假字酌情改爲正字，一般不作說明。

一、本譜所涉人物之考訂文字，均以按語形式出示，一般置於該人之姓名（或字號、稱謂）在譜主作品中第一次出現時，凡以後再次出現，以「見本譜乾隆（或嘉慶）××年考述」字樣標出，不甚重要或出現次數過爲頻繁者，或不出注，以省篇幅。

一、譜後所附《主要人名索引》，按姓名音序排列，正文中出現過的曾用名、字、號等俱用括弧括出。凡無名可考、只有稱謂或筆名出現及無關宏旨者，如×太孺人、×氏、××居士等，爲免混淆，並簡篇幅，不入索引。同名同姓者，以字號或籍貫區別之。凡僧人則於姓名前加「（釋）」，女性則於姓名後加「（女）」，以爲標識。

一、本譜所用清光緒三年重刻本《甌北先生年譜》，在行文中統一簡稱爲《舊譜》。

一、本譜紀年頂格排列。涉及考訂之處，時加按語，低兩格附於正文之中。
　　詩歌小注等，字體小一號。

一、本譜前附《趙氏世系圖略》，後附《主要人名索引》和《主要參考文獻》，
　　以利讀者翻檢、查閱。

一、譜主交遊甚廣，乾嘉文人與之唱酬文字頗豐，本譜只引對於考訂行實、
　　廓清積溷確有必要之作品，詳細資料可參看拙編《趙翼研究資料彙編》（臺
　　灣花木蘭文化出版社 2013 年版）

一、本人另編有《趙翼研究資料索引》，因篇幅原因，不再附入本譜。

　　　　　　　　　　　　　　　　　　　　　　辛卯歲杪釐定

趙氏世系圖略

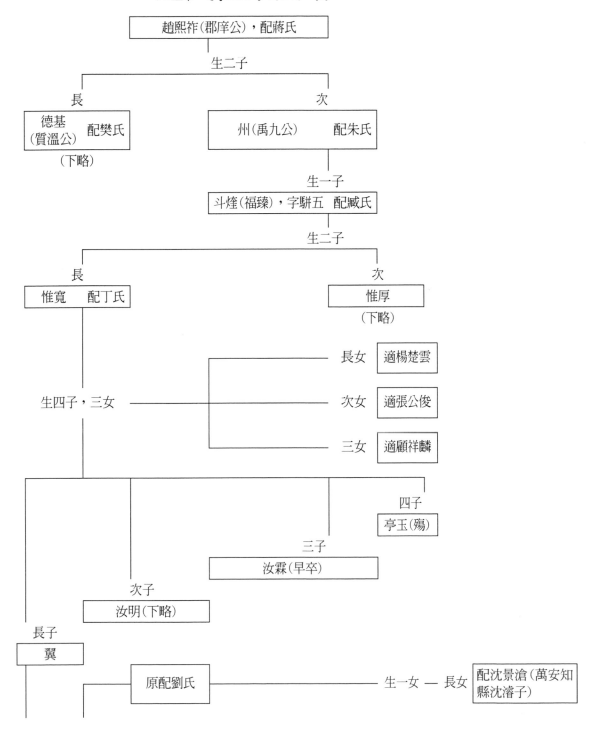

趙熙祚（郡庠公），配蔣氏

生二子

長　德基（質溫公）　配樊氏　（下略）

次　州（禹九公）　配朱氏

生一子

斗煃（福臻），字駢五　配臧氏

生二子

長　惟寬　配丁氏

次　惟厚　（下略）

生四子，三女

長女　適楊楚雲

次女　適張公俊

三女　適顧祥麟

四子　亭玉（殤）

三子　汝霖（早卒）

次子　汝明（下略）

長子　翼

原配劉氏　生一女 — 長女　配沈景滄（萬安知縣沈濬子）

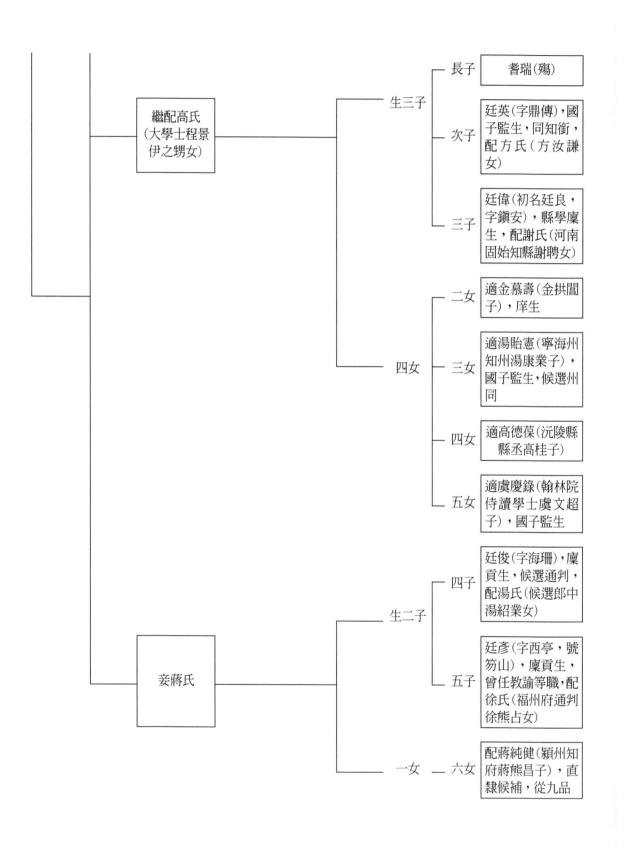

繼配高氏
（大學士程景
伊之甥女）

生三子

長子　耆瑞（殤）

次子　廷英（字鼎傳），國
子監生，同知銜，
配方氏（方汝謙
女）

三子　廷偉（初名廷良，
字鎭安），縣學廩
生，配謝氏（河南
固始知縣謝聘女）

四女

二女　適金慕壽（金拱闈
子），庠生

三女　適湯貽憲（寧海州
知州湯康業子），
國子監生，候選州
同

四女　適高德葆（沅陵縣
縣丞高桂子）

五女　適虞慶錄（翰林院
侍讀學士虞文超
子），國子監生

妾蔣氏

生二子

四子　廷俊（字海珊），廩
貢生，候選通判，
配湯氏（候選郎中
湯紹業女）

五子　廷彥（字西亭，號
笏山），廩貢生，
曾任教諭等職，配
徐氏（福州府通判
徐熊占女）

一女　六女　配蔣純健（潁州知
府蔣熊昌子），直
隸候補，從九品

趙翼，字雲松，一作耘菘、雲菘、耘松、雲崧，號甌北、鷗北，晚號三半老人。

《舊譜》：「先生姓趙氏，名翼，字雲崧，號甌北，常州府陽湖縣人。生於是年十月二十二日寅時。」

姚鼐《貴西兵備道趙先生翼家傳》：「先生姓趙氏，諱翼，字耘松，號甌北，常州府陽湖人也。」

《清史稿・趙翼傳》：「趙翼，字耘松，陽湖人。」

李元度《國朝先正事略・趙甌北先生事略》：「趙先生翼，字耘松，號甌北，江蘇陽湖人。」

王昶《湖海詩傳・趙翼傳》：「趙翼，字雲松，號甌北，江南陽湖人。」

孫星衍《趙甌北府君墓誌銘》：「先生姓趙氏，諱翼，字耘松，號甌北，常州府陽湖縣人。」

王藻、錢林《文獻徵存錄・趙翼傳》：「趙翼，字耘菘，號甌北，陽湖人。」

程景伊《西蓋趙氏宗譜序》：「吾婿雲崧觀察。」

尚鎔《持雅堂續鈔・趙翼傳》：「趙翼，字雲松，陽湖人。」

《清史列傳・趙翼傳》：「趙翼，字耘松，江蘇陽湖人。」

汪由敦《趙雲崧甌北初集序》：「余主庚午京闈，得一五經卷，才氣超軼，兼數人之長。二場所擬詔誥，復極典雅。心知爲才士，亟取入解額，及榜發，則陽湖趙生雲崧也。」

蔣士銓《甌北集序》：「吾友趙甌北觀察自黔中解官歸，閒居奉母。」

袁枚《趙雲松甌北集序》：「晉溫嶠恥居第二流，而耘菘觀察獨自居第三人：意謂探花辛巳，而於詩則推伏余與蔣心餘二人故也。夫以耘菘之才之高，而謙抑若是。」

徐世昌等《清儒學案・趙先生翼》：「趙翼字耘松，號甌北，陽湖人。」

支偉成《清代樸學大師列傳・趙翼》：「趙翼字耘松，號甌北，江蘇陽湖人。」

《舊譜》：「先生年八十三。老境漸侵，目半明半昧，耳半聰半聾，喉音亦半響半啞，因自號三半老人。」

〔美〕A・W・恒慕義主編《清代名人傳略・趙翼》：「趙翼（字雲崧，一字耘松，號甌北），1727年12月4日～1814年6月5日。史學家、詩人。江蘇陽湖人。」

【按】《舊譜》謂：「始祖體坤公。名孟堚，本宋室後。元末爲高郵州錄事，

始居常州。」元末高郵城被困事，史書多有載述。《元史·脫脫傳》謂：
「（至正）十四年，張士誠據高郵，屢招諭之不降。詔脫脫總制諸王諸省
軍討之。黜陟予奪一切庶政，悉聽便宜行事；省臺院部諸司，聽選官屬
從行，稟受節制。西域、西番皆發兵來助。旌旗累千里，金鼓震野，出
師之盛，未有過之者」，「十一月，至高郵。辛未至乙酉，連戰皆捷。」
權衡《庚申外史》所載，較之為詳，但時間上稍有出入，稱至正十四年
（1354）秋八月，「脫脫總天下兵，出征高郵。天下想望其來，兵圍高郵
三日。中書右丞相哈麻諷御史大夫，以老師費財彈擊脫脫。帝信其言，
詔卸脫脫兵權，淮安安置，令樞密院老張代之。當是時脫脫權重，內握
朝柄，外總兵馬，以指揮天下，天下希其有功。兵圍高郵，日事攻擊，
矢石雨注，城中幾不支，日議降附，又恐罪在不赦；圍者亦指日收功，
忽有詔旨來卸軍，軍中聞之皆大哭」。權衡生當元末動亂之際，曾流落山
東、河南等處，見聞頗廣，所言亦當有據。然上述二書，皆未具體述及
高郵守城官吏事，更無一語敘及孟堙其人。甌北於詩中，每每自述乃北
宋清獻公趙抃之後，或當有據。

　　《舊譜》中「始祖體坤公。名孟堙，本宋室後」的說法，沿自明宣
德間所修《西蓋趙氏宗譜》。然細讀甌北詩，卻疑竇叢生。

　　據《宋史·宗室世系表》：舒國公惟忠名下九世孫，有孟堵、孟㙟、
孟堪、孟堙、孟坤、孟埱諸名。又據《宋史·宗室傳》，惟忠乃太祖次子
燕王德昭之後，兄弟五人，行四。若此「孟堙」與甌北始祖之「孟堙」
為同一人，那麼，陽湖趙氏當為趙宋王朝嫡派子孫。據史書所載，德昭
乃賀皇后所出。《宋史·后妃傳上·太祖孝惠賀皇后》謂：「晉開運（944）
初，宣祖為太祖聘焉。周顯德三年（956），太祖為定國軍節度使，封會
稽郡夫人。生秦國、晉國二公主，魏王德昭。五年（958）寢疾薨。」可
知，秦國、晉國二公主年長於德昭。德昭之生年，至遲在顯德五年之
前。至太平興國四年（979），德昭為太宗猜忌，因進言而遭責斥，退而
自刎。時年當在二十來歲。依此而論，德昭生子不會遲於太平興國四
年。古人常以三十年為一世，由德昭至孟堙，不過十一世，前後約三百
來年。由太平興國四年下推，則為宋王朝滅亡之後未久，距元王朝滅亡
（1368）尚有八九十年。由此推論，甌北之始祖孟堙「元末為高郵州錄
事」時，當是百餘歲之高齡，實在無此可能。又據《元史·地理二》：高

郵府與眞、滁、通、泰、崇明五府，俱歸揚州路，元至元二十三年（1286），「改立河南、江北等處行中書省，移治汴梁路，復立淮東道宣慰司，割出高郵府爲散府，直隸宣慰司」。高郵本爲縣，至元十四年（1277）升爲高郵路總管府，「領錄事司及高郵、興化二縣」。可知，元時，高郵爲府，府始設錄事司，州則無。府之職級，在州之上，故《甌北年譜》所載或有誤。

又，《西蓋趙氏宗譜》所收趙琬所作《西蓋趙氏族譜序》，謂：「趙氏之先，出於帝嚳高陽氏，自柏翳事舜，賜姓嬴，傳十三世至造父，周穆王封於趙城，因城爲氏。春秋時，趙衰與子盾世爲晉卿，盾子朔，朔子文，文子之孫簡子，簡子之子襄子，立伯魯之孫完，是爲獻子，獻子之子籍，始以周威烈王命爲諸侯，傳十世至侯嘉而國，並於秦子孫散居燕趙間，歷漢、晉、隋、唐，代有聞人。去古浸遠，譜牒無傳，欲溯流尋源，以明宗派於千載之上，斯固難矣。惟武進趙氏，本宋藝祖之裔。藝祖之子魏王德昭，有子四人，其三曰惟忠，封舒國公，生齊州防禦使從藹。從藹生武當侯世宣，世宣生東平侯令櫛，令櫛生訓武郎子平，子平生鄧州防禦使伯達，伯達生左龍驤將軍師琊，師琊生左都護將軍希㘙，希㘙生與佩，爲徽州司法。與佩生孟堰，爲高郵錄事。自江浙遷常之武進，故爲武進人。錄事公生永興主簿由彰，由彰生宜質、宜賢，於世次爲曾祖。今圖所列子孫，皆二祖之所出也。自永興公以來，遭元之亂，趙氏遂不顯，然世爲毗陵世族。迨入皇朝，西充公以賢良舉，留守公以武弁進，德州府君以太學生釋褐，至琬忝以明經領鄉貢，《易》曰積善之家必有餘慶，惟我趙氏，歷世久而祖宗之澤不泯，子孫至今獲承餘澤。雖以琬之庸劣無似，叨被官使，而才疏學淺，遂將泯滅無聞，又安可毋使後人知夫本源，所自思以兊其宗乎？重念西充公，元末避地於吳，失其世譜，而祖宗虜系淵源不復可見。我先子清隱府君存日，嘗以爲憾，因手錄記聞，欲作爲譜，未克成編，賷志以沒。用敢竊取遺錄，從加考訂，斷自魏王而下，系序承傳，而昭穆不紊。錄事公而下，墳墓尚完而祭祀不廢者，圖其世次傳於族人，庶幾尊尊親親，無至於忽忘。若推隱拾遺，補續全譜，以永其傳，尚有望於來者。」所敍與《宋史》略有出入，所稱「與佩，爲徽州司法」，《宋史》無此之載述，且「與佩」作「與琇」。且於趙與琇所出孟堵、孟堘、孟堞、孟堰、孟坤、孟塾諸人後，均

未標注出其後人。又據《宋史‧宗室傳》，惟忠乃德昭第四子。慶曆間，以惟忠子從藹，襲封穎國公，至齊州防禦使。從信卒，以惟忠之孫從恪子世規襲封榮國公，官至右龍武大將軍，沂州防禦使以卒。惟忠有子八，從藹，乃惟忠次子。而「燕王德昭傳」所附，並無伯、師、希、孟四世之事蹟載述。還有，萬曆乙卯（四十三年，1615）翰林院編修吳宗達《第二屆西蓋趙氏重修族譜序》，又謂「徽州司法與佩生三子，長孟堙、次孟埠、次孟叔」，亦與史載不符。孟堙乃其父第四子。吳序又稱：「而孟堙以平章張驢、御史郝天挺所薦為高郵州錄事，至正間升徽州司法。」據史載，御史中丞郝天挺，皇慶二年（1313）卒。（《元史》卷一七四《郝天挺傳》）其舉薦趙孟堙出任高郵錄事，當在此之前。直至元末，其仍任此職。元末惠宗至正年號，由西元 1341～1368 年，長達二十八年之久。若依吳序所言，趙孟堙出任錄事一職，起碼有四五十年之久。倘若其被舉薦時，年齡在三十歲上下，那麼，他離任時，年齡差不多是七八十歲光景。以如此高齡，再出任徽州司法，似不大可能。還有，據清康熙庚子（五十九年，1720）莊令輿所寫《第三屆西蓋趙氏重修族譜序》，趙孟堙有二子，「長由彰，次由俊」。趙翼為第三子取名廷俊，又似與古禮不合。由此可知，舊譜所敘，不僅與《宋史》記載有出入，也與事理不合，其間疑點較多。

另外，令人不解的是，甌北既是出自宋宗室，為何在詩作中從未提及此事？《甌北集》卷三《德州南有地名夾馬營，查初白詩謂即宋祖所生地，而以不能克復燕雲致鄉社拋落邊鄙，曾不如漢高之統，有〈燕代詩〉，中有微詞焉。按宋紀，太祖生洛陽夾馬營，張淏〈雲谷雜記〉及〈孫公談圃〉亦云，而釋文瑩〈玉壺清話〉並載夾馬營在西京，太祖兒時埋一石馬於巷內，登極後還鄉掘得之，登臺發矢，矢落處即營為永昌陵，而以石馬預志其地，是夾馬營在洛陽，此地特名偶同，未可牽合。又楊誠齋〈揮塵錄〉謂南京應天寺本後唐夾馬營，大中祥符二年以太祖所生地建寺錫名云云，其說稍歧，然宋南京乃今歸德府，亦非德州地也，詩以正之》，以詩糾正查初白將德州夾馬營認作洛陽宋太祖生地夾馬營之誤，稱：「才人往往好逞才，得題不暇考典故。」全篇長達四十句，僅是追述史實，並未表現出太彊烈的激情，口吻亦不似在追念先祖。《廿二史劄記》多處論及宋史及宋代帝王，亦無一處流露出自身與宋室有瓜葛的

蹟象。然而，趙翼在爲其先曾祖趙州所撰《禹九公家傳》中，卻稱：「先世本宋室後，元泰定中，高郵州錄事體坤公諱孟墅，始徙居武進之西蓋里，遂爲武進人。」泰定（1324～1328），乃泰定帝也孫鐵木兒年號，下距元工朝滅亡還有四十來年，元王朝建國不足百年，舊譜稱元末不妥，且甌北所述，與舊譜所載亦不符。其岳丈程景伊受趙翼之囑託，撰寫的《西蓋趙氏宗譜序》亦沿其說，謂：「吾邑西蓋趙氏本宋藝祖後。元時有錄事君孟墅，實始卜居。自後仕宦鵲起，以文章、政事、行誼著者代不乏人，遂爲吾邑望族。」家譜中所載，與甌北平日與友人所述迥然有別。這給我們的研究帶來了困難。

其實，族譜所敘，未必盡可信。與甌北生活於同時的袁枚，就曾明確指出：「家譜非信書」，「後人鑿空爲譜，欲一以窮之，難矣哉！」（《隨園隨筆》卷一七）古人曾謂：「昔者世系之學，蓋嘗盛矣。姓有苑，官有譜，氏族有志，朝廷以是定流品，士大夫以是通昏姻。然行之一時，其弊有不勝言者，何也？好惡害之也。是故進新門則退舊望，右膏粱則左寒畯。進而右者以爲榮，榮則誇，誇則必侈；退而左者以爲辱，辱則怒，怒則必怨。以侈臨怨，則生乎其時者悉力以逞憾，出乎其後者貪名以自欺。此正倫所以鑿杜固，義府所以陷不辜，而無知如崇韜者，所以流涕於尙父之墓而不恥也。」（《文獻通考·經籍三十四》）錢大昕爲清代著名學者，在當時享有很高聲譽。人稱：「先生不專治一經，而無經不通；不專攻一藝，而無藝不精。凡訓詁、音韻、天文、輿地、典章、制度、職官、氏族以及古人官爵、里居、事實，莫不錯綜貫串。」（《清儒學案》卷八三《潛研學案上·錢先生大昕》）然而，博覽群書、出入經史、涉獵甚廣的錢大昕，也認爲「家譜不可信」。他在《十駕齋養新錄》（卷一二）專列一條，論述譜牒「妄相假託」、魚目混珠之弊，謂：「顏師古云：『私譜之文出於閭巷，家自爲說，事非經典，苟引先賢，妄相假託，無所取信，寧足據乎？』《漢書·眭孟傳》注。其注《蕭望之傳》云：『近代譜諜妄相託附，乃云望之蕭何之後，追次昭穆，流俗學者共祖述焉。但酇侯漢室宗臣，功高位重，子孫嗣緒具詳表、傳。長倩巨儒達學，名節並隆，博覽古今，能言其祖。市朝未變，年載非遙，長老所傳，耳目相接，若其實承何後，史傳寧得弗詳？《漢書》既不敘論，後人焉所取信？不然之事，斷可識矣。』蓋《南齊書》本紀敘述先世，以望之爲何六世孫，

譏其附會不可信耳。師古精於史學，於私譜雜誌不敢輕信，識見非後人所及。《唐書·宰相世系表》雖詳贍可喜，然紀近事則有徵，溯遠冑則多舛，由於信譜牒而無實事求是之識也。」與馬端臨所言恰可相互印證，亦與甌北《古詩二十首》（之十五）所述觀點相合。

在古代，譜系之攀附，或以訛傳訛，或利益牽縐，或爲勢力之擴張張皇其事，或借望族以掩飾內在之怯弱，或尋找庇護之懷抱，以致淆亂姓氏、錯亂行輩者並不乏見。人稱：「自五胡亂華，百宗蕩析，夷夏之裔與夫冠冕興臺之子孫混爲一區，不可遽知。」（《文獻通考·經籍三十四》）足見當時姓氏之參錯混亂。

著名史學家彭城劉知幾，於《史通·內篇》「採選」中謂：「夫郡國之記，譜牒之書，務欲矜其州里，誇其氏族。讀之者安可不練其得失、明其眞僞者乎？」則明言史書的編纂在採用郡志、譜牒時，應愼之又愼，「練其得失」，「明其眞僞」。

宋人洪邁在《容齋隨筆》「姓源韻譜」條中也發論道：「姓氏之書，大抵多謬誤。如唐《貞觀氏族志》，今已亡其本。《元和姓纂》，誕妄最多。國朝所修《姓源韻譜》，尤爲可笑。姑以洪氏一項考之，云：『五代時有洪昌、洪杲，皆爲參知政事。』予按二人乃五代南漢僭王劉龔之子，及晟嗣位，用爲知政事，其兄弟本連『弘』字，以本朝國諱，故《五代史》追改之，元非姓洪氏也。此與洪慶善序丹陽弘氏云：『有弘憲者，元和四年嘗跋《輞川圖》，不知弘憲乃李吉甫之字耳。其誤正同。』」足見「姓氏之書」，未可深信，其間之謬誤，不可不辨。

上引《文獻通考》所謂「正倫所以鑿杜固」，所用乃唐代杜正倫事。《新唐書》「本傳」載，「初，正倫已通貴，李義府官尙微，及同執政，不能下。中書侍郎李友益，義府族也，晚附正倫，同擫義府釁缺。義府使人告正倫、友益交通罔上，有異計。高宗惡之，出正倫爲橫州刺史，流友益峰州。……正倫與城南諸杜昭穆素遠，求同譜，不許，銜之。諸杜所居號杜固，世傳其地有壯氣，故世衣冠。正倫既執政，建言鑿杜固通水以利人。既鑿，川流如血，閱十日止，自是南杜稍不振。」藉以說明聯宗往往與政治攀附、利益驅遣相關，榮則附之，辱則棄之，即所謂「右膏粱則左寒畯」、「貪名以自欺」。

李義府本瀛洲饒陽（今河北深縣）人，既貴，「乃言系出趙郡（按：

今河北趙縣），與諸李敘昭穆，嗜進者往往尊爲父兄。行給事中李崇德引與同譜。既謫普州，亟削去。義府銜之，及復當國，傅致其罪使自殺於獄」（《新唐書·奸臣傳》）。史稱義府「貌柔恭，與人言，嬉怡微笑，而陰賊褊忌著於心，凡忤意者，皆中傷之，時號義府『笑中刀』。又以柔而害物，號曰『人貓』」（《新唐書·奸臣傳》）。此即所謂「義府所以陷不辜」。他們之所以敘昭穆、引同譜，都是政治上的需要，未必就是歷史的眞實。據載，唐貞觀中，高士廉、韋挺、岑文本、令狐德棻，曾共修《氏族志》，以其較爲客觀、公正，爲天下所推許。各州均藏有副本，作爲撰寫同類書的參照範式。然許敬宗因其中未載武后本望，李義府亦恥先世未被敘及，遂上奏請求刪正。令孔志約、楊仁卿、史玄道、呂才諸人重新修訂。結果，「以仕唐官至五品皆升士流。於是，兵卒以軍功進者悉入書。限更號《姓氏錄》，縉紳共嗤靳之，號曰『勳格』」（《新唐書·奸臣傳》）。如此一來，接近事實眞相的《氏族志》遭到禁毀，悉「燒絕之」，後出妄改之書卻流行天下。其實，誇尚門第，攀附望族，其來已久。「自魏太和中定望族，七姓子孫疊爲婚姻，後雖益衰，猶相誇尚」（《新唐書·奸臣傳》）。譜繫傳承，爲政治勢力、權力話語所左右，史實眞相的被塗抹、遮蔽，則成了司空見慣之事。

五代時郭崇韜，本代州雁門人，卻自認乃唐名將郭子儀之後，並「旌別流品，援引薄徒，委之心腹；佐命勳舊，一切鄙棄。舊僚有干進者，崇韜謂之曰：『公雖代邸之舊，然家無門閥，深知公才技不敢驟進者，慮名流嗤余故也。』及征蜀之行，於興平拜尚父子儀之墓」（《舊五代史·郭崇韜傳》）。郭汾陽本華州鄭縣（今陝西華縣）人，在郭崇韜口中，卻變成「代北人，徙家華陰」（《舊五代史·郭崇韜傳》），完全是借古人以自高身價。甌北對此等行爲深惡痛絕，嘗稱：「元勳郭崇韜，自詭汾陽後。西征拜其墓，涕泣奠卮酒。方託華胄榮，旁觀早掩口。樞使狄漢臣，起家弓箭手。或贈梁公像，卻之弗敢有。吾豈名卿孫，面涅猶未朽。兩人皆不學，人品於焉剖。謙退彌覺高，攀附益增醜。此處關才識，識陋事必苟。」（《古詩二十首》之十五）這裡，將「自詭汾陽後」的郭崇韜與宋代名將狄青對舉。狄青（字漢臣）以「善騎射」累立戰功，「在樞密四年，每出，士卒輒指，目以相矜誇」（《宋書·狄青傳》），深爲將士愛戴。官至同中書門下平章事。古書曾載，「後青位樞密，或告

以當祖狄梁公。青謝曰：『青出田家，少爲兵，安敢祖狄公哉？』或勸去
鬢間刺字，曰：『青雖貴，不敢忘本也。』」（李贄《藏書‧武臣傳》）拒
絕因身貴而冒認祖宗，也不諱言己身世之卑微。所謂「去鬢間刺字」一
事，《宋史》「本傳」有記載，謂「青奮行伍十餘年而貴，是時面涅猶
存。帝嘗敕青傅藥除字，青指其面曰：『陛下以功擢臣，不問門地。臣所
以有今日，由此涅爾。臣願留以勸軍中，不敢奉詔。』」「涅」，染黑之
意。《書‧伊訓》：「臣下不匡，其刑墨。」孔安國《傳》：「臣不正君，服
墨刑，鑿其額，涅以墨。」其實，此處之「面涅」，當是軍中爲防止兵士
逃亡所刻的一種記號。《宋史‧兵一》：「開寶七年，泰寧軍節度使李從善
部下及江南水軍凡千三十九人，並黥面隸籍，以歸化、歸聖爲額。」
「黥」，即以刀刻額或它處，並塗以墨。甌北詩「面涅」云云，即用此
事。在甌北看來，狄青起自田家，少小卑賤，後雖身貴，亦不攀附名
人，不願「自詭」唐代名臣狄仁傑之後。狄氏與郭崇韜都識字不多，但
人品卻有天壤之別。狄漢臣坦言出身，光明磊落，「謙退彌覺高」，而郭
崇韜則借古人作自我粉飾，「攀附益增醜」。趙甌北之人生立場及價值追
求，於此分明可見。

甌北借狄青之事表白，不願攀附名人以擡高自己，認爲那樣拉大旗
作虎皮粉飾自身，只能徒增其醜，而不能增任何光彩，說明他的價值追
求與狄青相類。所以，在他的史學著作及詩歌作品中，從未論及與宋代
帝王的關係。然而，令人奇怪的是，他爲何在《西蓋趙氏宗譜》裡自稱
宋宗室之後呢？實際上，此事並不難理解。前譜修於康熙五十八年
（1719），是甌北「先祖駢五公暨通族諸老人悉心酌定，無可復議」（《西
蓋趙氏宗譜凡例後識》）。而乾隆丁酉（1777）甌北主持的新修族譜，是
他「與族兄聞六、九齡諸公共商」（《西蓋趙氏宗譜凡例後識》）而成。在
傳統社會中，後世子孫對先人手澤、遺訓只有遵從之分，而不能輕逾雷
池半步，何況是象徵家世威嚴的族譜呢？從這一角度來看，甌北於族譜
中自稱源出宋室，既是沿襲舊說，又是迫不得已的從眾之舉。面對友人、
同輩，卻以清獻子孫自居，此恰反映出一個史學家實事求是的態度。趙
翼深知，其家譜早已失傳。宣德五年（1430）趙琬《西蓋趙氏族譜序》
曰：「重念西充公，元末避地於吳，失其世譜，而祖宗廑系淵源不復可見。
我先子清隱府君存日，嘗以爲憾，因手錄記聞，欲作爲譜，未克成編，

賚志以沒。」翰林侍講學士陳循《西蓋趙氏族譜序》亦稱:「清隱嘗以其家譜牒亡於兵亂,大懼,無以紀前垂後,欲錄所記爲武進譜,未果而卒。」同樣,魯府紀善梁之本所作該譜序亦謂:「趙氏舊譜,亡於兵燹,叔琰先君子學政號清隱者欲續爲譜,未就而卒,叔琰君始成之。」世襲衍聖公孔彥縉所爲跋,所述與之相類,曰:「金鄉縣學教諭趙君叔琰,家藏舊譜散於兵燹。其父學政嘗續緝,未就而卒。叔琰乃繼述以成其志。」再三申明,其族譜早已散失。且宣德間所修與萬曆間重修之序,在追述西蓋趙氏之先人事蹟時,內容亦有出入。難怪趙翼在認定遠祖方面一直持慎重態度。

我們不妨可以這樣認定,在家族圈子內,趙翼充當的是一個孝子順孫的角色,他不可能因對史實的審察而違背祖先遺願去觸怒宗親。而在公眾視野中,甌北所扮演的乃是「凡是須自察」的史學家身份,他不願因家族親人的期待與設定,而犧牲對史實的還原。兩種身份的交互出現,是不同層面的道德話語需求使然。如此看問題,才不致爲文字的表象所迷惑。

如果趙翼並非宋宗室,那麼其家世究竟如何呢?與甌北同時人戴璐,在其《藤陰雜記》(卷七)內,曾載及趙吉士在京師所居寄園一事,謂:「寄園爲高陽李文勤公別墅,其西墅又名李園,⋯⋯其後歸趙恒夫給諫吉士,改名寄園。沈心齋閣學詩云:大隱金門侶,名園休沐宜。輞川摩詰畫,杜曲牧之詩。簾亞文禽入,花蔭碧蘚滋。家傳清獻鶴,夜靜獨知詩。」則說明趙吉士是視清獻爲祖宗的。而甌北何嘗不是如此,亦時常自稱爲清獻之後。我們知道,趙吉士乃徽州休寧(今屬安徽)人,而沈心齋所贈詩,卻稱其爲清獻公之後,則明確道出其家世淵源。而吉士所居寄園,後爲詩家王昶所居,並名其書齋曰蒲褐山房,每退值歸,誦讀其中。甌北賦《題述菴蒲褐山房冊子》詩道:「獨慚寄園本是吾家地,輸與高人占清閟。何當僦屋重結鄰,彌勒同龕參妙義」,並於句下注曰:「地本家天羽給諫寄園故址也。己卯、庚辰間余曾與君比鄰而居。」天羽,乃趙吉士字。己卯、庚辰,乃乾隆二十四、二十五年,即甌北京師求官時。甌北爲詩,時與趙姓文人唱酬,或追敘趙姓名人之往事,但極少溯及家世淵源。如《送房師趙檢齋先生由工部郎出守衛輝》,僅是出於一般的師生應酬。《大柳驛相傳爲趙韓王授徒處》,不過是追溯宋臣趙普之往

事，在稱道其「半部魯論佐天下」的輝煌經歷時，也不忘道出他本來面目：「十年前一村夫子」，筆墨間流溢出調侃的意味。在同姓交往中，雖稱趙文哲爲「吾家元叔」（《璞函落第後入直軍機詩以調之》），謂趙懷玉爲「族孫」（《閱映川族孫雲溪樂府題贈二首》），但均未提及家世淵源。而趙吉士生在明崇禎元年（1628），卒於康熙四十五年（1706），早於甌北近一個世紀。詩注中既稱「家天羽」，則說明甌北與前輩趙吉士自認同宗，即同爲宋清獻公之後。這的確值得注意。

那麼，謚號爲清獻者究竟何許人也？《宋史·趙抃傳》曰：「趙抃，字閱道，衢州西安（今浙江衢州）人。進士及第，爲武安軍節度推官」，「爲殿中侍御史，彈劾不避權倖，聲稱凜然，京師目爲鐵面御史。」抃爲官清廉，多所建樹，施惠於民，宰相韓琦稱其爲「眞世人標表。」《宋史》「本傳」又載，「薨，年七十七。贈太子少師，謚曰清獻。抃長厚清修，人不見其喜慍。平生不治貲業，不畜聲伎，嫁兄弟之女十數、他孤女二十餘人，施德煢貧，蓋不可勝數。日所爲事，入夜必衣冠露香以告於天，不可告，則不敢爲也。其爲政，善因俗施設，猛寬不同，在虔與成都，尤爲世所稱道。神宗每詔二郡守，必以抃爲言。要之，以惠利爲本。」另據葉夢得《石林詩話》上：「趙清獻公以清德服一世，平生畜雷氏琴一張，鶴與白龜各一，所嚮與之俱。始除帥成都，蜀風素侈，公單車就道，以琴、龜、鶴自隨，蜀人安其政，治聲藉甚。元豐間，……時公將老矣。過泗州渡淮，前已放鶴，至是復以龜投淮中。既入見，先帝問：『卿前以匹馬入蜀，所攜獨琴、鶴，廉者固如是乎？』公頓首謝。故其詩有云『馬尋舊路如歸去，龜放長淮不再來』者，自記其實也。」可知「清獻鶴」云云，顯然是在用趙抃爲官琴鶴相隨之典故。

此外，甌北《題蔣南莊州牧松陰調鶴圖》謂：「長松落落午風晴，對舞胎仙一兩聲。此是吾家清獻物，爲君寫出長官清」，《奉命出守鎭安歲杪出都便道歸省途次紀恩感遇之作》之十二謂：「路過淮南近故林，輕舟取次渡江潯。順風恰稱還鄉願，落日猶懸望闕心。劇郡劍牛覘吏績，傳家琴鶴本官箴。詞臣此擢非常格，忍逐時趨宦海沉。」若與趙抃無任何瓜葛，決不至於徑稱「吾家清獻」、「傳家琴鶴」。蔣士銓寄贈甌北之詩中，亦謂：「誰知清獻孫，琴鶴盡捐委。」（《次韻答心餘見寄》附詩）所述與甌北自述相合，亦可佐證。假如說甌北不過是有意以「琴鶴」

之典相標榜，那麼，他完全沒必要自認作「清獻孫」，且也很難得到朋儕的認可。

而且，「琴鶴」之典，非趙抃始創。唐人鄭谷《贈富平李宰》詩曰：「夫君清且貧，琴鶴最相親。簡肅諸曹事，安閒一境人。陵山雲裏拜，渠路雨中巡。易得連宵醉，千缸石凍春。」陸龜蒙《寄吳融》詩言：「一夜秋聲入井桐，數枝危綠怕西風。靡靡晚砌煙華上，淅淅疏簾雨氣通。君整輪蹄名未了，我依琴鶴病相攻。到頭江畔從漁事，織作中流萬尺篾。」晚唐詩僧齊己更是多處運用，如《寄鏡湖方干處士》：「賀監舊山川，空來近百年。聞君與琴鶴，終日在漁船。島露深秋石，湖澄半夜天。雲門幾回去，題徧好林泉」，《送孫逸人歸廬山》：「獨自擔琴鶴，還歸瀑布東。逍遙非俗趣，楊柳謾春風。草繞村程綠，花磐石磴紅。他時許相覓，五老亂雲中」，《送白處士遊峨嵋》：「閒身誰道是羈遊，西指峨嵋碧頂頭。琴鶴幾程隨客棹，風霜何處宿龍湫。尋僧石磴臨天井，斸藥秋崖倒瀑流。莫爲寰瀛多事在，客星相逐不回休。」宋林和靖《寄薛學士》詩謂：「飛徵偶未下天衢，古郡寬閒且寄居。曾許布衣通一刺，每留蔬食看群書。高齋已想開丹竈，清夢誰同話直廬。江外敢知無別計，只攜琴鶴聽新除。」以上詩多以「琴鶴」形容清閒散淡的生活情趣。蘇軾《題李伯時畫趙景仁琴鶴圖二首》（之一）稱：「清獻先生無一錢，故應琴鶴是家傳。誰知默鼓無弦曲，時向珠宮舞幻仙」，此詩中景仁，當爲清獻公之後。甌北運用琴鶴之典，既可看出他對廉吏十分推崇，也說明他的家世確與趙抃有一定的淵源關係。

既然趙翼乃自認宋人趙抃之後，那麼，這個趙抃與宋宗室有無瓜葛呢？前引《宋史·趙抃傳》記其事甚富，但並未提及其爲宋宗室。另外，蘇軾《趙清獻公神道碑》，對於趙抃家世、生平，曾這樣記載：「抃，字閱道，其先京兆奉天人。唐德宗世，植爲嶺南節度使，植生隱爲中書侍郎，隱生光逢、光裔，並掌內外制，皆爲唐聞人。五代之亂，徙家於越，公則植之十世從孫也。曾祖諱疊，深州司戶參軍，祖諱湘，廬州廬江尉，始家於衢，遂爲西安人。考諱亞才，廣州南海主簿。公既貴，贈曾祖太子太保，妣陳氏安國太夫人；祖司徒妣袁氏崇國太夫人，俞氏光國太夫人；考開府儀同三司，封榮國公，妣徐氏魏國太夫人，徐氏越國太夫人。公少孤且貧，刻意力學，中景祐元年進士乙科，爲武安軍節度推官。」

敘其家世淵源甚詳，但與宋太祖趙匡胤故里涿郡似無多少瓜葛，趙抃非宋宗室可知。

另外，趙翼自號甌北，當時人曾有過多種揣測。其友人吳省欽於《甌北詩鈔序》中謂：「或曰：交阯，周駱越，秦時曰西甌；或曰：今珠厓、儋耳，古謂之甌人。君以領郡兩粵間，勞心撫字，不忍忘其地。或曰：古卜相故事，書姓名覆之金甌而探之。君早直機庭，嫻內制，既入翰林，天子稔其名姓，俾守鎮安，贊定邊將軍永昌幕府，調廣州，擢貴西道，故雖以疾苦而不敢忘其用。或曰：唯唯，否否，君智計如鴟夷，談吐如滑稽，其以名集猶之缶鳴甋甄洞，而甌北則猶之硯北也。」其實，種種推測，未必得當。吳氏此序寫於乾隆乙巳（1785），時甌北五十九歲，完全可以向他當面求證，何必如此饒舌？而且，甌北對此並未作相應的回應，其中意味耐人咀嚼。依筆者之見，此處之甌，當是甌江之意。趙抃之祖湘，已「家於衢」。衢，乃浙江衢州。甌江，即永嘉江。「出處州府龍泉縣西南，經城東，又經雲和縣北，有遂昌、松陽二縣之大溪來會。至處州府西南，有虎踏溪自宣平縣來會，又東有縉雲縣溪來會，又東南有臘溪自青田縣來會，經青田縣西北，有彪溪自景寧縣來會，折東南入溫州府永嘉縣境。至府城南，有楠溪自仙居縣來會，又東有永寧河來會。經樂清縣西南，又東，入於海」（《清朝通志》卷二七）。衢州恰在甌江之北。趙翼以此自號，示不忘祖宗之意。他之所以不明白道出，亦在於不違祖宗意願而已。這則從另一層面證明，他或為宋趙抃之後，而非宋宗室之裔。

為慎重起見，略加考述如上。

五傳至竹崖公。

《舊譜》曰：「名敔，明景泰甲戌進士，官御史，出巡按江西，陞江西按察使、山西按察使。凡公所涖處，不設巡撫。湯潛菴《明史傳稿》中有傳。」

趙翼《明按察使趙敔傳書後》謂：「右《廉使公傳》一通，現刻湯潛菴先生《明史傳稿》中，與練綱、周斌、盛顒、張寧、王徽、莊昶、黃孔昭、毛宏、魏元、鄒智、李文祥合為一卷。今《明史》則概從刪去。蓋康熙年間，潛菴諸公初修《明史》時，皆考之有明實錄及皇史宬奏疏，擇其人品政績風裁建白卓犖不群者，特為立傳。後來張文和諸公續修，第據從前纂成原本，以意為增刪，而吾家又無官於朝者，遂被削去。然潛菴集俱在，不可泯也，

謹錄出，刻入譜中，以示子孫。至諭德公宦績，《明史》雖無專傳，其忤巨璫王振，荷校於國子監門一事，附見《李時勉傳》中。此則家乘並不載，吾子孫亦當知之。第十世孫趙翼謹識。」（《西蓋趙氏宗譜・藝文外編》）

【按】據湯斌《明史傳稿》，趙敔主要生活在景泰、成化間。而趙翼《明按察使趙敔傳書後》（《西蓋趙氏宗譜・藝文外編》）文中所謂「諭德公」，乃趙琬。《明史・李時勉傳》記載：（宣德五年），「初，時勉請改建國學。帝命王振往視，時勉待振無加禮。振銜之，廉其短，無所得。時勉嘗芟彝倫堂樹旁枝，振遂言時勉擅伐官樹入家。取中旨，與司業趙琬、掌饌金鑒並枷國子監前。官校至，時勉方坐東堂閱課士卷，徐呼諸生品第高下，顧僚屬定甲乙，揭榜乃行。方盛署，枷三日不解。」荷校國子監前，有司業趙琬，掌饌金鑒等人。又據《明史紀事本末・王振用事》一目，宣德八年（1433），「秋八月，王振枷祭酒李時勉於國子監門，尋釋之。王振常詣監，銜時勉無加禮，令人廉其事，無所得。彝倫堂有古樹，故許衡所植也。時勉嫌其陰翳，妨諸生班列，稍命伐其旁枝。振遂誣以伐官木，私家用，矯旨令荷校，肆諸成均。時爲三械，與司業趙琬，掌饌金鑒同校」。較《明史》稍詳，內容大致相同。據此可知，「諭德公」云云，當是指國子司業趙琬。「諭德」，乃官名。《禮・文王世子》曰：「師也者，教之以事而喻諸德者也。」唐代於東宮官屬中設左、右諭德各一員，主管對太子的諷諫、規勸事宜。「唐置左庶子二人，左諭德一人，右庶子一人，右諭德一人。宋景泰中，庶子、諭德各置二人。南渡後，各置一人，開禧中始並置」（《續通志・職官略一・東宮官》）。至明，左諭德隸屬詹事府，爲從五品。春坊大學士掌太子上奏請、下啓箋及講讀之事。庶子、諭德、中允、贊善各奉其職以從。供職於其間者，往往與「翰林院職互相兼」（《明史・職官二・詹事府》）。此類官，每每以「天下名儒」充任，或以「勳舊大臣兼領」。清談遷《國榷》卷二六謂：「乙丑，國子監司業趙琬爲左春坊左諭德。」可知趙琬曾出任此職。乙丑，乃明英宗正統十年（1445）。知趙琬於本年遷轉左諭德。而《光緒武進陽湖縣志》卷一九《選舉・舉人》曰：「九年辛卯。趙琬詹事府左諭德。」此處「九年」，乃永樂九年辛卯（1411），琬中舉於是年。又據《（同治）金鄉縣志》卷七《職官》：宣德間，武進舉人趙琬，任該縣教諭，「遷國子監司業，以善教稱。」知其宣德間任金鄉縣教諭。《光緒陽湖縣志》卷二一

《人物·宦蹟》載其事曰：「趙琬，字叔琰，永樂九年舉人，由教諭累遷國子監司業。正統間，車駕臨視，命講《書》，至《泰誓》，因陳七事，皆學政當務，多見施行。忤中官王振，與祭酒李時勉同荷校國子監前。諸生上書，請貸者以千數。帝聞，立釋之。在太學十七年，矩範端嚴，教人以忠孝為先。士有親老而貧者，為遺書郡縣存恤之。婚喪疾病，輒捐俸以助。又置地都城之隅，為義塚，葬士之不能歸者。子仲壽，以父蔭歷河南鄭州、湖廣荊門州，有惠政，居喪哀慟，人尤稱之。」由此可知，琬二十五歲中舉，可謂少年早達。敬之進士及第，乃在琬亡後四年。敬字叔成，琬字叔琰，二人或為兄弟行。趙琬年長於趙敬。

高祖趙熙祚，配蔣孺人。生二子，長曰質溫公，諱德基，次則趙州。

【按】《禹九公家傳》稱其為「郡庠公」。《明史·選舉一》謂：「生員雖定數於國初，未幾即命增廣，不拘額數。……增廣既多，於是初設食廩者謂之廩膳生員，增廣者謂之增廣生員。及其既久，人才愈多，又於額外增取，附於諸生之末，謂之附學生員。凡初入學者，止謂之附學，而廩膳、增廣，以歲科兩試等第高者補充之。」庠，乃鄉學之謂。舊時稱府學為郡庠，縣學為邑庠。「郡庠公」云云，乃府學生員耳。據此可知，趙熙祚乃居鄉之秀才。

曾祖趙州，字禹九，乃熙祚公之次子。生於明萬曆四十七年（1619），卒於清康熙三年（1664），年四十有六。

【按】據趙翼《禹九公家傳》：「先曾祖諱州，字禹九。……廉憲公又五傳為先高祖郡庠公，諱熙祚，生二子，長曰質溫公，諱德基，次即公。先高祖早世，先高祖母蔣孺人攜二孤，依於外家。公時僅四齡，即能識字。稍長，益嗜學。家世業儒，所積書頗多，蔣孺人力守之，雖薄田數畝盡粥去，而書故在。公以是得肆力於古，穿穴經史，學博而才雄，尤工舉子業。顧數奇，年三十餘，猶困童子試。邑令張公環生奇其材，擢縣試第一。時功令猶寬，學使所未錄者，令得薦其所拔士。拆卷時，張公為偵者所誤，謂公已被錄，遂以其次薦。及案發，無名，張公為之頓足。已秩滿入銓曹，猶念公不已，囑學使者物色之，而公以原名屢試不利，已易名就試，故又相左。公自是絕意進取，專務造就後進，經指授者，無不斐然可觀。縉紳家爭延致公，每歲秋，以贄幣預訂明年約者無慮數十家。公不能盡卻，則約以正旦須躬造請，先至者就之。及期，戶履恒

滿，至有除夕候門外待旦者。性疏曠，所得脩羊，每客授歸，則與族人
轟飲連日夕，視橐中金垂盡，然後適館。最後鄉先達董巽祥延公教其子
佩笈，相得甚。會董公入都補官，邀與偕行，不數月，遂卒於京，年四
十有六，康熙甲辰歲也。」（《西蓋趙氏宗譜·藝文外編》）

祖趙福臻，又名斗煃，字駢五。生於康熙三年（1664），卒於康熙五十
七年（1718），年五十有五。年十六，出為童子師。臧允和器之，贅之
為婿。自此，始家西干里（今戴溪橋）。生子二：長惟寬，字子容；次
惟厚，字子重，早卒。

【按】據趙翼《禹九公家傳》：「公歿而先祖駢五公始生。先祖諱福臻，後
更名斗煃，駢五其字。初生時，先曾祖母朱孺人猶未知先曾祖父凶問，
以年四十餘始得其子也，喜甚。已而族中父老得京訃，慮孺人聞之必驚
痛，或至捐生，則孤兒不可保，乃相戒弗使知。有某房僕婦者，弗喻
也，見孺人猶衣采，戀然曰：『主母猶服此耶？』孺人駭，問得其故，慘
痛過甚，遂失乳。家貧不能蓄乳母，賴董公家日饋牛乳半升以活。而先
曾伯祖質溫公故早世無子，先曾伯祖母樊孺人守節已二十餘年，兩寡母
撫一遺腹孤，日呼天而泣曰：『天若不絕趙氏者，幸祐此兒也。』稍長，
即教之學。貧益甚，至以紡線作燈炷，光幽然如青燐，兩寡母紡車相
對，而坐公於其中，就燈光讀書。公雖幼，已有識知，朱孺人麤通訓
詁，為之字櫛句疏，不數年，即能自涉經史。無何，兩寡母相繼歿，公
年僅十六耳。生理日窘，去為童子師，端重如老成人，生徒莫敢有陝輸
旁睨者。先外曾王父西干臧公允和器之，以愛女妻公為贅婿，遂家於西
干里，稍立門戶。而先曾祖授業弟子董生佩笈者，已貴顯，亦有所贈
遺，由是衣食麤足。公乃益務殖學，自《四子書》、《五經》、《左氏傳》、
《史》、《漢》、八家之文，無不耽思旁訊，研極根柢。見有儒先講說，名
人評騭，輒手自抄錄，旁及方書、星學、算法，每肄一業，不窮其奧不
止。生平手抄蠅頭書，高三尺餘，未有一筆行楷者，草書弗論也。為時
文，務折衷程朱，不能趨時好，以故亦終其身不得一衿。自少時即方嚴
不苟訾笑，晚年風規益峻，見者凜然如負秋霜，然非有意矯厲。與人言，
必亹以敦倫紀，立品誼。鄉里有爭端，多就公質成，數十年未有構訟者。
節縮館餼，為廉憲公諭塋，置祭田，植松柏。又以族譜久不修，子孫各
散處，將不可紀，積數十年之辛勤，遍歷各支，訂成之，兩足盡繭。卒

於康熙戊戌，年五十有五。生子二，長即先考子容公，諱惟寬，次即先叔父，諱惟厚。先叔父年二十九早卒，無嗣。」（《西蓋趙氏宗譜・藝文外編》）

父惟寬，為塾師，訓迪最有方，雖農家子，亦竭力指授。生於康熙四十一年（1702），卒於乾隆六年（1741），年四十。配丁氏。生子四：翼、汝明、汝霖、亭玉。亭玉殤，汝明亦早卒。

雍正五年丁未（1727） 一歲

【時事】　正月，雲南鎮沅府各族百姓，不堪官吏重壓，聚眾千餘，焚燒府衙，將威遠同知劉洪度剝心祭旗。雍正帝批諭：「觀此，劉洪度必有自取滅亡之道。」命酌中料理。此事，後由鄂爾泰督兵平定。本月，江西巡撫裴㦯度因挪補遮掩儲倉虧空，被革職。三月，福建之福、興、彰、泉、汀五府皆弛洋禁，以惠商民。閏三月，湖南巡撫布蘭泰請求開礦，遭拒。帝諭曰：「開採一事，目前不無小利。人聚眾多，為害甚巨。從來礦徒率皆五方匪類，烏合於深山窮谷之中，逐此末利。今聚之甚易，將來散之甚難也。」同月，因河南省內有「老瓜賊」貽害客商，河南巡撫田文鏡榜示百姓，中謂：「勸諭客商勿孤身暗地行走。空廟空窰盡行壘塞。車屋草棚，本家早晚查看。菴觀寺廟不許擅自容留。大街小鎮一切賣藥、拆字、說書、打卦、算命、看相、弄猴、弄蛇、耍拳、打彈、變戲法、擺旗勢、打流星等『匪類』，概行嚴逐出境。」四月八日佛誕日，葡萄牙使者抵京，帝諭內閣九卿等：各國有各國所行之教，各教各有其長短，不應互相詆毀，亦不能彊加於人。僧道與西洋之教互相訕謗，詆為異端。中國有中國之教，西洋有西洋之教。西洋之教不必行於中國，亦如中國之教豈能行於西洋？五月，《子史精華》刊成。此書編纂於康熙年間，至本年始竣其事。書凡三十部，分280類，總160卷，「自天文地理、帝德王功，禮樂兵刑之大、人倫日用之常，以及九邊之殊域，二民之異教，方術伎藝之巧，草木鳥獸之蕃」（雍正《御製子史精華序》），無不具備。同月，帝強調「奢儉一端關係民生風俗者至大」，諭曰：「治天下之道，莫要於厚風俗，而厚風俗之道，必當崇儉而去奢。若諸臣以奢為尚，又何以訓民儉乎？」九月，帝嘗稱「旗下寡婦，年少無子，並無近族者，勉彊令其守節，似非善事」，八旗都統據此議定各族官員兵丁之寡婦養贍條例。十二月，兩江總督范時繹奉命查抄江寧織造曹頫家產。

　　本年，雍正帝命纂八旗志書。（《國朝宮史・書籍類》）

　　詩人查慎行（1650～1727）卒。

　　無錫王雲錦（1657～1727）卒。「雍正中，王雲錦殿撰元日早朝後歸邸舍，與數友作葉子戲。已數局矣，忽失一葉，局不成，遂罷而飲。偶一日入朝，上問以元日何事，具以實對。上嘉其無隱，出袖中一葉與之曰：『俾爾終局。』則即前所失也。當時邏察如此。雲錦孫日杏語余云」（《簷曝雜記》卷二）。

山陽阮葵生（唐山）生。

是年程晉芳十歲，劉墉七歲，袁枚十二歲，王鳴盛六歲，蔣士銓三歲，王昶三歲。

【本事】甌北生於是年十月二十二日寅時。

雍正六年戊申（1728）　二歲

【時事】　八月，准浙江士子得照舊鄉、會考試。起初，禮部侍郎查嗣庭與吏部尚書隆科多相友善。隆科多既得罪，嗣庭之獄亦繼起。與因作《西征筆記》獲罪的王景祺同爲浙江人，同以文字譏訕獲罪。帝因深惡浙江人，於雍正四年（1726）十月，詔停浙江省鄉、會試，以示懲戒。至是，雍正帝諭內閣曰：「浙江士習澆薄，朕爲世道人心計，不得不嚴加整理。今二年以來，李衛、印國棟先後奏稱兩浙士子感朕訓誨之恩，省愆悔過，將前日囂陵奔競之習，痛自改除，可稱士風丕變。明年即屆鄉試之期，浙江士子准其照舊鄉、會考試。」

本年，浙江沈廷芳在北京，以劉大櫆介，從方苞學。

長洲蔣業晉（紹初）生。

常熟蘇去疾（獻之）生。

武進湯大奎（緯堂）生。

嘉定錢大昕（辛楣）生。

【本事】甌北二歲。

雍正七年己酉（1729）　三歲

【時事】　二月，尹繼善眞除江蘇巡撫，署江南河道總督。尹釋褐五年，即任封疆大吏。世宗最賞鄂爾泰、李衛、田文鏡，嘗謂尹繼善，當學此三人。善對曰：「李衛，臣學其勇，不學其驕；田文鏡，臣學其勤，不學其刻；鄂爾泰，宜學處多，然臣亦不學其復。」世宗不以爲忤。（《清史稿》卷三〇七《尹繼善傳》）五月二十一日，曾靜案牽及呂留良案。據載，「先是，湖南靖州人曾靜因考試劣等家居憤鬱，忽圖叛逆，遣其徒張熙詭名投書於川陝總督岳鍾琪，勸以同謀舉事。岳鍾琪拘留刑訊究問指使之人，張熙甘死不吐。岳鍾琪置之密室，

許以迎聘伊師，佯與設誓，張熙始將曾靜供出。岳鍾琪具折並其逆書奏聞，奉旨差刑部侍郎杭奕祿、正白旗副都統覺羅海蘭至湖南會同巡撫王國棟拘提曾靜審訊。據曾靜供，稱生長山僻，素無師友，因應試州城得見呂留良評選時文，內有妄論夷夏之防及井田、封建等語，遂被蠱惑，隨遣張熙至浙江呂留良家訪求書籍，呂留良之子呂毅中授以伊父所著詩文，內皆憤懣激烈之詞，益加傾信。又往訪呂留良之徒嚴鴻逵與鴻逵之徒沈在寬等，往來投契，因致沈溺其說，妄生異心等語。隨將曾靜、張熙提解來京，旋命浙江總督李衛搜查呂留良、嚴鴻逵、沈在寬家藏書籍，所獲日記等逆書並案內人犯一併拿解赴部，命內閣、九卿等先將曾靜反覆研訊，並發看呂留良日記等書」。雍正帝就此發論，斥曰：「詎意逆賊呂留良者悍戾凶頑，好亂樂禍，自附明代王府儀賓之孫，追思舊國，憤懣詆譏。夫儀賓之後裔於親屬至為疏賤，何足比數，且生於明之末季，當流寇陷北京時呂留良年方孩童，本朝定鼎之後伊親被教澤始獲讀成立，於順治年間應試得為諸生，嗣經歲科屢試，以其浮薄之才每居高等，盜竊虛名，誇榮鄉里，是呂留良於明毫無痛養之關，其本心何曾有高尚之節也？乃於康熙六年因考試劣等憤棄青衿，忽追思明代，深怨本朝，後以博學鴻詞薦則詭云必死，以山林隱逸薦則剃髮為僧，按其歲月，呂留良身為本朝諸生十餘年之久，乃始幡然易慮忽號為明之遺民，千古悖逆反覆之人有如是之怪誕無恥、可嗤可鄙者乎？自是著邪書、立逆說，喪心病狂，肆無忌憚。」（《清代文字獄檔》）六月，謝濟世以心懷怨望，譏謗程朱獲罪，「謝濟世嘗為御史，以直言被譴，戍邊。雍正己酉七月，世宗諭內閣：『據順承郡王錫保以在軍前效力之謝濟世注釋《大學》譏謗程朱參奏前來，朕觀謝濟世所注之書，意不止譏謗程朱，乃用《大學》內「見賢而能舉」兩節，言人君用人之道，藉以抒寫其怨望誹謗之私也。其注有「拒諫飾非必至拂人之性，驕泰甚矣」等語，觀此，則謝濟世之存心昭然可見。謝濟世於公正任事之田文鏡，則肆行誣參，於婪贓不法之黃振國，以及黨護鑽營之李紱、蔡珽、邵言綸、汪誠等，則甘聽其指使而為之報復，乃直顛倒是非，紊亂黑白，好惡拂人之性者矣。天理國法，所不能容，菑已及身，而猶不知省懼，何其謬妄至於此極！夫拒諫飾非之說，乃朕素所深戒，然必責難陳善，忠言讜論，而後可以謂之諫，若乃排擠傾陷之私言，奸險狡惡之邪論，豈可以直諫自居，而冀朕之聽受耶？試問謝濟世，數年以來，伊為國家敷陳者何事？為朕躬進諫者何言？朕所拒者何諫？所飾者何非？除處分謝濟世黨同伐異誣陷良臣之外，尚能指出一二事否乎？謝濟世以應得重罪之人從寬令其效力，乃仍

懷怨望，恣意謗訕，甚爲可惡。應作何治罪之處，著九卿翰詹科道秉公定議具奏。』(《清稗類鈔‧謝濟世以謗訕獲咎》)。七月，廣西舉人陸生楠以撰《通鑑論》被誅。因其中「抗憤不平之語甚多」，雍正帝斥曰：「陸生楠素懷逆心，毫無悔悟，怙惡之念愈深，奸慝之情益固。借托古人之事幾，誣引古人之言論，以泄一己不平之怨怒，肆無忌憚，議論橫生，至於此極也。」(《東華錄》雍正十五)，遂被軍前正法。謝濟世從寬免死。九月，雍正帝命刊刻《大義覺迷錄》，頒行天下。

本年，興化鄭燮寫成《板橋道情》初稿。

長洲沈德潛到常熟訪王材任。

湖北劉湘煃以藏顧祖禹《讀史方輿紀要》，被怨家告訐私藏禁書，下南京獄，旋得釋。

吳縣惠士奇以被罰修鎮江城，滯京口，旋被削籍。

陽湖董潮（東亭）生。

吳縣余蕭客（古農）生。

南匯吳省欽（充之）生。

直隸朱筠（竹君）生。

【本事】甌北三歲。時父子容公客授於外，叔父子重公教之識字，每日能記二十餘字。

　　【按】姚鼐《貴西兵備道趙先生翼家傳》：「生三歲，日能識字數十。」

　　　　《清史稿‧趙翼傳》：「生三歲，能識字。」

雍正八年庚戌（1730） 四歲

【時事】　二月，康熙帝《欽定書經傳說彙纂》刊行頒佈，雍正帝於該書《序》中稱康熙帝「聖學淵源，治功弘遠，存於中者二帝、三王之心，發於外者二帝、三王之治。而稽古好學，於典謨訓詁之篇沈潛研究，融會貫通。初命講官分日進講，著有解義一編，頒示海內。復指授儒臣，薈萃漢、唐、宋、元、明諸家之說，參考折中，親加正定，廣大悉備。於地理山川，援今據古，靡不精覈」(《國朝宮史》卷二七《書籍六》)。強調「尊崇經學」、「繼天立極」。六月，雍正帝密諭李衛對呂留良子孫密加訪察根究，以防其有隱匿以致漏網者。九月，以廣東文、武官吏各樹朋黨，互相告訐，爲雍正帝嚴責：「爾文武各員自思之：

膺國家簡命之榮，受管轄兵民之寄，乃以營私網利之故，相傾相軋，效市井無賴小人之所爲，而置人心風俗、官方戎政於不問，爾等不自知愧，朕實爲爾等愧之。」《東華錄》雍正十七）十月，故尙書徐乾學之子、翰林院庶吉士徐駿，因所著《堅蕉詩稿》、《戊戌文稿》等中有所謂譏訕悖禮之言，「清風不識字，何得亂翻書」，被斥爲語含譏諷，照大不敬律斬立決，文稿盡行焚毁。十二月，本月十九日，「刑部等衙門會議，呂留良身列本朝子衿，妄附前代儀賓之裔，追思舊國，詆毁朝章，造作惡言，妄行記撰，倡狂悖亂，罪惡滔天，甚至敢將聖祖仁皇帝誣衊指斥，悖逆已極，臣等莫不切齒痛心，允宜按律定罪，顯加誅滅，以扶人紀以絕亂源，呂留良應銼屍梟示，財產入官，伊子呂葆中曾叨仕籍，世惡相濟，前此一念和尙謀叛案內連及呂葆中逆蹟彰著，亦應銼屍梟示，呂毅中應擬斬立決，伊子孫並兄弟伯叔兄弟之子及女、妻妾、姊妹子之妻妾應行文該督查明按律完結，並行知各省府州縣，將大逆呂留良所著文集、詩集、日記及他書已經刊刷及抄錄者於文到日出示遍諭，勒限一年盡行焚毁」（《清代文字獄檔》）。

本年，安徽吳敬梓客南京，作《庚戌除夕客話》詞，自寫少年時放縱生活。

丹徒王文治（夢樓）生。

鎮洋畢沅（纕蘅）生。

浙江錢塘縣梁詩正以一甲三名賜進士及第。

江南常熟縣大學士蔣廷錫之子蔣溥以二甲一名賜進士出身。

【本事】五月初十日子時，弟汝明生。

【按】《西蓋趙氏宗譜》「北岸支表‧趙汝明」：「行二。字明玉。雍正八年庚戌五月初十日子時生。」

父惟寬，時年三十四歲。母丁氏，三十二歲。

【按】《西蓋趙氏宗譜》「北岸支表」稱惟寬「行二。字子容，康熙三十六年丁丑十一月二十七日酉時生」，「配丁氏，邑庠生允猷女。康熙三十七年戊寅三月初九日戌時生」。

雍正九年辛亥（1731）　五歲

【時事】　二月，於山西夏縣學宮西北角外，發現抨擊朝政之匿名揭帖。詩曰：

「走狗狂惑不見烹，祥麟反作釜中羹。看徹世事渾如許，頭髮衝冠劍欲鳴。」
（《清史編年》第四卷）朝廷降旨追究，莫致漏網。六月，嚴禁廣東開礦。九
月，採納鄂爾泰建議，在貴州開局鑄錢。

　　本年，長洲沈德潛著《說詩晬語》二卷。《說詩晬語》卷上作者識語曰：
「辛亥春，讀書小白陽山之僧舍，塵氛退避，日在雲光嵐翠中，几上有山，
不必開門見山也。寺僧有叩作詩指者；時適坐古松亂石間，聞鳴鳥弄晴，流
泉赴壑，天風送謖謖聲，似唱似答，謂僧曰：『此詩歌元聲，爾我共得之乎！』
僧相視而笑。既復乞疏源流陞降之故，重卻其請，每鐘殘燈炧候，有觸即書。
或準古賢，或抽心緒，時日既積，紙墨遂多。命曰『晬語』，擬之試兒晬盤，
遇物雜陳，略無詮次也，然俱落語言文字蹟矣。歸愚沈德潛題於聽松閣。」（《清
詩話》下冊）

　　武進趙彪詔入蜀，攝會理州事，輯此期詩為《益州遊稿》。

　　青浦許寶善（穆堂）、嘉定曹仁虎（來殷）、江寧嚴長明（冬友）、無錫顧
光旭（華陽）、安徽姚鼐（姬傳）諸人，均生於本年。

【本事】甌北五歲。

雍正十年壬子（1732）　　六歲

【時事】　正月，鄂爾泰由雲貴、廣西總督任還京，陛見。未幾，以經理苗疆
有功，授保和殿大學士兼兵部尚書，辦理軍機事務，授一等伯爵，世襲罔替。
是月，清廷所派西路軍與準噶爾兵戰於哈密。趙翼《皇朝武功紀盛》卷二《平
定準噶爾前編述略》載其事曰：「十年，又有塞卜騰策那木箚爾由烏魯木齊來
擾哈密，岳鍾琪遣總兵曹勤、副將紀成斌拒之。秋，噶爾丹策零傾國入寇，至
額附策零所部。策零方入朝，遂盡掠其貨畜，二子一妾亦為所得。策零在途聞
之，割辮髮及所乘馬尾，誓以死復仇。途次，借各蒙古兵回救。噶爾丹策零方
據其子女玉帛，酣飲為樂。策零夜半由間道繞出山後，黎明自山頂大呼，壓而
下。敵驚起，人不及甲，馬不及鞍，棄其軍貨，倉猝遁。策零追及之於額爾得
尼招，左阻山，右限大水，敵無路走。我兵乘勢蹴之，擊殺萬餘，屍滿山谷，
河水數十里皆赤。噶爾丹策零由鄂爾昆竄去，策零急檄馬爾塞出歸化城截殺。
副將軍達爾濟整兵待發，馬爾塞不許；副都統傅鼐至跪求出兵，亦不許。軍士
登城，望見敵騎由城下過，如亂鴉投林，紛雜無行列，一邀擊可盡擒也。翌日，

將士不稟命自出追之，噶爾丹策零已從前隊過，僅截其零騎。」因準部敗兵逃脫，副將軍石雲倬被革職，後處斬監候。大將軍岳鍾琪，亦被降旨切責，「痛自省惕」。五月，江寧織造隋赫德以虧空案革職。上諭：「織造本非大員，而在外體統任意僭越，至於司庫、筆帖士官職尤卑，乃以欽差之名，妄自尊大，與督府拜帖，稱號俱用平行禮，妄誕已極。嗣後著嚴行禁止，倘有以片紙隻字干謁地方官及不按品級規矩僭越妄行者，定行從重治罪。」(《東華錄》雍正二十)七月，雍正帝就科舉之文風頒旨，曉諭考官，「所拔之文，務令雅正清眞，理法兼備。雖尺幅不拘一律，而支蔓浮誇之言所當屛去。秋闈相近，可行文傳諭知之。」(《清朝文獻通考》卷七〇《學校八》)十月，大將軍岳鍾琪以辦事怠忽、軍務廢弛被革職，交兵部囚禁。兩年後，判斬監候。

本年，高郵沈業富（既堂）生。

吳江徐爔（鼎和）生。此人後來作有《寫心雜劇》十八種，以劇「寫我心」，爲當時所少見。

【本事】惟寬公客授於西黃埼張氏，攜甌北就塾。甌北習學《名物蒙求》、《性理字訓》、《孝經》、《易經》諸書。

雍正十一年癸丑（1733）　七歲

【時事】　正月，命直省省城設立書院，各賜帑金千兩爲營建之費。上諭曰：「內閣各省學校之外，地方大吏每有設立書院，聚集生徒、講誦肄業者。朕臨御以來，時時以教育人材爲念，但稔聞書院之設，實有裨益者少，浮慕虛名者多，是以未嘗敕令各省通行，蓋欲徐徐有待，而後頒降論旨也。近見各省大吏漸知崇尙實政，不事沽名邀譽之爲，而讀書應舉者，亦頗能屛去浮囂奔競之習，則建立書院，擇一省文行兼優之士讀書其中，使之朝夕講誦，整躬勵行，有所成就，俾遠近士子觀感奮發，亦興賢育才之一道也。督撫駐紮之所，爲省會之地，著該督撫商酌奉行，各賜帑金一千兩，將來士子群聚讀書，須預爲籌畫，資其膏火，以垂永久。其不足者，在於存公銀內支用。封疆大臣等，並有化導士子之職，各宜殫心奉行，黜浮崇實，以廣國家菁莪棫樸之化，則書院之設，於士習文風有裨益而無流弊，乃朕之所厚望也。」(《清朝文獻通考》卷七〇《學校八》)此後三、五年間，廣東肇慶端溪書院、廣州粵秀書院、福建鼇峰書院、廣西桂林秀峰書院，湖南長沙嶽麓書院等先後得以修整，或選文行可

觀士子入讀，延請館師教之。四月二十二日，令奏事之文應據實鋪敘，毋用頌揚之虛文。四月二十八日，要求著述不必避諱「胡」、「虜」、「夷」、「狄」等字樣。上諭：「朕覽本朝人刊寫書籍，凡遇胡、虜、夷、狄等字每作空白，或改易形聲。如以夷爲彝，以虜爲鹵等字樣，閱之殊不可解，揣其意蓋妄爲觸本朝之忌諱，曰避之，以明其敬愼。此固背理犯義而不敬之甚者也。夫中外，地所畫之境也；上下，天所定之分也。我朝肇基東海之濱，統一中國，君臨天下，所承之統，堯舜以來，中外一家之統也。所用之人，大小文武，中外一家之人也；所行之政，禮樂征伐，中外一家之政也。內而直隸各省之臣民，外而蒙古極邊諸部落，以及海滋山陬、梯航納貢之倫，莫不尊親奉以爲主。乃復追溯開創帝業之地目爲外夷，以爲宜諱於文字之間，是徒辨地境之中外，而竟忘天分之上下，不且悖謬已極哉！孟子曰：『舜，東夷之人也。文王，西夷之人也。』舜，古之聖帝，而孟子以爲夷；文王，周室受命之祖，孟子爲周之臣子，亦以文王爲夷。然則，夷之字義不過方域之名，自古聖賢不以爲諱也，明矣。至以虜之一字，加之本朝，尤爲錯謬。……夫滿漢名色猶直省之各有籍貫也。文移字蹟未便混同，初非留此以爲中外之分別，乃昧於君臣之義者，不體列聖撫育中外廓然大公之盛心，猶泥滿漢之形蹟於文藝記載間，刪改夷、虜諸字以避忌諱，將以此爲臣子之尊敬君父乎？不知即此一念以犯侮慢大不敬之罪而不可逭矣。此皆始作之大奸大逆譏訕之辭，後人由之而不覺淺夫！寡識至於如此。朕於《大義覺迷錄》中曾經詳悉開導，實憫天下士民無知而自蹈於大罪，想天下士民今已深悉。茲見書籍避忌之謬妄，重爲反覆曉諭。嗣後臨文作字及刊刻書籍，如蹈前轍，將此等字樣空白及更換者，照大不敬律治罪。各省督撫學政有司，欽遵張揭告示，窮鄉僻壤咸使聞知。其從前書籍若一概責令塡補更換，誠恐卷帙繁多或有遺漏，而不肖官吏遂借不遵功令之名致滋擾累，著一併曉諭，有情願塡補更換者，聽自爲之。」（《欽定八旗通志》卷首之十《敕諭四》）四月初七日，封皇四子弘曆爲和碩寶親王。弘曆時年二十三。生於康熙五十年（1711）八月十三日。

　　本年，吳敬梓由安徽全椒移居江寧（即今江蘇南京），作《移家賦》以見意。

　　浙江鄞縣人全祖望游歷京師，所寫《春明行篋當書記》文，自述曰：「予生平性地枯槁，泊然寡營，其穿穴顚倒而不厭者，不過故紙陳函而已。年來陸走軟塵，水浮斷梗，故園積書之岩，偶津逮焉，而不能暖席。特篷窗驛肆，

不能一日無此君，家書五萬卷中，常捆載二萬卷，以爲芒屬油衣之伴，舟車過關口，稅司諸吏來朓篋者如虎，一見索然，相與置之而去。雍正癸丑，獻藝於儀曹之賈，貨不中度，南轅已有日矣。俄而因他事滯留不果。長安米貴，居大不易，於是不能不出其書質之。」（《鮚埼亭集外編》卷一七）

直隸翁方綱（字正三，號覃溪）生。

「顏李學派」代表人物李塨（字剛主，號恕谷）卒，享年七十五歲。

【本事】趙翼隨父惟寬公就塾於華渡橋管氏。以下四年，皆隨其父於華渡橋、蔣莊橋等處讀書。

雍正十二年甲寅（1734） 八歲

【時事】春二月，河南學政俞鴻圖以受賄營私罪伏誅。四月，禁廣東編制象牙席。諭曰：「朕於一切器具，但取樸素適用，不尙華麗工巧，屢降諭旨甚明。從前廣東曾進象牙席，朕甚不取，以爲不過偶然之進獻，未降諭旨切戒。今則獻者日多，大非朕意。夫以象牙編織成器，或如團扇之類，其體尙小。今製爲座席，則取材甚多，倍費人工，開奢靡之端矣。著傳諭廣東督撫，若廣東工匠爲此，則禁其毋得再製，若從海洋而來，後此屏棄勿買，則製造之風，自然止息矣。」（《清鑒綱目》卷六）五月，禁八旗官員於吉凶之事大事鋪張。諭曰：「向來八旗官員遇有吉凶之事，競尙繁華，恣意靡費，以致兵民效尤，罔思撙節，重有累於生計。朕屢加訓諭，並令九卿等按其品級，分別等次，酌定規條，頒行已久。伊等自當體朕教養之苦心，各循職分謹守章程以爲仰事俯育之道。乃近聞八旗人等仍有未改陋習，以誇多鬥靡相尙者，不知聖人教人以生養死葬合禮爲孝。又曰：『禮，與其奢也寧儉；喪，與其易也寧戚。』朕之教人亦即此意。如曰父母之葬祭必以耗財爲孝，獨不思蕩廢家產以致不能顧恤品行辱及先人，其不孝也更爲何如？子女之婚嫁，必以厚資爲慈，獨不思無所貽謀，以致不能養育，子孫饑寒困苦，其不慈也更爲何如？況越禮踰分之事，但覺可恥更有何榮？朕之提撕警覺已至再至三，而庸愚之人尙未醒悟。今特再行宣諭，該都統等務須諄切化導，並不時稽查，俾八旗人等遵照所頒定例實力奉行，毋得陽奉陰違，負朕崇儉黜奢、維風訓俗之至意。倘視爲具文，仍蹈故習，經朕訪聞，必將該都統等一併議處。」（《欽定八旗通志》卷首之十《敕諭四》）秋八月，詔罷征準噶爾兵，遣侍郎傅鼐、內閣學士阿克敦、副都統羅密赴準噶爾

議和談事。《嘯亭雜錄》卷七《傅閣峰尚書》載其事曰：「會賊有求降意，而盈廷諸臣皆欲遣使議和罷兵。上問公，公叩首曰：『此社稷之福也。』上意遂定，即命公同都統羅密、侍郎阿克敦往。時戰爭連年，虜氛甚惡，窮沙萬里，雪沒馬鼻，行人迷路，認人畜白骨而行。公聞命，不辦嚴，徑上馬馳抵策零部落。噶爾丹策零坐穹廬，紅氍毹爲褥，金龍盤疊高五尺，侍者貂蟬持兵，女樂數行，彈琵琶獻酒。公從容宣詔，音響如鐘，賊酋伏地。觀者以萬計，皆膜手指夷言曰：『果然中國大皇帝使臣好狀貌也。』詔劃阿爾泰山爲界。策零曰：『阿爾泰山不毛之地，中國奚用！且我先人披荊棘，屬血刃，與喀爾喀爭來之地，寧忍棄之？』公曰：『以爲若不念先人耶！若肯念先人，至善。昔我聖祖征噶爾丹，通好爾國，爾國主伐叛助順，縛噶爾丹來獻，在途病死。爾國震於天威，即獻阿爾泰山地方，中國受之，置驛設守有年矣。今猶有是言，是非背大皇帝，乃是背其先人，豈非大不祥乎？』策零語塞。思以利害動公，乃集十四鄂托、十四宰桑，合而見公，曰：『議不成，公不歸矣！』公叱曰：『出嘉峪關而思歸者，庸奴也。某思歸，某不來矣！今日之議，事集，萬世和好；不集，三軍暴骨，一言可決。而諓諓如兒女子，吾爲爾王羞也。』諸酋相目以退。翌日，策零如約繕表，求公轉奏，並遣宰桑同來，獻橐駝明珠等物，和議乃定。」《皇朝武功紀盛》卷二《平定準噶爾前編述略》亦謂：「馬爾賽由是伏法，而噶爾丹策零勢亦衰，不復敢擾邊。尋遣人來議和。十二年，遣學士傅鼐及阿克敦報之。」十二月，蘇州機匠叫歇，官府勒石永禁。《奉各憲永禁機匠叫歇碑記》稱：「蘇城機戶，類多雇人工織。機戶出資經營，機匠計工受值，原屬相需，各無異議。惟有不法之徒，不諳工作，爲主家所棄，遂懷妒忌之心，倡爲幫行名色，挾眾叫歇，勒加銀□，使機戶停織，機匠廢業，致機戶何君衡等呈請勒石永禁。通詳各憲，批查議詳。……嗣後如有不法棍徒，膽敢挾眾叫歇，希圖從中索詐者，許地鄰機戶人等，即時扭稟地方審明，應比照把持行市律究處，再枷號一個月示儆等情，議復前來，似應如其所請，飭行地方官勒石永遵。」（《康雍乾時期城鄉人民反抗鬥爭資料》下冊）

本年，十一月二十二日，武進管幹貞（字陽復，號松崖）生。（《碑傳集》卷七四）十二月初二，上海陸錫熊（字健男，一字耳山）生。（《碑傳集》卷三五）

【本事】隨父於華渡橋、蔣莊橋等處讀書。

雍正十三年乙卯（1735）　九歲

【時事】　二月初，禁文武生員入伍當兵。「諭內閣定例，文武生員不准入伍食糧。聞陝甘兵丁，內有文武生員，現充營伍，而延綏一鎮，竟至六十餘名之多。在文武生員，名列膠庠，各應專心舉業，嫻習技藝，以圖上進，豈可又掛名營伍？其已經入伍之兵，廳知文義，願應考試者，原有准入武場一體鄉試之例，不必又附名學校。若以一身而兼顧兩途，必且互相牽制，轉致兩誤。著通行陝甘各提鎮，將兵內之文武生員查明革糧，令其歸學。如有情願革去生員當兵食糧者，即行知該學政除名，准留營差操，並飭行各將弁，嗣後文武生員，一概不許濫收入伍，將此通行各省知之。」（《清朝文獻通考》卷七〇《學校八》）二月末，貴州苗民起義爆發。早在雍正初年，貴州種家苗不堪重壓，時而舉事抗爭。鄂爾泰上疏言：「雲貴大患，無如苗蠻。欲安民必先制夷，欲制夷必改土歸流。而苗疆多與鄰省犬牙相錯。」官府窮於應付，橫征暴斂，「取於下者百倍。一年四小派，三年一大派。小派計錢，大派計兩。土司一取子婦，則土民三載不敢婚。土民有罪被殺，其親族尚出墊刀數十金，終身無見天日之期」。（《清史稿》卷二八八《鄂爾泰傳》）本年，臺拱苗民以官吏徵糧不善，激生變亂。「是時，戍苗兵隊，又縱弛無紀律，甚且略賣其妻女，苗人益大憤。日集清江、臺拱間，謀起兵抗拒。各寨蜂湧，志甚堅決，甚有手刃其妻女而後出戰者，其鋒不可當。苗又探知內地防兵，半戍苗疆，各城守備空虛，於是乘間大入，陷凱里，陷重安江驛，陷黃平州，陷岩門司，陷清平縣、餘慶縣，焚掠及鎮遠思州，而鎮遠府治無城，人心洶懼。臺拱、清江各營汛，亦多為叛苗誘陷，亂氛四起，本省兵征調殆盡，奔救不遑，驛路四隔，省城戒嚴。」（《清鑒綱目》卷六）八月初，整飭滿洲風俗。「雍正十三年八月初三日，九卿等奉上諭：從來滿洲風俗，於尊卑上下之分秩然有禮，即冠履亦從不濫置一處，此風實應永為典則。當年聖祖皇帝惟恐古風漸遠，時頒諭旨諄切告誡朕。即位以來，敬謹奉行，凡於本章奏摺中遇有壇、廟等字者，必敬謹奉持不敢置於床座。近見滿洲薰染漢習，諸凡輕忽禮儀漸弛，竟有將稿案任意安放靴襪間者。此風不可不嚴為謹飭，以儆玩藝。嗣後部院及八旗官員人等於一切稿案或置懷中，或貯囊內皆可攜行，不得夾帶靴襪之間。該管上司務須嚴行查禁，違者即行參處。如不實力遵行，經朕查出，將該管上司必加嚴處。特諭」（《欽定八旗通志》卷首之十《敕諭四》）八月二十三日，雍正帝薨。皇太子弘曆即位，詔以明年為乾隆元年。「世宗大漸時，詔立皇四子寶親王弘曆為皇太子，並召莊親王允祿、果

親王元禮及大學士鄂爾泰、張廷玉入受遺詔輔政，至是太子即位」(《清鑒綱目》卷六)。遺詔曰：「寶親王皇四子弘曆秉性仁慈，居心孝友，聖祖皇考於諸孫之中最爲鍾愛，撫養宮中，恩逾常格。雍正元年八月間，朕於乾清宮召諸王滿漢大臣入見，面諭以建儲一事，親書諭旨，加以密封，收藏於乾清宮最高之處，即立弘曆爲皇太子之旨也。其後仍封親王者，蓋令備位藩封，諳習政事，以增廣識見。今既遭大事，著繼朕登極，即皇帝位。」(《清史編年》第四卷)九月，給各類教職加相應品級。「各省教職，乃師儒之官，所以訓迪約束，爲多士之表率也。若不能給品秩，則與雜職無異，恐本人遂以冗散自居，不知殫心課士以盡職任，其應如何？加給品級，以示鼓舞責成之意。著吏部議奏，尋議准京府教授、四氏學教授、各府衛儒學教授，爲正七品官；各州學正，各縣教諭，爲正八品官；各府州縣衛訓導，爲從八品官」(《清朝文獻通考》卷七一《學校考九》)。十月，禁收落地稅。「諭聞各省地方於關稅、雜稅外更有落地稅之名。凡耰鋤、箕帚、薪炭、魚蝦、蔬果之屬，其直無幾，必察明上稅，方許交易。且販自東市，既已納課貨，於西市又復重征。至於鄉村僻遠之地，或差胥役征收，或令牙行總繳，交官甚微，不過飽奸胥之私囊，而細民已重受其擾矣。著各省凡鄉村鎮落落地稅全行禁止。」(《清朝通典》卷八《食貨八·賦稅下》)十一月，監察御史曹一士奏請禁挾仇誣告詩文事。疏曰：「比年以來，小人不識兩朝所以誅殛大憝之故，往往挾睚眥之怨，借影響之詞，攻訐詩文，指摘字句。有司見事風生，多方窮鞫，或致波累師生，株連親故，破家亡命，甚可憫也。臣愚以爲井田封建，不過迂儒之常談，不可以爲生今反古；述懷詠史，不過詞人之習態，不可以爲援古刺今。即有序跋偶遺紀年，亦或草茅一時失檢，非必果懷悖逆，敢於明布篇章。使以此類悉皆比附妖言，罪當不赦，將使天下告訐不休，士子以文爲戒，殊非國家義以正法、仁以包蒙之意。伏讀皇上諭旨，凡奏疏中從前避忌，一概掃除。仰見聖明廓然大度，即古敷奏采風之盛。臣竊謂大廷之章奏尙捐忌諱，則在野之筆箚焉用吹求？請敕下直省大吏，察從前有無此等獄案、現在不准援赦者，條列上請，以俟明旨欽定。嗣後凡有舉首文字者，苟無的確蹤蹟，以所告之罪依律反坐，以爲挾仇誣告者戒。庶文字之累可蠲，告訐之風可息矣。」上亦如其議。(《清史稿》卷三〇六《曹一士傳》)十二月，殺曾靜、張熙。弘曆於本月十九日，諭刑部：「曾靜、張熙悖亂凶頑，大逆不道，我皇考世宗憲皇帝聖度如天，以其謗議止及聖躬貸其殊死，並有將來子孫不得追究誅戮之諭旨。然在皇考，當日或可姑容，而在朕今日斷難曲宥，前後

辦理雖有不同，而衷諸天理、人情之至當則未嘗不一，況億萬臣民所切骨憤恨，欲速正典刑獄於今日者，朕又何能拂人心之公惡乎？曾靜、張熙著照法司所擬凌遲處死。」（《清代文字獄檔》下冊）至本月，《明史》大致定稿。自康熙十八年（1679）起，至本年，凡六十年乃成書。至乾隆四年（1739），始刊行。

　　本年，金壇段玉裁（懋堂）生。

　　寶應王嵩高（少林）生。

　　武進莊忻（似撰）生。

　　嘉定錢塘（溉亭）生。

【本事】趙翼繼續隨父讀書於授館之家。

乾隆元年丙辰（1736）　　十歲

【時事】　二月，雲貴總督楊名時被召入京，掌國子監祭酒事。盧文弨《楊文定公家傳》，謂楊名時常州江陰人。康熙三十年進士，改庶吉士，授檢討，充《明史》纂修官，又任順天學政、直隸巡道、貴州布政使、雲南巡撫等職。雍正時，加兵部尚書、復授雲貴總督，進吏部尚書，復授雲貴總督，仍管雲南巡撫事。康熙帝稱其「不特是清官，實好官也」。雍正帝御書「清操風著」四字以賜。至本年二月，乾隆帝遵雍正遺意召回，「授禮部尚書兼掌國子監祭酒事，又命授皇子讀，兼入直南書房。此皆治化根本所在，公平生治學，於是得展，五日一至太學，升講堂，就經傳中提綱挈領，示諸生以為學之要」。（《抱經堂文集》卷二六）門人輯有《易義隨記》（八卷）、《詩義紀講》（四卷）二書，後併入《楊氏文集》（十二卷，別集六卷，附錄二卷）。本月，江南道御史謝濟世，以進呈自著《大學注》、《中庸疏》幾獲罪。「高宗即位，詔開言路。（濟世）為建勳將軍欽拜草奏，請責成科道嚴不言之罰，恕妄言之罪。上嘉納焉。旋召濟世還京師，復補江南道御史。濟世以所撰《大學注》、《中庸疏》進上，略言：『大學注中，九卿、科道所議諷刺三語，臣已改刪，惟分章釋義，遵古本不遵程、朱，習舉業者有成規，講道學者無屬禁。千慮一得，乞舍其瑕而取其瑜。』得旨嚴飭，還其書。」（《清史稿》卷二九三《謝濟世傳》）。四月二十二日，訓誡八旗子弟。上諭：「八旗為國家根本。從前敦崇儉樸，習尚淳龐，風俗最為近古。治承平日久，漸即侈靡，且生齒日繁，不務本計，但知坐耗財用，罔思節儉。如服官外省奉差收稅，即不守本分，恣意花消，虧竭國帑，及

至干犯法紀，身罹罪戾，又復貽累親戚，波及朋儕，牽連困頓。而兵丁閒散人
等，惟知鮮衣美食，蕩費貲財，相習成風，全不知悔。旗人之貧乏率由於此。
朕即位以來，軫念伊等生計艱難，頻頒賞賚，優恤備至，其虧空錢糧，已令該
部查奏寬免，其入官之墳塋地畝，已令查明給還，其因獲罪革退之世職，亦令
查明請旨。似此疊沛恩施者，無非欲令其家給人足、返樸還淳，共用昇平之福
也。現在日與王大臣等籌畫久長生計，次第舉行。惟是曠典不可數邀，亦不可
常恃，而旗人等蒙國家教養之厚澤，不可不深思猛省自為家室之謀。即如喜喪
之事，原有恩賞銀兩，自應稱家有無，酌量經理。乃無知之人，止圖粉飾虛文，
過為糜費，或遇父母大故，其意以為因父母之事即過費亦所不惜，不知蕩盡家
產，子孫無以存活，伊等父母之心其能安乎，否乎？他如此等陋習不可悉數，
在己不知節省，但希冀朝廷格外之賞賚，以供其揮霍，濟其窮困，有是理乎？
嗣後務期恪遵典制，謹慎節用，勿事浮華，勿耽遊惰，交相戒勉惟勤。庶幾人
人得所，永遠充裕，可免窘乏之虞。況旗員內之老成謹慎者，可望擢用外任，
上為國家効力辦公，下亦可得俸祿養廉以贍給家口。倘伊等不知痛改前非，仍
蹈覆轍，驕奢侈靡，虧帑誤公，則是伊等下愚不移，自取罪戾，不惟恩所不施，
且為法所不貸。朕必仍前按律懲治不少姑息。且朕今日所寬者，即向日虧空官
帑驕泰自恣之人也。若不痛自改省，謹遵法紀，則將來不於伊身必於伊等之子
孫，又復罹追比之苦矣，又何樂於目前數日之花費乎？凡朕之所以諄諄訓誡
者，總為伊等預謀久遠生計。八旗大臣等可通行曉諭官兵人等，其各敬聽朕言，
熟思審計，以無負朕之期望。」（《欽定八旗通志》卷七六《土田志十五》）七
月，逮四川巡撫王士俊下獄。王士俊繼田文鏡任，為河南巡撫，恣意妄報開墾
之地，沿門攤派捐輸，給百姓帶來沈重災難。戶部尚書史貽直上疏彈劾曰：「河
南地勢平衍，沃野千里，民性純樸，勤於稼穡，自來無土不耕，其不耕者大都
斥鹵沙磧之區。臣聞河南各屬廣行開墾，一縣中有報開十頃、十數頃至數十頃
者，積算無慮數千百頃，安得荒田如許之多？推求其故，不過督臣授意地方官
多報開墾，屬吏迎合，指稱某處隙地若干、某處曠土若干，造冊申報。督臣據
其冊籍，報多者超遷議敘，報少者嚴批申飭，或別尋事故，掛之彈章。地方官
畏其權勢，冀得歡心，詎恤後日官民受累，以致報墾者紛紛。其實所報之地，
非河灘沙礫之區，即山岡礐确之地；甚至墳墓之側，河堤所在，搜剔靡遺。目
下行之，不過枉費民力，其害猶小；數年後按畝升科，指斥鹵為膏腴，勘石田
以上稅，小民將有鬻兒賣女以應輸將者。又如勸捐，乃不得已之策，今則郡縣

官長，驅車郭門，手持簿籍，不論鹽當紳民，慰以好言，令其登寫，旋索貲鏹。地方官一年數換，則籍簿一年數更，不惟大拂民心，亦且有損國體。」（《清史稿》卷二九四《王士俊傳》）王士俊被調離，署四川巡撫，曾密疏陳述時政，中謂：「近日條陳，惟在翻駁前案，甚有對眾揚言，只須將世宗時事翻案，即係好條陳。傳之天下，甚駭聽聞。」「又言大學士不宜兼部，又言各部治事，私揣某省督撫正在褒嘉，其事宜准；某省督撫方被詰責，其事宜駁。不論事理當否，專以逢合爲心。又言廷臣保舉，率多徇情，甚或藉以索賄。」乾隆帝閱之，大怒，召王大臣九卿諭之曰：「從來爲政之道，損益隨時，寬猛互濟。《記》曰：『張而不弛，文武弗能；弛而不張，文武弗爲。』堯因四岳之言而用鯀，鯀治水九載，績用弗成；至舜而後殛鯀。當日用鯀者堯，誅鯀者舜，豈得謂舜翻堯案乎？皇考即位之初，承聖祖深仁厚澤，休養生息，物熾而豐；皇考加意振飭，使紀綱整齊，此因勢利導之方，正繼志述事之善。迨雍正九年以來，人心已知法度，吏治已漸澄清，又未嘗不敦崇寬簡，相安樂易。朕纘承丕緒，泣奉遺詔，向後政務應從寬者悉從寬。凡用人行政，兢兢焉以皇考誠民育物之心爲心，以皇考執兩用中之政爲政。蓋皇祖、皇考與朕之心初無絲毫間別。今王士俊訾爲翻駁前案，是誠何心？朕躬有闕失，惟恐諸臣不肯盡言；至事關皇考，而妄指前猷，謂有意更張，實朕所不忍聞。至謂大學士不宜兼部，大學士兼部正皇考成憲，士俊欲朕改之，是又導朕以翻案也，彼不過爲大學士鄂爾泰而發。士俊河南墾荒，市興利之善名，行剝民之虐政，使敗露於皇考時，豈能寬宥？彼欲掩飾從前之罪，且中傷與己不合之人，其機詐不可勝詰。至謂部件題駁，懷挾私心，保舉徇情，贪緣賄囑，諸臣有則痛自湔除，無則益加黽勉，毋爲士俊所訕笑，以全朕委任簡用之體可也。」（《清史稿》卷二九四《王士俊傳》）解士俊任，逮下刑部。八月，大學士朱軾卒。軾（1665～1736），字若瞻，號可亭，江西高安人。康熙三十三年（1694）進士，歷官刑部郎中、光祿少卿、吏部尚書、文華殿大學士等職。諡文端。朱軾爲人謹厚，關注民生疾苦，爲乾隆帝所倚重，臨終遺言曰：「萬事根本君心，用人理財，尤宜愼重。君子小人，公私邪正，判在幾微，當審察其心蹟而進退之。至國家經費，本自有餘，異日倘有言利之臣，倡加賦之稅，伏祈聖心乾斷，永斥浮言，實四海蒼生之福。」史載，「軾樸誠事主，純修清德，負一時重望。高宗初典學，世宗命爲師傅，設席懋勤殿，行拜師禮。軾以經訓進講，亟稱賈、董、宋五子之學。高宗深重之，懷舊詩稱可亭朱先生」（《清史稿》卷二八九《朱軾傳》）或稱：「公等湛

深經術，尤邃於禮，酌古今之宜，期可躬行。家居時，嘗刻《三禮》及前儒議禮書爲《家儀》三卷。撫浙時，謂國奢示儉，儉示禮，又益以《士相見》、《鄉飲酒禮》爲《儀禮節略》，共三十卷，以爲浙人程式。又增定《禮記纂言》、《周禮注解》，訂正《大戴記》、《呂氏四禮翼》、《溫公家範》、《顏氏家訓》，又著有《大易春秋詳解》、歷代名臣名儒循吏等傳若干卷、《輶車雜錄》、《廣惠編》，並行於世。素有人倫鑒，所舉士，多洊至大僚，以功名顯，於善類護持尤切。」（張廷玉《光祿大夫太子太傅文華殿大學士兼吏部尚書加五級贈太傅朱公文端》）

【按】《清鑒綱目》、《清通鑒》、《清代七百名人傳》，均稱朱軾病逝於本年九月，恐不確。袁枚《文華殿大學士太傅朱文端公軾神道碑》謂：「乾隆元年秋八月十五日，今天子命車駕親臨大學士朱公第視疾，又三日，公薨。」張廷玉《光祿大夫太子太傅文華殿大學士兼吏部尚書加五級贈太傅朱公文端》亦稱：「乾隆元年秋八月己卯，光祿大夫、太子太傅、文華殿大學士兼吏部尚書、加五級贈太傅朱公薨於位。」袁枚所言，依據的是朱軾長子必堦、次子瓘提供的材料。張廷玉又與朱軾同朝爲官，同時受到乾隆帝隆眷。他們的記載當較可信。故此處采袁、張之說，繫於本月。

本年，欽命方苞編選《四書文》，以爲舉業指南。「上以時文風尙屢變不一，非明示以準的，則主司難操繩尺以度，群才士子亦難合矩矱以應搜羅。特命學士方苞裒集故明王、唐、歸、胡、金、陳、章、黃諸大家及本朝劉子壯、熊伯龍以後作者時藝精選數百篇，批抉其精微奧窔之處，頒佈天下，以爲舉業指南」（《清朝文獻通考》卷六七《學校考五》）。至乾隆六年始告成，頒發太學及八旗官學。

杭州仁和金德瑛以一甲一名進士及第。揚州興化鄭燮以二甲八十八名賜進士出身。南昌新建胡中藻以三甲二十名賜同進士出身。正紅旗滿人吳達善以三甲一三二名賜同進士出身。

武進劉綸（字愼涵，號繩菴）、金壇于振（字鶴泉，號秋田）、秀水諸錦（字襄七，號草廬）、錢塘陳兆崙（字星齋，號句山）、會稽周長發（字蘭坡，號石帆）、高郵夏之蓉（字芙裳，號醴谷）、仁和沈廷芳（字畹叔，號椒園）、天台齊召南（字次風，號瓊臺）等應博學鴻詞試，分別得官。無錫顧棟高、上元程廷祚、華亭黃之雋、長洲沈德潛、陽湖楊述曾等，應博學鴻詞科落選。

安徽吳敬梓不應博學鴻詞試。

吳縣惠士奇，被起爲侍讀，免欠修鎮江城銀，令纂修三禮。

寧波鄞縣全祖望以三甲三十六名賜同進士出身，授翰林院庶吉士。與李紱共借《永樂大典》讀之，每日各盡二十卷，作《鈔永樂大典記》。

【本事】趙翼繼續隨父讀書於授館之家。

乾隆二年丁巳（1737） 十一歲

【時事】 本年，乾隆帝親試翰林院編修、檢討等官，較其文之優劣，諭旨：「翰林乃文學侍從之臣，所以備制誥文章之選。朕看近日翰詹等官，其中詞采可觀者固不乏人，而淺陋荒疎者恐亦不少。非朕親加考試，無以鼓勵其讀書嚮學之心。自少詹、講讀學士以下編修、檢討以上，著於本月初七日齊赴乾清宮，候朕出題親試，倘有稱病託詞者，具奏以聞。」（《清朝文獻通考》卷六一《選舉考十五》）定博學鴻詞試題之例。吏部議曰：「薦舉博學鴻詞，原期得湛深經術、敦崇實學之儒，始足副淹雅之稱，膺著作之選。蓋詩賦雖取兼長，而經史尤爲根柢。若徒駢綴儷偶，推敲聲律，縱有文藻可觀，終覺名實未稱。應如該御史所請，考試博學鴻詞定爲兩場，首場試以經解一篇、史論一篇，二場照例試以詩、賦、論三題，皆許自辰至酉，夜則准其繼燭，以盡其長。」（《清朝文獻通考》卷五〇《選舉考四》）禁止各學教官率領文武生員迎送官司之習。駁廷臣各省稅務統歸旗員之請。「時廷臣多以各省稅務統歸旗員經理爲請。上以設關原爲查察奸宄、利益商民，並非爲收稅之員身家計。若以旗員貧乏而差遣之，是教之貪矣，乃不允所請」（《清朝通志》卷八四《食貨略·賦稅下四》）。六月，「廷臣傳言李紱授倉場侍郎，張坦麟授江蘇巡撫，御史劉元燮疏請禁妄傳。上命總理王大臣詢問元燮，元燮稱聞由敦，亦曾至坦麟家稱賀。由敦因具疏辨。諭曰：『汪由敦如果有其事，雖彊辯無益，如實無干涉，則不辯自明，亦當靜聽。乃朕甫交總理王大臣詢問，伊何由得知劉元燮奏中有伊名乎？即此亦足見其耳目頗多，必招搖生事不安分之人也。著革去內閣學士，在侍讀學士上效力行走。』十二月，（汪由敦）補翰林院侍讀學士」（《清代七百名人傳·汪由敦》）。十一月，大學士阿爾泰、張廷玉，尚書納親、海望，侍郎納延泰、班第爲軍機大臣。「軍機處，本內閣之分局。國初承前明舊制，機務出納悉關內閣，其軍事付議政王大臣議奏。康熙中，諭旨或有令南書房翰林撰擬，是時南書房最爲

親切地，如唐翰林學士掌內制也。雍正年間，用兵西、北兩路，以內閣在太和門外，值者多，慮漏泄事機，始設軍需房於隆宗門內，選內閣中書之謹密者入直繕寫。後名『軍機處』。地近宮庭，便於宣召。爲軍機大臣者，皆親臣重臣。於是承旨出政，皆在於此矣。直廬初僅板屋數間，今上特命改建瓦屋。然擬旨猶軍機大臣之事。先是世宗憲皇帝時，皆桐城張文和公廷玉爲之。今上初年，文和以汪文端公由敦長於文學，特薦入以代其勞。乾隆十二三年間金川用兵，皆文端筆也。國書則有舒文襄赫德及大司馬班公第，蒙古文則有理藩院納公延泰，皆任屬草之役。迨傅文忠公恒領揆席，滿司員欲藉爲見才營進地，文忠始稍假之，其始不過短幅片紙，後則無一非司員所擬矣。文端見滿司員如此，而漢文猶必自己出，嫌於攬持，乃亦聽司員代擬。相沿日久，遂爲軍機司員之專職，雖上亦知司員所爲。其司員亦不必皆由內閣入，凡部院之能事者皆得進焉，而員數且數倍於昔。此軍機前後不同之故事也」（《簷曝雜記》卷一）。

本年，江南金壇于敏中以一甲一名進士及第。正白旗滿洲人觀保以二甲五名賜進士出身。杭州仁和錢琦以二甲三十二名賜進士出身。正白旗滿洲人德保以三甲一百四十六名賜同進士出身。

昆山黃子雲（字士龍，號野鴻，或署巚邨一老），著《野鴻詩的》一卷。此書前小序稱：「余既衰謝，不能有用以彰明其說，大懼所的之不傳，以蹈私己戾愆；用是擴其所得，公之同志。噫！是編也，我其爲盛世元音之前導乎哉！乾隆二年閏九月九日，巚邨一老識於郡西寓樓。」（《清詩話》下冊）吳江沈梣憙爲本書所作「跋」謂：「野鴻先生布衣能詩，家貧好客，客至具雞黍，有留榻者，則父子必終夜讀，曰：『我父子只有一被供客，無以爲寢，故且讀書耳。』有某中丞聆其名，求見不可，題一聯云：『空谷衣冠非一觀，野人門巷不輕開。』品極峻峭，可揣而知。」可知，野鴻生活之情狀。

山東德州盧見曾在兩淮鹽運使任，被控植黨營私落職。《清儒學案》卷六七載其事蹟曰：「盧見曾字抱孫，號雅雨，德州人。康熙辛丑進士。初授四川洪雅知縣，歷官至兩淮鹽運使，以吏幹稱。前後兩官淮南，慕其鄉王文簡士禎風流文采，接納江、浙文人，惟恐不及。當時碩學如惠定宇、戴東原諸人，皆爲上客。所刻《雅雨堂叢書》，於《尚書大傳》、《大戴禮記》、《乾鑿度》、鄭氏《易注》、李氏《易傳》、《戰國策》高誘注，並校訂精審。又補刊朱竹垞《經義考》，不第觴詠壇坫，稱盛一時也。自著有《出塞集》。」

寶應王懋竑作《病眼》詩。

旗籍唐英司榷淮陰，上元顧國泰過淮與會，以所著《樂易堂詩》乞英序定。

吳縣范來宗（翰尊）生。

【本事】甌北繼續隨父讀書於授館之家。

乾隆三年戊午（1738）　十二歲

【時事】　四月，禁各督撫進貢方物之舊例。上諭曰：「督撫向來有進貢方物之例，朕御極之初，即降諭旨，令三年之內停止進貢，俟即吉後再行請旨。數月以來，雖各省督撫尚未舉行，但朕思此事甚屬無益。蓋進貢之意，不過曰藉此以聯上下之情耳，殊不知君臣之間，惟在誠意相孚，不以虛文相尚，如為督撫者，果能以國計民生為務，公爾忘私，國爾忘家，則一德一心，朕必加以獎賞，若不知務此而徒以貢獻方物為聯上下之情，則早已見輕於朕矣。且朕見在諭令督撫等毋得收受屬員土宜，誠以督撫取之屬吏，屬吏未必不取之民間，目前所受雖微，久之必滋流弊。若進貢方物雖云督撫自行製辦，而展轉購買，豈能無累閭閻，是所當行禁止者。惟織造、關差、鹽差等官進貢對象，向係動用公項製買，以備賞賜之用，與百姓無涉，不在禁例。其督撫等有牧民之責者，概行停止貢獻。」（《東華續錄（乾隆朝）》乾隆七）十月，李衛卒。衛，字又玠，碭山（一說銅山。碭山，今屬安徽，與江蘇之銅山、豐縣接壤）人。入貲為戶部郎。世宗時，授雲貴驛鹽道，遷布政使，旋巡撫浙江，後任直隸總督。據稱，「公駢脅多力，鼻孔中通，身長六尺二寸，痘瘢如錢，著頰上皆滿，而白晰精彩，豐頤廣顙，腰腹十圍，善養威重。每出，繡衣袞袍，乘八座露車去其帷。壯士一人，高丈餘，執大刀光明如雪，扶輿而趨。絳旗黃蓋，欈槊葩瑤數十重，枭藻雁行罔不整，最後馬山鼓吹，細樂鏗鏘三四里，闔城老稚聞制府鉦聲，爭奔趨窺觀，目眩良久，引喤始畢，而提爐香猶冉冉四散。性好武，設勇健營，募兵教之擊刺，一切器仗加鮮明。每霜天大蒐，公披金甲、執鐵如意，登壇指揮。先是，東南武備遜西北，而公自信過之，屢請從征西戎，又請長子星垣征楚、滇諸苗，然世宗終不許也。公不甚識字，而遇文人甚敬，修浙江志，建書院，餼廩獨豐。公餘坐南面，召優俳人季麻子說漢唐雜事，遇忠賢屈抑、僉壬肆志，輒嗚咽憤罵，拔劍擊撞。聞鄞縣有王安石祠，大怒，連檄毀燒。奏飭十三省督府修古賢祠墓，諸生入學者行肅拜禮，許士女逢春秋節賽會迎神，其奸

惡則伐瀦其墳。事雖不行，海內皆嘉公之志。凡文移奏章不過目，聽人雒頌，不可於意者嚘喏命改，動中肯綮，雖儒者文吏皆心折駭伏，以爲天授。疏西湖淤三十里，增修祠廟，植柳桃，春時堤樹盡花，水亭風臺，金碧明耀，公晡餐畢，鳴騶出清波門，攜文案坐亭子灣辦治，文武屬吏白事者，就湖光山色間稟請意旨，判決如流」（袁枚《直隸總督兵部尚書李敏達公衛傳》）。

本年，揚州刊行演述宋包拯斷案故事的《紫珍鼎》傳奇一卷。

華亭黃圖珌在杭州府同知任刻所著《雷峰塔》傳奇二卷。

太倉程穆衡在北京，箋注吳偉業詩十二卷、詩餘一卷，此年有成稿。

浙江全祖望客揚州，爲安徽馬曰琯、馬曰璐作《叢書樓記》。

無錫嵇曾筠死，年六十九。

興化任大椿（幼植）生。

南匯吳省蘭（泉之）生。

陽湖錢伯坰（魯斯）生。

武進管世銘（緘若）生。

武進莊通敏（迂甫）生。

浙江章學誠（實齋）生。

【本事】據《舊譜》，本年，趙翼隨其父惟寬公在塘門橋談氏館讀書。惟寬公命作時文，一日成七藝。惟寬公閱之，笑曰：「他日不患不文，但諸經尚未全讀，宜以讀經爲急。」遂不令作文，然同學五六人皆私乞捉刀，每課期五六藝，皆先生筆也。

【按】《杭應龍先生》：「余十餘歲，頗能作時文，如明隆、萬間短篇，一日可得四五首。先府君子容公觀其文義，謂他日不患不文，而經書尚未盡讀，遂不令復作，專以讀經爲業。」（《簷曝雜記》卷二）

姚鼐《貴西兵備道趙先生翼家傳》：「十二歲，學爲文，一日成七藝，人皆奇之。」

《清史稿·趙翼傳》：「年十二，爲文一日成七篇，人奇其才。」

《清史列傳·趙翼傳》：「十二歲，爲文一日成七篇，人皆奇之。」

李元度《國朝先正事略·趙甌北先生事略》：「十二歲學爲文，一日成七藝，人皆奇之。」

錢泳《履園叢話·耘松觀察》：「陽湖趙耘松觀察，名翼。幼聰穎，年十二學爲文，一日成七藝，莫不異之。」

乾隆四年己未（1739） 十三歲

【時事】 正月，禁王子阿哥荒廢學業，任意行走。上諭：「昨見果親王大阿哥在『山高水長』看煙火，見朕時竟爾藏匿，是何道理？王子阿哥尚小，正宜讀書之時，如看戲、入宴、放花礮盒子，當令預坐時，自有諭旨，何得任意行走？爾總管不行稟阻，亦屬不合。著將王自立、張承恩革職，每人重責六十板。並傳果親王大阿哥看責，試問王子阿哥可自知羞愧？此時王子阿哥尚幼，至年長時若再如此，定將王子阿哥一併懲責。」（《國朝宮史》卷四《訓諭四》）《簷曝雜記》卷一《皇子讀書》：「本朝家法之嚴，即皇子讀書一事，已迥絕千古。余內直時，屆早班之期，率以五鼓入，時部院百官未有至者，惟內府蘇喇數人（謂閒散白身人在內府供役者）往來。黑暗中殘睡未醒，時復倚柱假寐，然已隱隱望見有白紗燈一點入隆宗門，則皇子進書房也。吾輩窮措大專恃讀書為衣食者，尚不能早起，而天家金玉之體乃日日如是。既入書房，作詩文，每日皆有程課，未刻畢，則又有滿洲師傅教國書、習國語及騎射等事，薄暮始休。然則文學安得不深？武事安得不嫻熟？宜乎皇子孫不惟詩文書畫無一不擅其妙，而上下千古成敗理亂已了然於胸中。以之臨政，復何事不辦？因憶昔人所謂生於深宮之中，長於阿保之手，如前朝宮庭間逸惰尤甚，皇子十餘歲始請出閣，不過官僚訓講片刻，其餘皆婦寺與居，復安望其明道理、燭事機哉？然則我朝諭教之法，豈惟歷代所無，即三代以上，亦所不及矣。」本月，授趙國麟為文華殿大學士兼禮部尚書。國麟，字仁圃，山東泰安人。康熙四十五年進士，後授直隸長垣知縣。雍正初年，擢永平知府，遷福建布政使，調河南，擢福建巡撫。乾隆初擢刑部尚書，調禮部，兼領國子監。至本年，授文華殿大學士兼禮部尚書。史稱其「篤志於學，以程朱為宗」。「當官清峻，以禮導民，民戴如父母」。（《清史稿》卷二八九《趙國麟傳》）二月，查國帑虧空之弊。上諭曰：「昔我皇祖臨御六十餘年，政崇寬大，而內外臣工，奉行不善，怠玩成風，遂致辦事暗藏弊端，國帑率多虧空。我皇考欲正人心風俗之大綱，有不得不釐剔整頓之勢，此乃出於萬不容已者。迨經理十餘年後，人心漸知畏法，風俗亦覺改移，以時勢觀之，可以施惇大之政。朕是以將歷年虧空之案，其情罪有一線可寬者，悉予豁免，即已經入官之房產，未曾變價者，亦令該管衙門查奏給還。在此時之臣工，受朕寬宥之恩，未嘗不感激歡欣，俯仰舒暢，殊不知從前虧空之所由來，皆因心無顧忌，不復知有法網，以致由小而大，由寡而多，日甚一日。本身既獲重罪，子孫猶被餘殃，其害有不可勝言者矣！古人云：漸不可長，欲不

可縱。朕看今日內外臣工，見朕以寬大爲治，未免漸有放縱之心。即如今日工部奏太廟慶成鐙一事，遂大有浮冒，而工部司官營私作弊之事，屢經提督衙門奏參，則其他衙門與此相類者正恐不少，謂之無弊可乎？國家動用錢糧，如果有益於兵民，即數百萬金亦所不惜，若被官吏侵漁私入囊橐，即纖毫亦不可假借，此防微杜漸之道也。況在京職官，俱已加添雙俸，外省大小官員，又皆給與養廉。伊等養贍之資，較從前已覺寬裕，不應更有營私作弊之念，自罹罪譴。如果能奉公守法，將來國用充足，朕何難再爲加恩？奈何不勉爲清白，以受天家優渥之澤，而貪圖一時之小利，置身家性命於不計乎？總之，朕施寬大之政，而諸臣亦當行謹飭之心，諸事秉公，絕去弊竇，則可以成朕寬大之治，而長享福慶於無窮。若因寬成玩，故智復萌，則姑容於此日者，朕必綜覈於將來。即朕之子孫，亦必無聽其玩法欺公、不加重懲之理，是不肖臣工，縱能僥倖於一時，仍不能脫然於身後。人非至愚，亦當猛省及此。況我皇祖、皇考之寬嚴相濟，乃審時度勢，至當不易之成憲，後世子孫，豈能外此以求治天下之道乎？」（《東華續錄（乾隆朝）》乾隆九）乾隆帝禁部院陋規，嚴各部尚書需索之禁。諭：「各部之弊，多由於書史之作奸。外省有事到部，必遣人與書史講求，能飽其欲則援例准行，不遂其欲則藉端駁詰。司官庸懦者，往往爲其所愚；而不肖者，則不免從中染指。至於堂官事務繁多，一時難以覺察，且既見駁稿，亦遂不復生疑，以致事之成否，悉操書史之手，而若輩肆無忌憚矣。在督撫、藩臬等，止圖事之完結，遂樂爲應付而不惜，甘爲容隱而不言，無怪乎奸胥猾吏以詐騙爲得計，視國法如弁髦也。內部之書史，索之督撫。彼此效尤，必至督撫之書史，索之司道；司道之書史，索之府縣，層累而降，受其害者仍在吾民也。嗣後著嚴行禁止藩臬以下經手之案，著督撫嚴查禁約。倘書史有仍前需索者，督撫即時奏聞。如有不遵朕旨私相授受者，必將與受之人照枉法贓治罪。督撫容隱不奏，亦必嚴加議處。各省關差、鹽政、織造、提鎮等官，俱一體遵行。」（《清朝文獻通考》卷一九八《刑考四》）乾隆初年，京中官場風氣尚可。《簷曝雜記》卷一《軍機不與外臣交接》：「往時，軍機大臣罕有與督撫外吏相接者。前輩嘗言張文和公在雍正年間最承寵眷，然門無竿牘，饋禮有價值百金者輒卻之。訥公親當今上初年，亦最蒙眷遇。然其人雖苛刻，而門庭峻絕，無有能干以私者。余入軍機，已不及見二公。時傳文忠爲首揆，頗和易近情矣，然外吏莫能登其門，督撫皆平交，不恃爲奧援也。余在汪文端第，凡書牘多爲作答，見湖撫陳文恭伴函不過僅錦二端。閩撫潘敏惠，公同年也，饋節亦不過

葛紗而已。至軍機司員，更莫有過而問者。閩督楊某被劾入京，人各送幣氉數事，值三十餘金。顧北墅雲入直，詫爲異事，謂：『生平未嘗見此重饋也。』王漱田日杏所識外吏稍多，扈從南巡，途次間有贈遺，歸裝剩百金，過端午節充然有餘，輒沾沾誇於同列。是時風氣如此。」又禁新科進士於殿試前呈送頌聯之陋習。諭曰：「向來新科進士，於殿試之前有呈送頌聯之陋習。近來此風，又覺漸熾。夫士子進身之始，即從事於請托奔競，則將來服官，尚安望其有所樹立以備國家之用？而大臣等亦宜精白乃心，絕請托之私，爲國家培正材。該部出示曉諭，嚴加禁止，倘有違旨仍蹈故轍者，經朕訪聞或科道官參奏，必將與受之人一體從重治罪。尋以士子進身之始即習爲獻諛之詞，尤非導之以正，古人對策中無此體裁。」（《清朝文獻通考》卷五〇《選舉考四》）四月，杭州府錢塘袁枚，南昌府新建縣裘日修，蘇州府長洲縣沈德潛，常州府陽湖縣蔣麟昌，荊溪縣儲麟趾，武進縣程景伊等，二甲賜進士出身。江西南昌縣李湖，蘇州府常熟縣趙永孝等，三甲賜同進士出身。十月，莊親王允祿等有罪，斥革有差。「初，莊親王允祿與弘晳、弘昇、弘昌、弘晈等，私相交結，往來詭秘。至是宗人府議，奏請將莊親王允祿及弘晳、弘昇俱革去王爵，永遠圈禁。弘昌革去貝勒，弘普革去貝子，寧和革去公爵，弘晈革去王爵。帝命莊親王從寬免革親王，仍管內務府事。其親王雙俸及議政大臣理藩院尚書俱著革退。弘晳革去親王，不必在高牆圈禁，仍在鄭家莊居住，不許出城。弘昇照宗人府議，永遠圈禁。弘昌革去貝勒，弘普革去貝子。寧和從寬免革公爵。弘晈從寬，仍留王號，永遠住俸。未幾，福寧首告弘晳聽信安泰邪術，大逆不道，鞫訊得實。帝命弘晳及其子孫，在景山東菓園，永遠圈禁，安泰亦坐絞。」（《清鑒綱目》卷七）

　　本年，常熟陳祖範掌教徐州雲龍書院，遊雲龍山，作《登山放歌》。

　　安徽吳敬梓客儀徵，晤泰州團昇，昇以江昱所作詞示敬梓。

　　浙江商盤此際在高資檢閱京口繒船、沙船，作《水師行》，追述韓世忠在黃天蕩、虞允文在採石磯皆以舟師勝。

　　武進錢維喬（字季川，號曙川，又號竹初）生。

　　武進錢孟鈿（字冠之，號浣青）生。

【本事】甌北仍在塘門橋談氏館讀書。

乾隆五年庚申（1740） 十四歲

【時事】 四月，帝告誡臣工不得妄行揣度，依附逢迎。曰：「從來臣工之弊，莫大於逢迎揣度。大學士鄂爾泰、張廷玉，乃皇考簡用之大臣，爲朕所倚任，自當思所以保全之。伊等諒亦不敢存黨援庇護之念。而無知之輩，妄行揣摩，如滿洲則思依附鄂爾泰、漢人則思依附張廷玉，不獨微末之員，即侍郎、尚書中亦所不免，即如李衛身後無一人奏請入賢良祠者，惟孫嘉淦素與鄂爾泰、張廷玉不合，故能直攄己意，如此陳奏耳。朕臨御以來，用人之權從不旁落，試思數年中，因二臣之薦而用者爲何人，因二臣之劾而退者爲何人？即今日進見之楊超、曾田懋，皆朕親加簡拔，用至今職，亦何嘗有人在朕前保薦之乎？若如眾人揣摩之見，則是二臣爲大有權勢之人，可以操用舍之柄，其視朕爲何如主乎？但人情好爲揣摩，而反躬亦當愼密。即如特古勒德爾因派出坐臺，託故不往，朕加以處分。又刑部承審崔起潛一案，擬罪具題時，鄂爾泰曾爲密奏，後朕降旨從寬，而外間即知爲鄂爾泰所奏，若非鄂爾泰漏泄於人，人何由知之？是鄂爾泰愼密之處不如張廷玉矣。嗣後言語之間，當謹之又謹。……鄂爾泰、張廷玉乃皇考與朕久用之好大臣，眾人當成全之，使之完名全節，永受國恩，豈不甚善？若必欲依附逢迎，日積月累，實所以陷害之也。」（《東華續錄（乾隆朝）》乾隆十一）秋，授徐士林爲江蘇巡撫。士林乃山東文登農家子。「幼聞鄰塾讀書聲，慕之，跪母前曰：『願送兒入塾。』乃奮志勵學」。乾隆初，「高宗召對，問：『道所經山東、直隸，麥收若何？』曰：『旱且萎。』問：『得雨如何？』曰：『雖雨無益。』問：『何以用人？』曰：『工獻納者，雖敏非才；昧是非者，雖廉實蠹。』上深然之」。（《清史稿》卷三〇八《徐士林傳》）本年，命大臣訪察天下督撫之優劣。「五年奉諭旨，朕恭閱皇祖聖訓，內載諭儿卿之旨曰：爾等俱爲大臣，天下督撫之賢否，應於平時留心細訪，以備顧問，誰貪誰廉，即行公舉，雖門生故舊，不爲狥庇，庶人皆知畏懼而勉勵矣。乃者朕問時，或謂未經同衙門辦事，或自謂平時不接見人，知之不眞，以此推辭，非理也。聖諭煌煌，切中情事。近日，在廷諸大臣之習亦甚類此。即如郝玉麟、鄂彌達從前議處之案，皆從外省發覺，廷臣並未有參奏之者。又如王士任之劣蹟，德沛參劾之；岳濬之劣蹟，楊超曾參劾之。豈伊等未經敗露之前，在廷大臣等竟一無聞見，而必待督臣之舉發耶？朕統御寰區，一人耳目，豈能週知中外臣工之臧否？惟大學士、九卿等，留心訪察，有聞即奏，庶人人知所儆戒，共凜官箴，朕可以收明目達聰之益。且如王士任等，以督撫而不能自保一身之操守，

皇考時並未有此也。朕用是愈滋愧懼焉。嗣後各矢丹誠，無稍瞻顧，則於朝廷進賢退不肖之道大有裨益」（《清朝文獻通考》卷六一《選舉考十五》）。又引朱子語詳論課士之道。諭曰：「成均課士之道，惟貴躬行實踐，不在多立科條。如徒視為具文，雖再增條欵，又復何補？是惟在國子諸生，自知黽勉，則古稱先務為明體達用之儒，勿役役於祿位功名之念。而司訓課之責者，又復善為誘掖，切加勸懲，則辟雍鐘鼓，教化聿興，而珪璋特達之士亦從此輩出矣。是月復奉諭：士為四民之首，而太學者教化所先，四方於是觀型焉。比者聚生徒，而教育之董以師儒，舉古人之成法規條亦既詳備矣。獨是科名聲利之習，深入人心，積重難返，士子所為汲汲皇皇者，惟是之求而未嘗有志於聖賢之道，不知國家以經義取士，使多士由聖賢之言體聖賢之心，正欲使之為聖賢之徒，而豈沾沾焉文藝之末哉？朱子同安縣諭學者云：學以為己。今之世，父所以詔其子，兄所以勉其弟，師所以教其弟子，弟子之所以學，舍科舉之業則無為也。使古人之學止於如此，則必可以得志於科舉斯已耳，所以孜孜焉愛日不倦，以至於死而後已者，果何為而然哉？今之士惟不知此，以為苟足以應有司之求矣，則無事乎汲汲為也，是以至於遊惰而不知返，終身不能有志於學。而君子以為非士之罪也。使教素明於上，而學素講於下，則士者固將有以用其力，而豈有不勉之患哉。諸君苟能致思於科舉之外，而知古人之所以為學，則將有欲罷不能者矣。觀朱子此言，洵古今通患矣。夫為己二字，乃入聖之門，知為己，則所講之書一一有益於身心，而日用事物之間存養省察，闇然自修，世俗之紛華靡麗，無足動念，何患詞章聲譽之能奪志哉！況即為科舉，亦無礙於聖賢之學。朱子云：非是科舉累人，人累科舉。若高見遠識之士，讀聖賢之書，據吾所見為文以應之，得失置之度外，雖日日應舉亦不累也。據今之世，雖孔子復生也不免應舉，然豈能累孔子耶！朱子此言，即是科舉中為己之學。誠能為己，則四書五經皆聖賢之精蘊，體而行之，為聖賢而有餘。不能為己，則雖舉經義治事而督課之，亦糟粕陳言，無補實用，浮偽與時文等耳。故學者莫先於辨志，志於為己者，聖賢之徒也。志於科名者，世俗之陋也。國家養育人材，將用以致君、澤民、治國、平天下，而囿於積習，不能奮然求至於聖賢，豈不謬哉？朕膺君師之任，有厚望於諸生，適讀朱子書，見其言切中士習流弊，故親切為諸生言之，俾司教者知所以教，而為學者知所以學」（《清朝文獻通考》卷六七《學校考五》）。

本年九月，甘泉董偉業作《揚州竹枝詞》（九十九首），針砭揚州頹靡風

氣，中有謂：「誰家年少好兒郎，岸上青驄水上航。猶恐千金揮不盡，又攬飛轎學鹽商。」「丙丁甲乙酌時宜，只要文章中運司。到得開征標第一，通河紙價貴桑皮。」「效力商門有俸薪，也隨騎馬也尋春。馬前馬後皆奴輩，得意中間第二人。」「章句吾儒轉見疏，梨園一曲重璠璵。爲裁子弟纏頭錦，不買兒孫滿腹書。」「吟髭撚斷坐三更，燈火家人說不清。東舍西鄰鬥歌舞，何曾中有讀書聲。」此作一出，風靡一時，或稱「廣陵風俗之變，愈出愈奇；而董子調侃之文，如銘如偈也」，「於嬉笑怒罵之中，具蕭灑風流之致」，（板橋居士鄭燮序）亦有謂「揚州風俗江河日下，得董子詼諧以激礪之」（顧於觀《竹枝詞題詞》）。該組詩亦載及花部及說唱在揚州演唱之盛況。

　　陽湖蔣騏昌（雲翔）生。

　　吳縣潘奕雋（守愚）生。

　　丹徒鮑之鍾（雅堂）生。

【本事】據《舊譜》，甌北隨父惟寬公移館於東千埼杭氏。是歲始課舉業，落筆往往出人意表，然其性好詩古文詞。時令甲不以詩試士，惟寬公恐以兼營妨舉業，每禁之。而甌北輒私爲之，襯書布下雜稿常數十紙也。

乾隆六年辛酉（1741）　　十五歲

【時事】　　二月，乾隆帝就御史叢洞所奏，論行圍之事曰：「古者春蒐夏苗，秋獮冬狩，皆因田獵以講武事。我朝武備超越前代。當皇祖時，屢次出師，所嚮無敵，皆因平日訓肄嫺熟，是以有勇知方，人思敵愾。若平時將狩獵之事廢而不講，則滿洲兵弁習於宴安，騎射漸至生疏矣。皇祖每年出口行圍，於軍伍最爲有益。而紀綱整飭，政事悉舉，原與在京無異。至巡行口外，按歷蒙古諸藩，加之恩意，因以寓懷遠之略，所關甚鉅。皇考因兩路出兵，現有征發，是以暫停圍獵。若在撤兵之後，亦必舉行。況今昇平日久，弓馬漸不如前，人情狃於安逸，亦不可不加振厲。朕之降旨行圍，所以遵循祖制、整飭戎兵、懷柔屬國，非馳騁畋遊之謂。至啓行時，朕尚欲另降諭旨，加恩賞賚，令其從容行走，亦不至苦累兵弁。朕性耽經史，至今手不釋卷。遊逸二字，時加警省。若使逸樂是娛，則在禁中縱所欲爲，罔恤國事，何所不至？豈必行圍遠出耶！朕廣開言路，叢洞胸有所見，即行陳奏，意亦可嘉。但識見未廣，將此曉諭知之。」（《清

朝文獻通考》卷一四○《王禮考十六》）七月，乾隆帝奉皇太后出行，幸熱河。八月，幸木蘭行圍。「木蘭者，圍場之總名也。周一千三百餘里，南北相距二百餘里，東西相距三百餘里，周遭設卡倫守之。每歲白露後，鹿始出聲而鳴，效其聲呼之可至，謂之哨鹿，國語謂之木蘭，今即爲圍場之通稱矣」（《清朝文獻通考》卷一四○《王禮考十六》）。九月，帝命銷毀謝濟世所著《大學注》、《中庸疏》。「諭軍機大臣等：朕聞謝濟世將伊所注經書刊刻傳播，多係自逞臆見，肆詆程、朱，甚屬狂妄。從來讀書學道之人，貴乎躬行實踐，不在語言文字之間辨別異同。況古人著述既多，豈無一二可以指摘之處，以後人而議論前人，無論所見未必即當，即云當矣，試問於己之身心，有何益哉？況我聖祖將朱子升配十哲之列，最爲尊崇，天下士子莫不奉爲準繩，而謝濟世輩倡爲異說，互相標榜，恐無知之人爲其所惑，殊非一道同風之義，且足爲人心、學術之害。朕從不以語言文字罪人，但此事甚有關係，亦不可置之不問也。爾等可傳諭與湖廣總督孫嘉淦，伊到任後，將謝濟世所注經書中有顯與程、朱違悖牴牾或標榜他人之處，令其查明具奏，即行銷毀，毋得存留。」（《清代文字獄檔》上冊）禁科場懷挾之弊，乾隆帝諭旨：「科場懷挾之弊，例禁甚嚴。今鄉試在邇，聞得外間不肖士子，故智復萌，預先賃倩善寫細字之人，鈔錄文藝，爲入場夾帶之具。若不嚴行禁止，則僥倖獲售者必多，而真才轉致黜落，於掄才大典甚有關係。著步軍統領、五城御史，出示曉諭，並密行查拏。至入場之時，監試御史等，必須嚴加搜檢，不可虛應故事。臨期，朕或另遣人看視，倘有寬縱疏漏之弊，必將該管官員從重議處。」（《清皇朝文獻通考》卷五○《選舉考四》）又，申嚴貪黷敗檢之戒。「時山西巡撫喀爾吉善參奏學政喀爾欽賄賣生童、布政使薩喀諒酷虐貪婪，請革職審擬，疏入。奉諭，朕御極以來，信任大臣，體恤群吏，且增加俸祿，厚給養廉，恩施優渥，以爲天下臣工自必感激奮勉，砥礪廉隅，實心盡職，斷不至有貪黷敗檢，以干憲典者。不意竟有山西布政使薩喀諒、學政喀爾欽，穢蹟昭彰，贓私累累，皆朕夢想之所不到。我皇考整飭風俗、澄清吏治，十有餘年始得丕變。今不數年間，而即有蕩檢踰閑之事。既不知感激朕恩，並不知凜遵國法，將使我皇考旋乾轉坤之苦衷，由此而廢弛。言念及此，朕實爲之寒心。昔日俞鴻圖賄賣文武生童，我皇考將伊立時正法，自此人知畏懼，不敢再犯。今喀爾欽賄賣生童之案，即當照俞鴻圖之例而行。薩喀諒、喀爾欽二案，著吏部侍郎楊嗣璟前往，會同巡撫喀爾吉善秉公據實，嚴審定擬。尋經審擬，喀爾欽即行正法，薩喀諒依律處斬，並皆藉沒家產。」（《清

朝文獻通考》卷一九八《刑考四》）十二月，左都御使劉統勳奏，張、姚二姓居要職者多，應予裁抑等事。疏言：「大學士張廷玉歷事三朝，遭逢極盛，然晚節當慎，責備恒多。竊聞輿論，動云『張、姚二姓占半部縉紳』，張氏登仕版者，有張廷璐等十九人，姚氏與張氏世婚，仕宦者姚孔銀等十人。二姓本桐城巨族，其得官或自科目薦舉，或起襲廕議敘，日增月益。今未能遽議裁汰，惟稍抑其遷除之路，使之戒滿引嫌，即所以保全而造就之也。請自今三年內，非特旨擢用，概停陞轉。」又言：「尚書公訥親年未彊仕，綜理吏、戶兩部。典宿衛，贊中樞，兼以出納王言，時蒙召對。屬官奔走恐後，同僚亦爭避其鋒。部中議覆事件，或展轉駁詰，或過目不留，出一言而勢在必行，定一稿而限逾積日，殆非懷謙集益之道。請加訓示，俾知省改。其所司事，或量行裁減，免曠廢之虞。」史稱其「決疑定計，見契於高宗」。（《清史稿》卷三〇二《劉統勳傳》）

本年，寶應王懋竑死，年七十四。

吳縣惠士奇死，年七十一。

吳縣沈起鳳（桐威）生。

蔣士銓出篋中淫靡綺麗之書數十冊，並所著豔詩四百餘首火於庭。向天泥首悔過，誓絕妄念。詰朝，購《朱子語錄》觀之，立日程自課。（《清容居士行年錄》）

【本事】惟寬公歿於是年七月十二日。

【按】趙翼《禹九公家傳》附載惟寬公事蹟曰：「先公性謹愨，篤於孝友。先祖晚年病膈噎，醫者謂須鷹團可療。鷹團者，鷹糞從口中出，累累成團云。公行求至錫邑之陽山，遇大雷雨，匿石穴中，眩慄甚，窅然魂離宅，若有人導之行，睹所謂鷹團者。已而天霽，如所向蹟之，果得以歸。人以為孝感也。先祖歿後，先叔父豪放工詩，好結納，所分產不數年揮斥盡，已又為無賴子速訟於官。公盡粥己產，為之營救，事得直而家遂以貧，時或不能舉火，然終無幾微悔恨色。為塾師，訓迪最有方，雖農家子，未嘗不以誠誨。學將成，則令別從名師卒業，曰：『過此非吾所能誨，不可相負也。』與人必以誠。人以公無他腸，或轉挾詐來，公終不與較，久之而其人自愧屈，鄉里無不以公為長者。卒於乾隆辛酉，年四十。有四子：長即不肖翼；次汝明；次汝霖；次亭玉，殤。汝明亦早卒，無子。先公以不肖忝入仕，得贈儒林郎、翰林院編修，累贈中憲大夫、

貴州分巡貴西兵備道，並貤贈先祖，考妣亦如之，而先曾祖尚未及也。」（《西蓋趙氏宗譜・藝文外編》）

《舊譜》：「家貧甚，僅老屋七間，田一畝八分。上有三姊，其一尚未嫁。弟汝明、汝霖、亭玉俱幼，家食無資。杭氏諸父老以先生學已優，即請接贈公講席。所課徒，皆同學友也。」

【按】《杭應龍先生》：「十五歲，先府君見背。余童騃，專弄筆墨學作詩、古文、詞、賦、四六之類，沾沾自喜，而舉業遂廢。有杭應龍先生，與先府君交最厚，憫余孤露，謂不治舉業，何以救貧，乃延余至家塾，課其幼子念屺，而使長君杏川、次君白峰拉余同課。二君久以舉業擅名者也。」（《簷曝雜記》卷二）

《哭舍弟汝明》：「嗟我兄弟四，幼孤渺無托。弱冠我授徒，館穀僅升龠。可憐叔與季，待哺似雛雀。」（《甌北集》卷五）

乾隆七年壬戌（1742） 十六歲

【時事】 正月，詔令愼拔貢之選。「上以我朝屢開恩科，加添中額，所取進士，濟濟多人，而舉人則日積日眾，竟有需次多年而不得一官者，又添拔貢，以分其缺，數年一次舉行，則人愈多而缺愈少，舉人銓選，更為無期。特諭：拔貢，乃生員之優者。夫既為文學華贍之青衿，則應科舉時，自可脫穎而出，又不專藉選拔以為呈身之路也。查從前選拔，或數十年或二十年一舉，今則六年一舉，為期太近，理應酌量變通，嗣後著定，為十二年選拔一次」（《清朝文獻通考》卷六七《學校五》）。十二月，大學士鄂爾泰有罪，免。據載，本年十二月，命左副都御史仲永檀往江南，「會巡撫周學健治賑，未行。永檀以密奏留中事告大學士鄂爾泰子鄂容安。上命奪職，下內務府愼刑司，令莊親王、履親王、和親王、平郡王，大學士張廷玉、徐本，尚書訥親、來保、哈達哈按其事。鄂容安、永檀自承未奏前商謀，既奏後照會。王大臣等用泄漏機密事務律論罪，上責其結黨營私，用律不合，令會三法司覆讞。王大臣等因請刑訊，並奪大學士鄂爾泰職逮問。上謂，鄂爾泰受遺大臣，不忍深究，下吏議，示薄罰。永檀、鄂容安亦不必刑訊，永檀受恩特擢，乃依附師門，有所論劾，無不豫先商酌，暗結黨援，排擠異己，罪重大；鄂容安罪亦無可逭，但較永檀當末減。命定擬具奏。奏未上，永檀卒於獄」（《清史稿》卷三〇六《仲永檀傳》）。本年，禁生

童挾制罷考、營私入學諸弊。「上以粵東俗尚澆漓，每遇生童齊集，考試之時，或赴攤鋪，短價彊買什物，或與市人扭結稟官，稍不遂意，即恃眾喧囂，挾制罷考。地方有司視以爲常，每多寬縱，至是石城、電白等縣考試武童，有不遵禮教之武生恃衿抗法事聞。特諭：該督撫、學政，董率有司教官，嚴切訓諭，務令士子等洗心滌慮、痛改前非，倘冥頑不靈，仍不率教，即按律懲治，不稍寬貸。如官員等有狥隱姑縱者，一經查出，定行分別處分。又命剔除直省童生營私入學之弊。時江西巡撫陳宏謀奏江省積棍每年尾隨學臣按臨各郡，假冒學臣親戚內幕，哄誘士民營求入學，講定謝儀若干，面同包封，仍存士民之手，俟案出有名，方來取銀。營求之人見其不先取銀，以爲有益無損，遂將銀兩付伊包封畫押，棍徒預用錢文假作銀封，臨時同夥設計掩飾，調換銀兩潛逃，名曰掉包。迨至案出，無名士民啓視銀封，方知墮計，而棍徒早已遠揚。此風各處多有，不能杜絕。上以一省若是，他省諒亦相同。特諭：各該督撫等，於學臣按試之前，將此等掉包串騙之弊詳明曉諭。凡有指稱營求考取，將銀封貯、出案收取者，無論眞假，立即嚴拿究處，並許被騙之人報官查拿。則應考生童識破機關，自不致墮其術中；而棍徒知有法紀，亦不敢公行無忌，亦肅清學政之一端。該部即遵諭行」（《清朝文獻通考》卷七一《學校考九》）。

本年，江南常州府陽湖縣湯大紳以一甲三名進士及第，蘇州昭文縣邵齊燾、正藍旗滿洲人德保、江南鎮江丹陽人眭朝棟等，分別以二甲賜進士出身，三甲賜同進士出身。（《清朝進士題名錄》）

興化鄭燮此際作《范縣》、《悍吏》、《私刑惡》諸詩，反映當地社會部分生活。

吳江沈彤作《贈徐靈胎序》，勸徐大椿習經濟，以濟時務。

常熟王峻在徐州，爲其地纂府志竣事。

安徽方苞解編書職事還居金陵。

安徽吳震生僑居無錫，所著《詩仙會》等曲本，有成稿。

武進蔣麟昌死，年二十二。

袁枚於是年翰林散館，試翻譯，置下等。出任溧水知縣。

蔣士銓是年始讀少陵、昌黎、太白、東坡各家集，而於太白追歡宴遊、流連神仙諸什，輒厭其空且複云。

【本事】《舊譜》：「館於東齊黃氏。家益貧，賣老屋三間，僅存四間蔽風雨。館餼歲不過六金，除買紙筆外悉以養家，不敢用一錢，然食指嗷嗷，

饘粥常不給。太恭人佐以織絍，猶至斷炊。」

《哭舍弟汝明》：「可憐叔與季，待哺似雛雀。惟汝年差長，勞瘁不得卻。家貧難讀書，去雜傭保作。宵眠獨速衣，晨躐不借屬。負擔腫到背，奔波胝生腳。芻因牧羊供，鞭以斥犍著。沒髁深淖旋，卷舌淒風嚼。悲哉同氣中，荼苦汝尤劇。我時雖客授，近不越城郭。爲攜季弟偕，教讀課研削。」（《甌北集》卷五）

乾隆八年癸亥（1743）　　十七歲

【時事】　二月，翰林院編修杭世駿考御史，以對策忤旨，革職。史稱：「值亢旱，高宗思得直言及通達治體者，特設陽城馬周科，試翰林等官。世駿預焉，日未中，條上四事數千言，語過戇直。……上怒抵其卷於地者再，復取視之。時世駿試畢，方趨同官寓邸，忽傳言罪且不測，同官恐，促世駿急歸。世駿笑曰：『即罪當伏法，有都市在，必不汙君一片地也。何恐？』尋放還。」（《清代七百名人傳·杭世駿》）《清儒學案》卷六五《菫浦學案·杭先生世駿》載其事蹟曰：「杭世駿字大宗，別字菫浦，仁和人。少負異才，於學無所不貫，與同里厲鶚、陳兆倫諸名輩結讀書社。舉雍正癸卯鄉試，壬子受聘爲福建同考官。乾隆丙辰舉博學鴻詞，召試一等，授翰林院編修，校勘武英殿《十三經》、《二十二史》，纂修《三禮義疏》。先生博聞彊識，口如懸河。時方侍郎苞負重名，先生獨侃侃與辯，侍郎亦遜避之。有先達以經學相質，一覽曰：『某說見某書某集，拾唾何爲？』學子有請益者，問其所業，以一經對，則以經詰之；以一史對，則以史詰之。以此頗叢忌嫉。乾隆八年，考選御史，試時務策，條上四事，中言『意見不可先設，畛域不可太分。滿洲才賢雖多，較之漢人僅十之三四。天下巡撫尚滿、漢參半，總督則漢人無一焉，何內滿而外漢也？三江、兩浙人才淵藪，邊隅之士間出者無幾，今則果於用邊省之人，不計其才，不計其操履，不計其資俸；而十年不調者，皆江、浙之人，豈非有意見、畛域』等語。高宗震怒，嚴斥下部議革職。然後於督撫滿、漢參用，未嘗非隱納其言。又所論直省蓄庫，宜有餘款存留，以備不虞，亦篤論。先生自削其稿，其語多不傳。罷歸後，白號秦亭老民，歷主廣州粵秀書院，揚州安定書院。在揚州最久，好獎借後生。晚歸里。乾隆三十七年卒，年七十六。先生著述繁富，爲丙辰詞科之冠。於經學著有《續禮記集說》一百卷，仿衛氏之例，自宋、元、明及清初

遺佚之說多賴以存。又《禮記質疑》二卷，《禮例》一卷，《石經考異》一卷。
於史學著有《史記考異》七卷，《漢書疏證》、《後漢書疏證》、《北齊書疏證》
各若干卷，《補晉書傳贊》一卷，《諸史然疑》一卷。《金史補》蒐采甚富，未
傳定本。他又有《續方言》二卷，《詞科掌錄》十七卷，《詞科餘話》七卷，《蒜
市雜記》一卷，《榕城詩話》三卷，《桂堂詩話》一卷，《漢書蒙拾》三卷，《後
漢書蒙拾》二卷，《文選課虛》二卷，《兩浙經籍志》五卷，《續經籍考》若干
卷，《道古堂文集》四十六卷，《詩集》二十六卷。」四月，「湖南巡撫許容劾
糧道謝濟世狂縱各款，總督孫嘉淦請革濟世職，御史胡定以許容挾私誣陷入
奏。上命阿里袞會鞫，得容冤誣鍛煉、嘉淦瞻徇扶同狀，復濟世職，容論罪，
嘉淦革職。命阿里袞署湖南巡撫」（《欽定八旗通志》卷一四四《人物志二十四·
阿里袞》）。又，因江西米價高昂，時發搶糧之事。兩江總督尹繼善奏稱：「臣
未抵任之先，袁州一帶於二、三月間，即有搶案一百六十餘起。南、吉、撫、
饒各屬聞風效尤，旋拿旋息，此息彼起，搶案不一而足。最後閏四月間，贛、
南兩府復有萌動，臣一抵任，即經分飭鎮道預為提備，隨據具報查拿解散。其
鬧堂辱官，則豐城縣有黃天爵等，於四月十六日至縣堂，挾制知縣朱懷忕給票
押令富家出糶；永豐縣有蕭走腳子等，於閏四月初一日鬧至縣堂，將知縣黃文
英擁擠下堂，毀裂衣帽；吉水縣有劉茂隆等，於閏四月十四日鬧至縣堂，口稱
知縣徐大坤將官穀運往豐城販賣，咆哮無狀；樂平縣有鄒雲從等，乘知縣陳訥
在米廠監糶，擲石阻撓；崇仁縣有詹納等，以保留被參知縣汪雲鵬為名，乘知
府唐孝本到縣，誘惑無知男婦，向前擁擠求賑，毀轎裂衣。雖被鬧受辱，各官
亦或有措置未協之處，然以該官百姓而凌轢尊長，蔑玩憲章，莫此為甚。」（《康
雍乾時期城鄉人民反抗鬥爭資料》下冊）

　　本年，傅恒由總管內務府大臣，擢戶部右侍郎。（《欽定八旗通志》卷一
四四《人物志二十四·傅恒》）

　　袁枚由溧水改知江浦，復從江浦改知沭陽。（《隨園先生年譜》）

　　華亭黃圖珌刻所著《棲雲石》傳奇。

　　浙江厲鶚、全祖望，安徽馬曰琯、馬曰璐，江都方士庶、閔華、程夢星、
陸鍾輝，吳江王藻等，在揚舉陶潛詩會。

　　昭文吳蔚光（竹橋）生。

　　浙江邵晉涵（二雲）生。

【本事】甌北仍館於黃氏。

乾隆九年甲子（1744） 十八歲

【時事】　本年，令江南蘇州踹坊設立坊總、甲長，謂：「南北商販，青藍布疋，俱於蘇郡染造。踹坊多至四百餘處，踹匠不下萬有餘人。時浙江總督李衛節制江南，因陳地方營制事宜，言此等踹匠，多係單身烏合，防範宜嚴。請照保甲之法設立甲長，與原設坊總互相稽查，部議從之。」（《清朝文獻通考》卷二三《雜役考三》）監察御史錢度，論貢、監考職，應取文理優通者。「九年，監察御史錢度奏：貢、監考職，向例不論文字優劣，盡行錄取，殊為未協。請敕下考試大臣，務擇其文理優通者，酌量錄取，寧少無多，永著為例，從之」（《清朝文獻通考》卷五〇《選舉考四》）。重申復試之事，諭旨：「順天府尹蔣炳條奏外省覆試一事，朕已降旨允行。但如何覆試之處，未曾奏及，各省難以奉行。科場取士，首重四書文。士子之通與不通，總不出四書文之外。應令該督撫會同學政，出閒冷二題，當面考試，聽其盡一日之長。試畢，即將原卷與中式卷一併解部，聽候磨勘。」（《清朝文獻通考》卷五〇《選舉考四》）十月，上幸貢院，周覽號舍，賦詩四首：「翰苑瓊筵酌令辰，棘闈來閱鳳城闉。百年士氣經培養，寸晷簷風實苦辛。自古曾聞觀國彥，從今不薄讀書人。白駒翩羽傳周雅，佐我休明四海春。」「盡道文章接上臺，菁莪樂育濟時才。千秋得失非虛也，咫尺雲泥亦幻哉。若有淚眶啼桂落，那無笑口對花開。鳳池多少簪毫者，都向龍門燒尾來。」「萬里扶搖正翩搏，飛龍利見豈為干。志賢聖志應須立，言孔孟言大是難。見說經綸推國士，從來桃李屬春官。但令姓氏朱衣點，那惜三條燭淚殘。」「周遭闈棘院沈沈，景物當前總入吟。才擬珪璋方特達，文歸雅正薄艱深。禹門魚變辭凡水，喬木鶯遷出故林。寄語至公堂裏客，莫教冰鑒負初心。」（《清朝文獻通考》卷五〇《選舉考四》）停止榜後揀選舉人例。諭旨：「人材難以預料，若一經驗看，即為定衡，則入選者焉保其必稱循良，更恐逾時，或又不堪任用。況才具尚不能一望而知，而心術又豈能外觀即定？所可知者，不過年歲、狀貌耳，與其定於數年之前，不若審於選官之日。今當會試之年，士子雲集，初次揀選，人數必多，恐汰除者眾。此等舉子，未免絕其上進之望，兼非鼓舞人材之意。向來月選之後，原有九卿驗看之例。引見之時，朕又量材改調，或補教職，或令休致，臨時自可區別，毋庸預為揀擇。著將新定會試榜發揀選之例停止。嗣後，惟令九卿秉公驗看，詳愼去取，勿狥情面，勿事姑容。俟朕於引見時，再加酌定，自不使庸材濫司民社，而吏治亦可收得人之效矣。」（《清朝文獻通考》卷五〇《選舉考四》）定殿試、傳臚之日期。

諭旨：「三月會試，已著爲定例。則殿試之期，自應酌量變通。著自今科爲始，於四月二十六日殿試，五月初一日傳臚。該部即通行曉諭知之。」（《清朝文獻通考》卷五〇《選舉考四》）倡淳樸雅正學風。諭旨：「近今士子，以科名難以幸獲，或故爲艱深語，或矜爲俳儷詞，爭長角勝。風簷鎖院，偶有得售，彼此仿傚，爲奪幟爭標良技。不知文風日下，有關國家掄才大典，非細故也。古人論文，以渾金璞玉、不雕不琢爲比，未有穿鑿支離可以傳世行遠者。至於詩賦，不免組織渲染，亦必有眞氣貫乎其中，乃爲佳作。今四書文采，綴詞華以示淹博，於孔孟立言，相去萬里矣。先正具在，罔識遵循，習俗難化。職此之故，嗣後令各省學政，時時訓飭，鄉會考官，加意區別。凡有乖於先輩大家理法者，即擯棄不錄。則詭遇之習可息，士風還淳，朕有厚望焉。該部通行曉諭中外知之。」（《清朝文獻通考》卷五〇《選舉考四》）

　　本年，嘉定錢大昕在紀王廟顧家教讀，讀所藏書，作箚記。

　　江西蔣士銓從父旅山西澤州，此年遊太行山後南還。

　　山東趙執信死，年八十三。

　　江都汪中（容甫）生。

　　高郵王念孫（懷祖）生。

　　嘉定錢大昭（晦之）生。

　　嘉定錢坫（獻之）生。

【本事】《舊譜》：「先生年十八。館於東千埼杭氏。先生素不喜作時文，自贈公歿，莫爲督課，遂泛濫於漢、魏、唐、宋詩古文詞家，兼習爲詞曲。兩年中所著不下五六寸，皆無師之學也。父執杭應龍先生憫之，謂寒士進身惟恃舉業，舍本務而他涉，將何以救貧？遂延先生至家塾，課其幼子念屺；而令長子金鑑、次子士良偕先生課時文。先生已輟業數年，彊而爲之，轉不如舊時之入律矣。是冬，有明經莊位乾先生亦館於杭，相與講貫，始就繩墨。」

　　《杭丈應龍，先君子執友也。以余久廢舉業，令兩郎君杏川、白峰邀爲文會，詩以志感》：「疎狂久作子光嘖，砥鑛慚叨古誼深。東郭履甘貧士蹟，西華帔累故交心。繰絲新課同功繭，操縵重調舊譜琴。便合窮經風幔底，敢同漢上但題襟。」（《甌北集》卷一）

　　【按】《甌北集》所收此詩編年爲乾隆十二年（1748），然所敘述之事，乃是就館於東千埼杭氏時所發生之事，姑志於此，以見先生當年之情志。《哭

杭應龍先生墓》稱，「公在曾憐趙氏孤」（《甌北集》卷三），亦敘及對杭丈銘感不忘之意。莊位乾，《簷曝雜記》卷二《杭應龍先生》謂：「有杭應龍先生，與先府君交最厚，憫余孤露，謂不治舉業，何以救貧，乃延余至家塾，課其幼子念屺，而使長君杏川、次君白峰拉余同課。二君久以舉業擅名者也。余時年十八，猶厭薄不肯為。至多，有莊位乾明經移帳於杭，課先生從子廷宣，書舍與余同一廳事，日相慫恿，始勉為之。」與杭白峰等五人結為五友。

【按】《哭白峰之訃》（五首）之三略曰：「十年竟哭君三世，五友先亡此兩人。」前句注：「令祖文侯、父應龍，十年中相繼下世」，後句注曰：「余與君及令兄杏川暨廷宣、潘震峰為五友。」（《甌北集》卷六）。又據《杭應龍先生》一文所載，杭丈應龍，有子三：長為杏川（金鑑），次為白峰（士良），幼子念屺。廷宣乃杭丈從子。（《簷曝雜記》卷二）。《晤杏川老友》詩謂「少小相隨共論文」（《甌北集》卷二一），乃追敘少年交遊之情狀。

與毛今吾、時景岩時相過從，砥礪舉業，時有「三才子」之目。

【按】毛今吾，即毛穎士，字今吾。趙懷玉《張比部詩序》謂：「余年十四五，從塾師毛今吾先生遊。」（《亦有生齋集》文卷四）《五世手蹟跋》又謂：「抑又聞之吾師毛今吾先生穎士之祖岐公先生周與公交好，方公困院試時，發案前一夕，毛訪於江陰寓中，見案有盤飧壺酒，毛戲謂曰：『足下固一人在此行樂耶！』公曰：『吾兄皆登科第，吾尚艱於小試，吾父望之綦切，今不得且死，故聊圖醉飽耳。』因舉刀繩示之。乃大駭，勸喻，既而案發，果有名。」（《亦有生齋集》文卷九）另有《寄毛先生穎士》一詩，見《亦有生齋集》詩卷四。《毛先生墓表》曰：「吾邑以文章名者，自唐襄文順之倡於前，後百餘年，邵山人長蘅、楊學士椿、蔣教授汾功相繼趾其盛，雖所得不同而挾持既深，信皆可垂於世。吾師毛先生，實受其傳於蔣先生者也。予從先生遊，不以為不可教，顧時時勗之，俾躋至於古。予之獲有知解者，先生力居多。先生既沒，孤子雲玠函狀以告曰：『先君於子有一日之長，且獨以不朽相期，身後文非子莫屬。』予諾之，而未敢率也。日月不居，墓草已宿，表墓石未立，能無疚於心哉？謹按其狀而繫之曰：先生諱穎士，字今吾，先世籍隸真定之元氏。至正間，有祥元者，為常州路推官，遂家焉。七傳至給事中憲，為明直臣，

世稱古菴先生是也。祖諱周，考諱秋繩，世邃於學。先生幼聰敏，八歲讀《四子書》、《周易》，並卒業。及長，風氣日上，與同縣沈大令濬、吾宗兵備翼，有『三才子』之目，名宿皆折節與交。年二十五，始爲生員。又數年，餼其廩米，屢薦不售，無慍色，爲制舉業益勤，日必課一蓺或兩蓺以爲常。既見蔣先生，學爲韓、歐陽氏之文，工敘事，摹繪情狀，劌怵心目，當其意得，欣戚喜愕，舉不足以撓其匈也。一時銘誄多出其手，故大學士劉文定公尤器之。篤門內之行，事叔母及孀姑咸中禮。生平讀書之外，無他嗜。雖疾病，寒暑不輟，丹黃所加，一書至十餘過，教人每就量之所造而各當其意。尤善講說，不復執書，有如諷誦，聽者恒忘倦，惟恐其竟。時人比之隗子牙云。在門牆者幾至百人，經其指授，多掇科第。余亦往往爲人師，嘗曰：『內重則外輕，膏粱文繡非所羨，吾自有眞樂耳。』乾隆己亥，以少子雲路死，鬱伊致疾，遂不可爲，春秋六十有六。配周孺人，賢明有法，先六年卒。子二，雲玠、雲路。孫四人。」（《亦有生齋集》文卷一六）「三才子」中時景岩，趙懷玉文作沈濬，與甌北自述略有不同。沈濬（1723～？），江蘇陽湖人，事見《清代官員履歷檔案全編》第 19 冊第 634 頁。

至冬，得與莊位乾明經相識。是冬，赴江陰澄江書院應童子試。

【按】《舊譜》於乾隆十年載其事曰：「先生年十九。應童子試。」而《甌北集》卷五一《君山》詩自注卻稱，「余以乾隆甲子，應童子試至江陰」。甲子，即乾隆九年（1744）。當以甌北自述爲準，故應童子試之時間，移於本年。而《甌北集》卷二一《彭芸楣閣學留飲澄江使院即席奉呈》詩自注又曰：「余於乙丑試此，補諸生。」與君山詩自注不同。蓋此次應試，當爲覆試。《舊譜》（乾隆十年乙丑）：「向例學政取覆試即入泮，無復去取也。府學例取二十五人，是年取覆試者乃八十六名，須再覆以定去取。」據此，「乙丑應試」云云，當係指覆試時間。《杭應龍先生》文中謂：「余時年十八，猶厭薄不肯爲。至冬，有莊位乾明經移帳於杭，課先生從子廷宣，書舍與余同一廳事，日相慫恩，始勉爲之。然馳騁於詩、古文者已數年，一旦束縛爲八股，轉不如十四、五歲時之中繩墨矣。」（《簷曝雜記》卷二）趙翼《喜莊位乾明經過訪》詩，謂其「酒推大戶杯吞浪，文到成家筆湧泉。曾仰斲輪叨合轍，敢徒體貌禮華顚」，並以「學問深於五經內」（《甌北集》卷二一）相推許，足見其乃是飽讀詩書、性情豪放

然終生落魄不遇之人。二人同執教於杭氏時，趙翼修舉子業，得莊位乾明經指點不少。此類資料，可與年譜所述互爲參看。

乾隆十年乙丑（1745）　十九歲

【時事】　正月，刑部尙書張照卒。張照（1691～1745），字得天，號涇南，天瓶居士。江南婁縣（今上海松江，一說華亭）人。康熙四十八年進士。雍正間，先後任侍講學士、刑部尙書等職，曾預修《大清會典》，充文穎館副總裁。雍正十三年（1735）受命爲苗疆撫定大臣，以調停不力，爲張廣泗彈劾，革職拏問論死。乾隆初，從寬免死，命在武英殿修書處行走，二年，授內閣學士，後擢刑部尙書。本年正月，照奔喪，行至江南徐州卒。（《清代七百名人傳》）《國朝耆獻類徵初編》卷七一載其事曰：「（乾隆）四十四年，上念照資敏博學，尤工書，御製〈懷舊詩〉列照於五詞臣中。詩曰：『書有米之雄，而無米之略。復有董之整，而無董之弱。羲之後一人，舍照誰能若。即今觀其績，宛似成於昨。精神貫注深，非人所能學。三朝直內廷，受恩早且渥。其詩喜談禪，學蘇太相若。以苗疆獲罪，意實別有托。平苗事既久，復用仍遷擢。性敏才本高，未免失行薄。使生前明時，標榜必致錯。本朝無所施，小哉張與鄂。』」《嘯亭續錄》卷一《大戲節戲》謂：「乾隆初，純皇帝以海內昇平，命張文敏制諸院本進呈，以備樂部演習，凡各節令皆奏演。其時典故如屈子競渡、子安題閣諸事，無不譜入，謂之《月令承應》。其於內廷諸喜慶事，奏演祥徵瑞應者，謂之《法宮奏雅》。其於萬壽令節前後奏演群仙神道添籌錫禧，以及黃童白叟含哺鼓腹者，謂之《九九大慶》。又演目犍連尊者救母事，析爲十本，謂之《勸善金科》，於歲暮奏之，以其鬼魅雜出，以代古人儺祓之意。演唐玄奘西域取經事，謂之《昇平寶筏》，於上元前後日奏之。其曲文皆文敏親製，詞藻奇麗，引用內典經卷，大爲超妙。其後又命莊恪親王譜蜀、漢《三國志》典故，謂之《鼎峙春秋》。又譜宋政和間梁山諸盜及宋、金交兵，徽、欽北狩諸事，謂之《忠義璇圖》。其詞皆出日華遊客之手，惟能敷衍成章，又抄襲元、明《水滸》、《義俠》、《西川圖》諸院本曲文，遠不逮文敏多矣。」本年春，令直省考驗教職及應選教職人員，勿以限年勒休。「先是，九年，大學士、九卿遵旨議准以甲子年爲始，每遇鄉試之後，令各省督撫、學政，將應選教職人員，除學業堪以司教者仍註冊備選外，其精神衰憊無用者，槩給以應得職銜，勒令休致。至

該員輪選之時，仍令督撫照例驗看考試。其不堪選用者，亦給以應得職銜，勒令休致。若年至七十，精力既衰，學業荒廢，斷難勝任。古人原有七十致仕之義，所有現任教職，令學政確查年歲清冊，七十以上，即知會督撫咨部，令其休致。嗣巡撫晏斯盛，以歲貢年已七十應否扣選請旨，奉朱批：古來申公、伏生，老而傳經，人之可用與否？未可以年齒論。譬如年逾七旬而彊健者，亦不可銓選乎？未至七十而病憊龍鍾者，亦可姑容乎？惟當視其人之可用與否以為去取，不當以七十為限。總在督撫、學政，秉公實心辦理，庶有裨益」（《清朝文獻通考》卷七一《學校考九》）。四月，大學士鄂爾泰卒。鄂爾泰（1677～1745），滿洲鑲藍旗人。字毅菴，西林覺羅氏。康熙三十八年（1699）舉人，四十二年（1703）授三等侍衛。從聖祖獵，和詩稱旨。後遷內務府員外郎。「世宗在籓邸，偶有所囑，鄂爾泰拒之。世宗即位，召曰：『汝為郎官拒皇子，其執法甚堅。』深慰諭之」。雍正初，在江蘇布政使任，「於廨中建春風亭，禮致能文士，錄其詩文為《南邦黎獻集》。以應得公使銀買穀三萬三千四百石有奇，分貯蘇、松、常三府備賑貸」。（《清史稿》卷二八八《鄂爾泰傳》）任廣西巡撫、雲貴總督期間，經理苗疆改土歸流，意見每為雍正帝所採納。乾隆帝即位，命總理事務，授軍機大臣。其性耿直，好獎勵名節，惡偷合取容以媚世者，以進賢退不肖自任。士之有學行者，禮之唯恐不至。（《清代七百名人傳》）乾隆九年，舒赫德曾上疏欲廢科考，略謂：「科舉憑文而取，案格而官，已非良法。況積弊已深，僥倖日眾。古人詢事考言，其所言者即其居官所當為之職事也。今之時文，徒空言而不適於用。此其不足以得人者一。墨卷房行，輾轉抄襲，膚辭詭說，蔓衍支離，以為苟可以取科第而止。此其不足以得人者二。士子各占一經，每經擬題多者不過百餘，少者僅止數十，古人畢生治之而不足，今則數月為之而有餘。此其不足以得人者三。表判可以預擬而得，答策就題敷衍，無所發明。此其不足以得人者四。且人材之盛衰，必於心術之邪正。今之僥倖求售者，弊端百出。探本清源，應將考試條款改移而更張之，別思所以遴拔真才實學之道」云云。奉旨飭議。時鄂文端公為首相，力持議駁謂：「謹按取士之法，三代以上出於學，漢以後出於郡縣吏，魏晉以來出於九品中正，隋唐至今出於科舉。科舉之法，每代不同。而自明至今，則皆出於時文。三代尚矣，漢法近古而終不能復古。自漢以後，累代變法不一，而及其既也，莫不有弊。九品中正之弊，毀譽出於一人之口。至於賢愚不辨，閥閱相高，劉毅所云『下品無高門，上品無寒士』者是也。科舉之弊，詩賦則只尚浮華而全無實用，明經則專事記誦而

文義不通。唐趙匡舉所謂習非所用，用非所習，當官少稱職吏者是也。時文之弊，則今舒赫德所陳奏是也。聖人不能使立法之無弊，在乎因時而補救之。蘇軾有言，觀人之道在於知人，知人之道在於責實。蓋能責實，則雖由今之道而振作鼓舞，人才自可奮興。若專務循名，則雖高言復古，而法立弊生，於造士終無所益。今舒赫德所謂時文經義以及表判策論皆爲空言，剽襲而無所用者，此正不責實之過耳。夫凡宣之於口，筆之於書者，皆空言也，何獨今之時文爲然。且夫時文取士，自明至今，殆四百年，人在其弊而守之不變者，非不欲變，誠以變之而未有良法美意以善其後。且就此而責其實，則亦未嘗不適於實用，而未可一概訾毀也。蓋時文所論皆孔孟之緒餘，精微之奧旨，未有不深明書理，而得稱爲佳文者。今徒見世之腐爛抄襲，以爲無用，不知明之大家如王鏊、唐順之、瞿景淳、薛應旂等，以及國初諸名人，皆寢食經書，冥搜幽討，殫智畢精，殆於聖賢之義理心領神會、融洽貫通，然後參之經史子集，以發其光華，範之規矩準繩，以密其法律，而後乃稱爲文。雖曰小技，而文武幹濟英偉特達之才，未嘗不出於其中。至於姦邪之人、迂懦之士，本於性成，雖不工文，亦不能免，未可以爲時藝咎。若今之抄襲腐爛，乃是積久生弊，不思力挽末流之失，而轉咎作法之涼，不已過乎？即經義表判策論等，苟求其實，亦豈易副？經文雖與《四書》並重，而積習相沿，慢忽既久，士子不肯專心肄習，誠有如舒赫德所云數月爲之而有餘者。今若著令爲甲，非工不錄，則服習講求，爲益匪淺。表判策論皆加核實，則必淹洽乎詞章，而後可以爲表；通曉乎律令，而後可以爲判；必有論古之識，斷古之才，而後可以爲論；必通達古今，明習時務，而後可以爲策。凡此諸科，內可以見其本原之學，外可以驗其經濟之才，何一不切於士人之實用？何一不見之於施爲乎？必變今之法，行古之制，則將治宮室，養遊士，百里之內，置官立師，獄訟聽於是，軍旅謀於是，又將簡不率教者屛之遠方，終身不齒。毋乃徒爲紛擾，而不可行。又況人心不古，上以實求，下以名應。興孝，則必有割股、廬墓以邀名者矣；興廉，則必有惡衣菲食、弊車羸馬以飾節者矣。相率爲僞，其弊尤繁。甚至藉此虛名，以干進取，及乎蒞官之後，盡反所爲，至庸人之不若。此尤近日所舉孝廉方正中所可指數，又何益乎？若乃無大更改，而仍不過求之語言文字之間，則論策今所見行，表者賦頌之流，是詩賦亦未嘗盡廢。至於口問經義，背誦疏文，如古所爲帖括者，則又僅可以資誦習，而於文義多致面牆。其餘若三傳科、史科、名法、書學算、崇文、宏文生等，或駁雜無紛，或偏長曲技，尤不足以崇聖學而勵眞才矣。則

莫若懲循名之失，求責實之效，由今之道振作補救之爲得也。我皇上洞見取士源流，所降諭旨，纖悉畢照。司文衡職課士者，果能實心仰體，力除積習，杜絕僥倖，將見數年之後，士皆束身詩禮之中，潛心體用之學，文風日盛，眞才日出矣。然此亦特就文學而言耳。至於人之賢愚能否，有非文字所能決定者，故立法取士，不過如是。而治亂盛衰，初不由此，無俟更張定制爲也。舒赫德所奏應毋庸議。奏上，奉旨依議。科目之不廢者，文端之力也。」（《熙朝新語》卷一一）五月，江南常州府武進縣錢維城、莊存與分別以一甲一名、一甲二名進士及第，江南揚州府儀徵縣謝溶生（未堂）、蘇州府昭文縣邵齊烈等三百餘人二甲賜進士出身。本科會試考官，分別爲大學士史貽直、吏部侍郎阿克敦、兵部侍郎彭維新、刑部侍郎錢陳群等人。六月，命戶部侍郎傅恒軍機處行走。（《東華續錄（乾隆朝）》乾隆二十一）本年，嚴掛斗、送匾之禁。奉諭：「親民之官，審理詞訟，秉公剖決，乃職分所當然。在官無可居之功，在民亦不必言感。朕聞外省陋習，有於詞訟審結之後，勝者以爲得計，糾集親友、鄰里，製斗、造匾，懸掛公堂。無識有司亦恬然受之，不以爲怪。此等阿諛獻媚，適以啓好訟生事之端，且流爲粉飾沽名之弊，澆風斷不可長。嗣後有仍前掛斗、送匾者，將徇隱之有司參處，本人一併治罪。」（《清朝文獻通考》卷一九八《刑考四》）定聚眾抗官通行例。「刑部議覆，侍郎秦蕙田奏言，例載山陝兩省習惡頑梗之輩，假地方公事，迫勒平民，約會抗糧，斂錢構訟，抗官塞署，或有冤抑不於上司控告，擅聚眾至四五十人者。地方官與同城武職，無論是非曲直，拏解審究，爲首者照光棍例，擬斬立決，爲從擬絞監候。又福建地方，如有借事聚眾罷市、罷考、打官等事，均照山陝題定之例，分別治罪。定例係專指山陝等處而言，向來此等案件，別省犯者甚少，但人心之淳漓不同，如有所犯相同，自當一例懲治。其情罪稍輕、律有正條者，仍各照本律科斷，應如所請，從之」（《清朝文獻通考》卷一九八《刑考四》）。

　　本年，安徽金兆燕從金榘客新安，識曹學詩。

　　陽湖伍宇澄（既庭）生。

【本事】趙翼赴江陰澄江書院覆試，與劉邦甸等人相識，關係甚洽。學政祭酒崔公紀取入常州府學補弟子員。向例，學政取覆試即入泮，無復去取也。府學例取二十五人，是年取覆試者乃八十六名，須再覆以定去取。甌北覆試，文不加點，遂獲雋。此時寫有《與杏川白峰廷宣震峰踏春醉歌》、《江陰登君山歌》、《題閻典史祠》（《甌北集》卷一）諸詩，可

見其青年時之人格追求、操守氣節。

《與杏川白峰廷宣震峰踏春醉歌》：「東風吹來軟於綿，黃鶯喚人不得眠。相邀勝侶踏青去，平蕪彌望春如煙。化工何許萬針線，一夜繡遍枯山川。是時天桃蕊方綻，欲放未放含紅嫣。枝間已有嫩蝴蝶，與我衫袖同翩翩。人生難得少年暇，暇矣又少良朋聯。今朝得閒又得友，況遇風日清而妍。此是天私我輩樂，忍能局促守一編？典衣沽酒藉草飲，高歌金石聲淵淵。狂名一日里中遍，措大必帶三分顛。歸來書窗月已出，相顧而笑稱散仙。採石錦袍黃樓笛，此樂動論數百年。」（《甌北集》卷一）

【按】崔紀，初名珺，字南有，山西永濟人。幼喪母，事父及後母孝。康熙五十七年（1718），改庶吉士，授編修，遷國子監司業。三遷祭酒。乾隆初提督順天學政，遷詹事，再遷倉場侍郎。署甘肅巡撫。二年，移署陝西巡撫。後以事降調。六年，再授祭酒。九年，督江蘇學政。十四年，授山東布政使。十五年，命以副都御使銜再督江蘇學政，力疾按視，旋卒。紀潛心理學，所至以教養爲先。（《清史稿》卷三〇九《崔紀傳》）又，《甌北集》卷一「起丙寅，至戊辰」，即乾隆十一年（1746）至乾隆十三年（1748），亦即甌北二十至二十二歲時。詩謂「人生難得少年暇」，終日爲生計而奔波，又爲舉業所累，的確很難有「典衣沽酒藉草飲」之雅興，也難以成就「三分顛」之狂名。揣其詩意，此詩當作於復試之後，重負得脫，才會有此身心通泰之感，故繫於本年。君山，在江陰縣北澄江門外。

《江陰登君山歌》：「春申遺蹟渺難攀，覽古蒼茫上碧屏。小邑萬人爭館宇，近遊百里得江山。市喧魚蟹乘潮上，風急帆檣掣浪還。欲擬洞庭湘瑟句，數峰青入暮雲間。」（《甌北集》卷一）

《題閻典史祠》：「傳芭伐鼓刲羊豕，前代孤臣今代祀。不讐枯骨國法寬，不忘忠魂民意美。是時王師下金陵，大江以南望風迎。小朝廷已被俘去，爲誰保此彈丸城？國亡援絕獨拒守，作計雖謬心則貞。姓名已入點鬼簿，滿城皆鬼作鬼兵。以鬼易人一當一，人則怕死鬼怕生。梯衝環攻百道禦，積屍高與雉堞平。縛芻爲人夜取箭，縋絚出卒霧斫營。軍久絕糧鼪鼠掘，士不解甲蟣蝨生。相持八十有一日，一日中有千輸贏。君山礮聲沸江水，鐵騎平明滿街市。短兵巷戰血尺深，袒臂一呼僕者起。力盡俱甘騈首戮，至今白骨塡荊杞。嗚呼！明季雖多殉節臣，乙酉之變殊少人。將帥降幡蠭暨壘，公卿款表

先趨塵。高門王謝獻城吞，盛名巢由拜路頻。何哉節烈奇男子，乃出區區一
典史。」（《甌北集》卷一）

【按】《江陰登君山歌》「小邑萬人爭館宇」句後小注稱「時學使按臨，多
士雲集」，恰指赴試時事，若非事後追記，亦當繫於本年。閻典史，即閻
應元。任江陰典史，以禦敵功遷英德主簿，道阻不赴，寓居江陰。清兵
南下，閻應元入城，聚眾抗清，困守孤城八十一日，城破身死。祠亦在
江陰。詩亦當寫於此時。此三首詩，當爲甌北試畢，偕友朋遊覽名勝後
所作。

乾隆十一年丙寅（1746） 二十歲

【時事】 正月，乾隆帝以御極十年，詔赦天下。略曰：「各省獲罪之犯，其中
輕重亦有差別，國家赦宥之典，或因行慶施惠，或因水旱爲憂，間一舉行」，「所
有刑部及各省監禁人犯，除情罪重大外，餘者分別減等發落，軍、流、徒、杖
以下人犯，一併分晰，減等完結。」（《清朝文獻通考》卷二一〇《刑考十六》）
二月，通政使雷鋐應詔陳言，略謂：「上諭戒飭臺諫諸臣，處心積慮，總不外
名利二途。此我皇上裁成激勵，望其警惕猛醒，以古之純臣爲法也。然似因一
二臣之言行不符，遂概疑及臺諫諸臣，恐志欲建白者，行蹟之間近於博取虛譽，
冀望陞遷，輾轉懷疑，徘徊中止。夫就臣子而言，不惟不可計利，並不可好名。
而在朝廷樂聞讜言，不必疑其好名，並不必疑其計利。」又謂：「孔子稱舜隱
惡揚善，則知當舜之時，亦不皆有善而無惡，惟舜隱之揚之，所以『嘉言罔攸
伏』，明目達聽，遂成執兩用中之至治。」又謂：「信任忠良練達之臣，屏絕謟
諛容悅之習；不爲無事之遊幸以增費累，不耽無益之玩好以妨幾務。」奉硃批：
「雷鋐此奏，朕嘉納之。前謂臺諫不外名利是圖，亦謂彼一時攸此氣習耳，今
則漸知省改矣。若夫大舜之隱惡揚善，固朕所日勉焉而未逮者也。」（陰承方
《都察院左副都御使雷公行狀》）然至本月末，弘曆則借題發揮，斥責雷鋐「剿
襲道學陳言，總不脫好名習氣」，並一反前言，諭稱「朕寧爲孔子之不匿怨，
不能爲雷鋐之隱惡而揚善也」。（《東華續錄（乾隆朝）》乾隆二十三）六月，令
各省查禁天主教。十月，命刑部尚書汪由敦在軍機處行走。「十一年，（汪）兼
署都察院左都御使，旋入直軍機處」（錢維城《加贈太子太師吏部尚書諡文端
汪由敦傳》，《茶山文鈔》卷一一）。傅恒由左侍郎授內大臣。（《欽定八旗通志》

卷一四四《人物志二十四》）本年，嚴申京察等第評定不得瞻狥情面。「奉諭旨：
三年京察之典，激濁揚清，所以敘官方而明黜陟，自當矢愼矢公，甄別允當。
上次舉行之際，恐各部院堂官有瞻狥情面，濫列一等者，曾降旨令大學士於驗
看過堂時，愼重分別，有不稱一等者，俱行裁去。嗣經大學士等分別去留，此
亦權宜辦理之道。究之察核司員，惟堂官最爲親切，要在平日留心體察，臨時
舉劾公平，方爲允協。如上次定以一等者，三年中行走平常，即當改爲二、三
等，不得稍存姑息之心。上次原列二、三等者，三年以來知所奮勉，即當列爲
一等，亦不得仍拘已成之見。惟一秉至公，分別等第，庶察典肅，而人人知所
勸懲。明歲又屆京察之期，特先行傳諭各部院堂官知之」（《清朝文獻通考》卷
六一《選舉考十五》）。

本年，常熟周祥鈺、蘇州徐興華、朱廷鏐等纂《九宮大成南北宮詞譜》
成。

安徽汪啓淑（秀峰）僑寓松江，初定所著詩。

武進劉綸、程景伊、錢維城、莊存與等官北京，集同里蔣炳處，以《昆
田雙玉歌》試直隸朱筠。

浙江厲鶚所著《宋詩紀事》一百卷刊行，題馬曰琯輯。

武進趙彪詔自山西櫻山縣任罷歸。

陽湖洪亮吉（北江）生。

浙江吳錫麒（穀人）生。

【本事】是年，甌北館於城中史翼宸明經家，得以披覽史氏所藏古籍，
且時與翼宸把酒言歡，下棋娛興。

《題史翼宸明經天尺軒》：「翠柏深垂似柳絲，簽書堂軸許吟披。虛慚高
士南州榻，豈有才人北郭詩。翦韭春盤三雅酒，挑燈夜雨一枰旗。他年細數
鴻泥蹟，應最難忘是此時。」（《甌北集》卷一）

【按】由本詩可知，此段教書生涯，甌北比較滿意，故有「他年細數鴻泥
蹟，應最難忘是此時」之說。

乾隆十二年丁卯（1747）　二十一歲

【時事】　三月，金川土司莎羅奔作亂。《平定兩金川述略》：「乾隆十一年，莎
羅奔劫澤旺歸，奪其印。總督慶復檄諭，始還澤旺於故地。」（《皇朝武功紀盛》

卷四)「十二年，大金川土酋莎羅奔爲亂，上授張廣泗川陝總督，召慶復入閣治事」（《清史稿》卷二九八《慶復傳》）。《清鑒綱目》（卷七）略曰：「金川者，四川西邊諸土司之一也，以地得名。其川有二，一出松潘徼外西藏，地經黨壩而入土司境，頗深闊，是爲大金川；一出雪山西麓，源較近，是爲小金川。二川皆臨河山，有金礦，爲金沙江上游，亦曰瀘水。隋時置金川縣，元隸雜谷安撫司。萬山叢矗，中繞洶溪，皮船笮橋，曲折一線。深寒多雨雪，惟產青稞、蕎麥，蕃民居焉，亦苗種也，俗奉喇嘛教。明時部人有哈伊拉木者，得中國敕封爲演化禪師，世有大小金川地。後分爲兩部，居大金川流域者，曰促浸；居小金川流域者，曰攢拉。譯言大小河濱也。清世祖時，始授小金川酋卜兒吉細以土司職，聖祖時復授大金川酋嘉勒巴演化禪師印，俾分領其眾。其後嘉勒巴孫曰莎羅奔以從征西藏有功，於世宗時授金川安撫使。高宗時，莎羅奔勢漸彊，謀併鄰近諸部落，奪小金川酋澤旺印，復略打箭爐附近諸土司，至是又攻革布希咱及明正兩土司。四川巡撫紀山，遣副將率師救援，莎羅奔抗拒官軍，並圍攻霍耳章谷，千總向朝選死之。紀山因奏請發兵進剿。帝以張廣泗征苗有功，特命移督川陝，率師討之。」九月，《皇清文穎》告成。此書經康、雍、乾三朝始編成。卷首錄康熙帝詩文六卷，雍正帝詩文四卷，乾隆帝詩文十四卷。「臣工所作諸體，表二卷，論八卷，說一卷，解二卷，序四卷，記三卷，跋一卷，辯一卷，策問二卷，策對一卷，議二卷，疏一卷，碑一卷，贊銘一卷，對書考一卷，雜文一卷，頌八卷，賦十二卷，古今體詩五十卷，凡百卷。乾隆十二年校刊」（《國朝宮史》卷三三《書籍十二》）。乾隆帝爲該書作序，略曰：「我大清受命百有餘年，列祖德教涵濡，光被海宇，右文之盛，炳焉與三代同風。朕紹聞遜志，以是爲學，亦以是爲治，矢其文德，一紀於茲。易曰：『觀乎人文，以化成天下。』蓋自有天地，而人經緯乎其間，士君子之一言一行，國家之制度，文爲禮、樂、刑、政，布之爲教化，措之爲事功，無非文也。乃其菁英所萃，蔚爲國華，詞以殷之，聲以永之，律以和之，諧協六同，彰施五色，典謨作焉，雅頌興焉。詩不云乎？『追琢其章，金玉其相』，文之盛也。而虞之曰：『勉勉我王，綱紀四方。』則所謂其風自上也。曩我皇祖命大學士陳廷敬選輯《皇清文穎》，儲之廷閣，未及刊佈。皇考復允廷臣之請，開館編輯，隨時附益，久之未竣。朕因命自乾隆甲子以前先爲編次，凡御製詩文二十四卷，臣工賦、頌及諸體詩、文一百卷。錄成，序其首簡。」（《國朝宮史》卷三三《書籍十二》）本年，汪由敦仍在軍機處供職。錢維城《加贈太子太師吏部尚書諡文

端汪由敦傳》稱:「丁卯、戊辰之間，金川方用兵，羽書旁午，皇上睿謨廣運，燭照萬里之外，指授方略，日數千百言。由敦視草，援筆立就，無不當上意。」（《碑傳集》卷二七）傅恒充會典館正總裁。《欽定八旗通志》卷一四四《傅恒傳》:「十二年二月，充會典館副總裁。三月，晉本部尚書、議政處行走兼鑾儀衛事。六月，充會典館正總裁。」

本年，袁枚知江寧縣。題升高郵州知州，格於部議，不果。（《隨園先生年譜》）

蔣士銓赴廣信應科試，被取為第十八名，得識錢陳群（香樹）、錢載（坤一）、馮靜山（秉仁）諸文士。（《清容居士行年錄》）

華亭黃之雋編定所著《㕧堂集》六十卷。

江陰李天根所著《白頭花燭》曲本，有成稿。

浙江沈廷芳復奉命巡漕山東，於任城南池建少陵書院，作雜劇侑神，鄭燮紀以詩。

青浦王昶至茜墩訪顧炎武故居，至南翔訪李流芳檀園遺址，作紀事詩。

嘉定錢大昕作《木棉花歌》。

武進趙懷玉（味辛）生。

陽湖楊倫（西禾）生。

【本事】是年，趙翼館於北門顧氏，攜幼弟亭玉課之。夏六月，亭玉以痘殤。先生為童子時，貧甚，莫有議婚者。既入泮，有才名。

八月，赴江寧鄉試，報罷。

【按】甌北《丁卯元日》詩「幸忝增年開九秩，曾初赴舉試三場」句下自注:「乾隆丁卯，余初赴江寧鄉試。」（《甌北集》卷四九）此事《舊譜》未載，特補輯之。

會薦舉宏博，廩生劉皋聞公鶴鳴托府教授趙公永孝擇婿，教授公遂以先生應。是冬完姻，娶劉恭人。

【按】甌北所作《呈家謹凡教授》、《步村落偶成》、《青山莊歌》、《題明太祖陵》、《題顧氏水榭》（《甌北集》卷一）等，蓋寫於此時。

謹凡，趙永孝（1686～？）號，常熟人。《（同治）蘇州府志》卷一○一謂:「趙永孝，字漢忠，號謹凡，次兄錫孝字寶文，雍正甲辰進士，歷常州、松江府學教授。永孝幼讀《論語》『君子喻於義』章，問塾師曰:『喻字關頭當作何把握？』師大驚異。稍長，以聖賢事相切劘。甲辰與

兄錫孝同舉京兆。平昔講求經世要務，著《萬年保泰鴻謨》欲獻，未果。徵試博學宏詞，報罷。乾隆己未成進士，年五十四矣。選常州府教授。勤懇訓士如其兄，晉陵稱『二趙』焉。時博野尹會一視學江南，咨以學政，永孝力請行《小學》，謂內外篇該括經史，為學者造道之基，尹韙其說。卒於官。」其潛心理學，著有「《尚論微吟百評篇》並《鶴徵後錄》、《龍城講義》、《邁徵錄》、《關尹子疏內訟編》、《陽明大旨》、《理學宗傳挈領》、《先正格言集腋》並言志、《古堂文集》六卷、詩四卷」（《（同治）蘇州府志》卷一三八）等。盧文弨《題虞山趙氏增置祀田碑記》曰：「虞山趙謹凡先生，為前朝文毅公之後人，公嘗置祀田三百畝矣，易代而亡之。謹凡與兄鹽山謹承先志，節縮所入，僅復其半。為其成之難而失之恐易也，自為記並其經理之規咸勒諸石，使後之人觀感而益恢廓之，蓋不僅望其能遵守勿替而已也。余師桑弢甫先生，既為文以發揚之矣，余無似，曷以加諸無已，則以閱歷所得者而進一說焉。欲田之能世守且益增也，此以賢望後人也。望後人之賢，則在乎讀書、識義理，其達而有祿者，則必能繼前人之志而不徒為宮室妻妾之謀；其窮而伏處者，亦不待禁防而自恥為侵削之計。趙氏望族也，士之子恒為士，則與田相輔而行者，其亦知務乎？蓋吾嘗見夫有基而壞者多矣，皆由其族鮮讀書人之故，吾是以有云。」（《抱經堂文集》卷七）沈廷芳（字畹叔，號椒園，仁和人。乾隆丙辰召試博學鴻詞，授庶吉士，官至山東按察使，著有《隱拙齋集》）有《送趙漢忠進士歸常熟兼柬次山前輩》一詩，謂：「喜君歸臥年方艾，廿六年間客帝城。一第艱於孟東野，高文欲準漢西京。尚湖雪淨村如畫，虞麓春來地可畊。若過閉門王侍御，道余頻感別離情。」（《兩浙輶軒錄》卷二一）顧光旭《毘陵離席呈趙丈教授永孝》詩曰：「賚得蘭陵琥珀紅，當筵難放玉樽空。即看書籍慚王粲，豈有才華報孔融。吳楚江山名士業，齊梁池館故家風。匆匆離思紛如織，只在嵐光樹色中。」（《響泉集》詩二《半日讀書齋餘槁上》）

劉鳴鶴，字皋聞，陽湖人。大夏孫。少孤，才氣挺發，潛心經傳。乾隆元年（1736）舉人，十六年復舉經明行修。著有《留疑錄》、《待問編》、《枕中草》、《伊蒿集》、《蓼莪堂詩》、《自怡篇》、《金臺集》、《關天草》、《白下草》、《荔香集》等十種，均已佚。（《江蘇藝文志‧常州卷》）《槐廳載筆》卷八：「江蘇學政張廷璐舉三人，廩生劉綸，江南武進人；

廩生劉鳴鶴，江南陽湖人；貢生陸桂聲，江南震澤人。」同卷又謂：「陝西總督尹繼善保，劉鳴鶴，江南廩生，人極敦厚謹飭，潛心經學，精通易理，曾薦鴻博。」劉鳴鶴與尹繼善交往密切，尹有《書室新成和皋聞見贈韻》、《端陽小集，劉皋聞因病初愈未至，辱贈佳章，依韻奉和》、《讀劉皋聞『便是離家莫憶家』句有感，再用前韻》、《和劉皋聞除夕》、《讀皋聞和章有感》，見《尹文端公詩集》卷二；《元旦和劉皋聞除日燕集韻》、《途中和劉皋聞贈別韻》，見《尹文端公詩集》卷三。尚小明《清代士人遊幕表》根據平步青《霞外捃屑》稱他曾以廩生入川陝總督尹繼善幕。查《清史稿》卷三○七《尹繼善傳》，「乾隆元年，貴州別設總督，命尹繼善專督雲南。二年，奏豁雲南軍丁銀萬二千二百有奇。入覲，以父尹泰老，乞留京侍養。授刑部尚書，兼管兵部。三年，丁父憂。四年，加太子少保。五年，授川陝總督」。「七年，丁母憂」。「八年，署兩江總督，協理河務」。可知，劉鳴鶴入尹幕在乾隆五年（1740）之後，七年（1742）之前。其時，鳴鶴已為舉人。廩生云云，當係平氏誤記。清代另有一劉鶴鳴，亦字皋聞，乃天津人。《（光緒）重修天津府志》卷四四《傳六·人物四》謂：「劉鶴鳴，字皋聞，乾隆二十七年舉人，嘗從戈濤遊，及門著錄以百數計。歿後門人釀金以葬，來會者數千人。著有《周易史鑒》、《坎卦說》、《尚書論文》、《春秋直解》、《春秋比事錄》、《左傳文》、《離騷讀法》、《毛詩官禮》等。」名不同，則非武進之劉鳴鶴。

青山莊，據王應奎《青山莊記》，青山，在常州府之江陰。方志稱其「秀銳孤立」，昔丁將鑄劍於此，距常州府治數十里。而青山莊，乃大方伯張公別墅，在府治之北郭，去青山尚遠。並稱：「公以相國文貞公為之祖，以學士天門先生為之父。父蔭藉高華，擩染典訓，學優入仕，所至輒炳政聲。既乃脫略官榮，寓歡林澍，自京口移家於此，背俗居幽，辭事就閒，青山招隱，如客得歸。而門內有山，突者為嶺，窪者為谷，衍者為岡，觸目皆是。亦各分青山之一體，以獻秀而效奇。而又團以老樹，蠹以修篁，洽色巉陰，夏雲翳旭，園林之盛，遂甲江左。公復以其間招延通人碩士，牽拂戾止。江干車馬，一時翕集。授梁園之簡，下徐穉之榻，觴詠流連，浹旬靡倦。而公之嗣君冠伯，暨館甥徐君題客，以翩翩佳公子，亦與其末，分題賦詩，頗推蘇紹最勝，誠山居之樂事，士大夫之高致也。」（《清文彙》中冊乙集卷二一）張玉書，字素存，順治進士，

官至文華殿大學士兼戶部尙書。歷官五十年，爲太平宰相二十年，諡文貞。「上追念舊勞，擢其子編修逸少爲侍讀學士。玉書謹愼廉潔，居政地二十年，遠避權勢，門無雜賓，從容密勿，爲聖祖所親任。自奉儉約，飲食服御，略如寒素」（《清史稿》卷二六七《張玉書傳》）。「張逸少（？～1748），字天門，號青山，江蘇丹徒人」（《清代人物生卒年表》）。「方伯名括，字叔度，蓋文貞公之孫、天門學士之子也，自京口移家於此。中有樂事軒，人稱樂事先生」（《雪橋詩話續集》卷五）。張冕，字冠伯，貢生，有《春雨樓詞》。王應奎文中提及此人，或亦文貞公之後。玉書後世子孫漸爲豪奢之舉，以致淪落破敗，繁華不再。故甌北寫《青山莊歌》以歎慨之。另，清厲鶚《舟泊毗陵同吳長公遊青山莊四首》之四謂：「前朝邱壑擅，人說兩愚公。物力爲山盡，經營易主同。客歸書閣閉，鳥下石枰空。遊興兼離緒，分襟向晚風。」首聯下注曰：「錫山鄒彥吉爲園，名愚公谷。此莊初主吳服於，亦號愚公。」（《樊榭山房續集》卷五）厲詩後另附歙縣吳震生《次韻同作》四首，其三曰：「昔者東床重，延陵俛仰寬。煙雲邀對酒，花月入憑闌。紫玉空留主，香魂怳未殘。若知人代感，冷食亦愁飡。」詩後小注謂：「莊故主吳氏，宜興相婦翁也。吳又有季女，死於此，時時形見。雖屢易姓，皆祠其木主云。」（《樊榭山房續集》卷五）《粟香二筆》（卷七）於此莊所敘甚詳，曰「青山莊，在郡城北郭外數里許，與蒹葭、琴鶴諸勝，爲前明吳氏所築，後屬徐氏，復歸京江張愚亭方伯。適有三山在望，松蔭堂、水鏡軒、歸雲岫、涵碧池、新月廊、西堂、藤花徑、飛翠堂、留春亭、麥浪軒、水香菴、碧溪閒釣、靜香亭、修竹吾廬、渡雲梁、小山坳、臥雪樓、天放居、餐霞閣、飲虹橋、煙雨橫塘諸處，爲基一百四十餘畝，皆層嵐叠翠，水木明瑟，涼房燠館，曲折迴環。明楊廷鑒《遊青山莊》七律一首、董以寧《蒹葭莊看梅七律》二首，均載《邑志》，此蓋極盛之時。至《甌北集》：《青山莊歌》，當與耕於先生先後所作。《春及堂稿》小序中，本有與趙雲松翼同遊之語。其時已值頹敗，篇中盛衰之感，三致意焉。余幼時即未聞有往訪遺蹟者，亂後則北郭以外瓦礫荊榛益蕩焉泯焉矣。」知該山莊歷史悠久，由明至清，幾易其主。

乾隆十三年戊辰（1748） 二十二歲

【時事】　二月，乾隆帝奉皇太后率皇后東巡。「至曲阜，親詣先師孔子廟，行釋奠禮畢，御詩，禮堂講學。至泰安，躬詣岱嶽致祭。至濟南閱兵」（《清朝通典》卷五六《禮・嘉六》）。「罷奇通阿領侍衛內大臣，以阿里袞代之」（《清史稿》卷一一《高宗本紀二》）。帝回鑾至德州，「登舟，皇后崩」（《清史稿》卷一一《高宗本紀二》）。高宗孝賢純皇后，乃富察氏，察哈爾總管李榮保女。「高宗為皇子，雍正五年，世宗冊后為嫡福晉。乾隆二年，冊為皇后。后恭儉，平居以通草絨花為飾，不御珠翠。歲時以鹿羔狲毧製為荷包進上，仿先世關外遺制，示不忘本也。上甚重之」（《清史稿》卷二一四《后妃傳・高宗孝賢純皇后》）后薨，帝為《述悲賦》以悼之。中謂：「念懿后之作配，廿二年而於斯。痛一旦之永訣，隔陰陽而莫知。」云云。（《清史稿》卷二一四《后妃傳・高宗孝賢純皇后》）史載，孝賢后「飾終之典，視他后獨隆。大學士阿克敦以辦理大行皇后冊文，中有錯誤，著照大不敬論斬監候，旋加恩赦免。是年秋，湖廣總督塞楞額、知府金文醇，以在皇后喪中剃頭，皆坐斬。江南總河周學健、湖廣巡撫彭樹葵，亦以剃頭故，皆革職，罰修直隸城工。刑部尚書盛安，因議文醇罪案宜從輕，下獄論死，旋赦免」（《清鑒綱目》卷七）。四月，總督張廣泗平定大金川之亂不力，命大學士訥親以經略大臣前往督辦軍務，並起用廢將岳鍾琪。本月，蘇州饑民聚眾請命。據江蘇按察使翁藻奏稱，「水浸雹傷之後，麥收難望豐稔，米價頓時加長，較之上月每石增銀三四錢不等，各屬俱在減價平糶。而蘇州至上年冬季至今，亦現設糶廠六處，祇因省會食指浩繁，難以遍及，市價未能即平。四月二十四日，忽有刁民顧堯年反縛兩臂，插竹粘紙，上寫『無錢買米，窮民難過』等語，前赴撫臣衙門喊訴，欲求勒令米鋪減價出售，當發長洲縣鄭時慶查訊。方向追問夥黨，而尾隨餘犯恐被究出根由，挾求釋放，群起喧嘩。經臣聞信往稟撫臣，知已諭令署蘇州府姜順蛟前往彈壓。詎料各犯業經乘勢混將縣堂暖閣楣扇打毀。迨將顧堯年發禁，又被黨羽陸高、吳寶搶去。姜順蛟匆遽奔至撫署，餘犯相繼隨行。維時聚觀大眾，齊抵撫轅，共將柵欄擠倒。隨經撫臣差遣弁目，拿獲葉龍等三十九犯，眾已星散。遂將被搶之顧堯年及搶犯之陸高，與有名餘凶棗子、阿六等一併根獲，現在從重究擬，嚴儆刁風」（《康雍乾時期城鄉人民反抗鬥爭資料》下冊）。本年，傅恆甚得恩寵。「十三年，授領侍衛內大臣。四月，加太子太保協辦大學士。六月，充經筵講官。時大兵征金川逆酋莎羅奔，經略訥親、總督張廣泗等久無功。九月，命傅恆暫管

川陝總督，經略事務。尋晉保和殿大學士。賜詩曰：『壯齡承廟略，一矢靖天狼。番部蕞爾蠢，王師武必揚。慰予西顧久，嘉汝赤心良。撻伐敉麼寇，撫循集眾長。斯能成偉績，用幹不庭方。佇看銷兵氣，敷天日月光。』賜花翎二十，藍翎五十，銀十萬，備犒賞軍前。諸將奏章許於沿途開看。上御瀛臺賜食及於諸將士。製詩曰：『大清聲教暨遐陬，豈有來王稽蜀酋。黷武開邊非我志，安良禁暴藉卿謀。行軍吉值初陽復，賜食恩同湛露流。轉瞬明年擒娑虜，還教凱宴侑封侯。』十月，傅恒啓行，上親詣堂子行告祭禮。遣皇子及大學士來保等送至良鄉視傅恒飯。十二月，諭曰：『經略大學士傅恒，自奉命以來，公忠體國，殫竭悃忱，紀律嚴明，行軍甚速。途次沖風冒雪，晨夕馳驅，兼辦一切諮詢機務，刻晷鮮暇，常至徹夜無眠。今日披覽來奏，甫入川境，馬匹遲誤，減從星發，竟至步行。苟非一秉丹誠，心堅金石，安能若是？將來迅奏膚功，自當優議酬庸之典。而目前之勞瘁，實屬超倫，著交部從優議敘。』部議晉太子太傅，特命加太保，仍加軍功三級」（《欽定八旗通志》卷一四四《人物志二十四》）。

本年，吳江徐大椿刻所著《樂府傳聲》。

南昌上演曹寅舊所編詆毀農民起義的《虎口餘生》雜劇，張九鉞作紀事詩加以渲染。

浙江沈廷芳在泰安序刻《南雷文定》第五集。

鎮洋畢沅始從元和惠棟問學。

浙江袁枚解江寧縣知縣職，以宦囊所得在南京小倉山營隨園成，作《隨園記》。

安徽劉大櫆以方苞薦，館江陰學院。

浙江商盤此際旅金陵，以詩題《桃花扇》。

江西蔣士銓在京試挫，與九江榷使唐英同南還。

華亭黃之雋死，年八十一。

儀徵汪端光（劍潭）生。

【本事】是年，趙翼因去秋「試鄉闈，報罷」，鄉居無聊，心緒不佳。

《苦雨》：「事有不如意，韶華夢裏過。一春晴日少，三月落花多。空擬乘吳榜，誰能挽魯戈。遙山亦含悶，煙際蹙修蛾。」（《甌北集》卷一）

【按】吳榜，本指船槳，划船工具。語出屈原《九章·涉江》：「乘舲船余上沅兮，齊吳榜以擊汰」。然聯繫下句「誰能挽魯戈」來看，似有隱指鄉

闈落榜之意。魯戈,暗用魯陽揮戈使太陽回返之典故。《淮南子・覽冥訓》:
「魯陽公與韓構難,戰酣,日暮援戈而撝之,日為之反三舍。」魯陽,
為戰國時楚之縣公。用此典,意謂無力迴天。《甌北集》將此作編在乾隆
丙寅(十一年,1746)至戊辰(十三年,1748)之間。然揣其詩意,似
寫於本年春日。姑繫於本年,以俟考證。

《新霽同杏川諸人散步》:「積雨江村綠漸稠,喜逢霽景豁吟眸。春留紅
藥拖殘尾,雲放青山出一頭。聲在樹間禽姓杜,香尋花底蝶為周。村翁莫笑
貪兒戲,我是人間馬少游。」(《甌北集》卷一)

【按】揣其詩意,亦似寫於本年春日。馬少游,乃漢代名將馬援之從弟。
《後漢書》卷二四《馬援傳》載曰:「從弟少游常哀吾慷慨多大志,曰:
『士生一世,但取衣食裁足,乘下澤車,御款段馬,為郡掾史,守墳墓,
鄉里稱善人,斯可矣。致求盈餘,但自苦耳。』上一年,甌北弟殤,本
人又秋闈報罷,再操持婚事,不可能作此曠達語。故繫於本年春。

夏日,趙翼外出,與一女相值,款以飯菜,使其感激不已。

《一飯》:「何許憐才意,青裙摘露葵。殤如分瀨女,食豈乞歌姬。蹟敢
疑求牡,情逾烹伏雌。貧賤身易感,一飯報何時?」(《甌北集》卷一)

【按】此處暗用伍子胥典故。《吳越春秋》卷二《闔閭內傳第四》記載,「子
胥等過溧陽瀨水之上,乃長太息曰:『吾嘗饑於此,乞食於一女子,女子
飼我,遂投水而亡。』將欲報以百金而不知其家,乃投金水中而去。有
頃,一老嫗行哭而來,人問曰:『何哭之悲?』嫗曰:『吾有女子,守居
三十不嫁,往年擊綿於此,遇一窮途君子而輒飯之,而恐事泄,自投於
瀨水。今聞伍君來,不得其償,自傷虛死,是故悲耳」。知趙翼曾有女子
贈飯之經歷,故念念不忘。

秋,或為尋覓生計,往遊無錫,亦藉以遣悶懷。

冬季某月,妻歸寧。趙翼暮歸,始知棉被為偷兒竊取。

《冬夜布被為偷兒所竊歌》:「歲事逼人暮不歸,荒村燈火猶鳴機。到家
欲睡忽失被,偷兒已去月在幃。起看書簏亦狼籍,破硯未碎紙亂飛。此中那
得有長物,知汝應笑所願違。可憐布衾冷於鐵,補綻已似百衲衣。明朝還擬
入質庫,不敢禦寒聊救饑。忽經肱篋卷而去,晨炊何以供親闈?黃虀半瓶幸
無恙,手自藏護謹掩扉。夜闌無人三歎息,不謂黔婁尚遭竊。恃陋不備吾誠
疏,擇肥不暇汝亦亞。忍寒翻自笑多貲,為有青氈盜乃窺。今朝一絲真不掛,

好作袁安臥雪奇。」（《甌北集》卷一）

本年，作《東坡洗硯池歌》。

【按】據《甌北詩鈔》「七言古五」《東坡洗硯池歌》佚名評語：「此先生
廿二歲所作也。後此池從蔣氏宅移出城外艤舟亭，先生又有詩，皆刻在
《甌北集》，今《詩鈔》補刻一首。」知是詩當作於本年。

乾隆十四年己巳（1749）　二十三歲

【時事】　正月，命經略大學士傅恒班師回朝。「十四年正月，命班師，召傅恒
還朝。諭曰：『金川用兵一事，朕本意欲禁遏兇暴，綏緝群番，並非利其人民
土地。而從前納親、張廣泗措置乖方，屢經貽誤。是以特命經略大學士傅恒前
往視師。傅恒自奉命以至抵營，忠誠勞勩，超出等倫，辦事則鉅細周詳，鋤奸
則番蠻懾服，整頓營伍則紀律嚴明，鼓勵戎行則士氣踴躍。且中宵督戰不避風
雪，擊碉奪卡大著聲威，誠克仰副委任。朕思蕞爾窮番，何足當我王師？經略
大學士傅恒乃中朝第一宣力大臣，顧因荒徼小丑久稽於外，朕心實為不忍。即
使擒獲渠魁，掃蕩巢穴，亦不足以償勞。此旨到日，傅恒著即馳驛還朝。』尋
詔封傅恒一等忠勇公，賞給紅寶石帽頂，四團龍補褂」（《欽定八旗通志》卷一
四四《人物志二十四》）。二月，莎羅奔降，金川平。「二月初四日，莎羅奔、
郎卡除道營門外設壇，翌日，率眾降。傅恒升帳受之。莎羅奔等焚香作樂，泥
首請罪，誓遵六事：無犯鄰封，歸土司侵地，獻馬爾邦凶酋，資送內地人，納
軍械，供徭役。傅恒傳旨赦其罪。莎羅奔等獻傅恒佛像一，白金萬。卻其金不
受」（《欽定八旗通志》卷一四四《人物志二十四》）。至凱旋日，又「命皇長子
率諸王大臣等郊勞。既至，上御殿受賀，行飲至禮。賜傅恒詩曰：『卡撒功成
振旅歸，昇平凱宴麗晴暉。兩階干羽欽虞典，六律宮商奏采薇。湛露應教頒幕
殿，甘膏更慶遍春畿。持盈保泰咨同德，偃武修文凜勑幾。』又諭曰：『朕賜
大學士忠勇公傅恒四團龍補服，先經大學士傅恒奏請於朝賀大慶之日遵旨服
用，尋常仍用公品級補服。朕諭以入朝、入部辦事姑從所請，以成謙挹之美。
今日朕升殿禮畢後，大學士即易補服。朕思章服之榮，原以旌有功而勵臣節。
從前勳舊大臣蒙賜者，皆時常服用。若僅用於朝賀典禮之時，而尋常入朝又旋
易本爵服色，殊覺參差非禮。嗣後入朝著即遵前旨，時常服用。其入部及在家
聽其自便，以終成大學士之謙吉。』尋勅照勳臣額亦都、佟國維例建宗祠祀。

傅恒曾祖哈什屯、祖米思翰、父李榮保春秋官為致祭，追諡李榮保曰莊恪。賜傅恒第東安門內。落成賜詩曰：『嫖姚賜第落成新，歌凱歸來得意春。上將鷹揚今奏績，諸軍梟藻久懷仁。收芊君子熊羆夢，畢駭酋塗匍匐臣。從此坐調熙世鼎，敷予教澤萬方均。』」（《欽定八旗通志》卷一四四《人物志二十四》）。

十月，乾隆帝欲允江南士紳之請，初擬於辛未年春日南巡。「諭大學士等江南督撫，以該省紳耆士庶，望幸心殷，合詞奏請南巡。朕以鉅典攸關，特命廷臣集議。今經大學士、九卿等援據經史，且仰稽聖祖仁皇帝六巡江浙，謨烈光昭，允宜俯從所請。朕念切民依，省方問俗，郊圻近省，不憚躬勤鑾輅，江左地廣人稠，素所厪念。其官方戎政、河務海防與凡閭閻疾苦，無非事者，第程途稍遠，十餘年來，未遑舉行。屢常敬讀聖祖實錄，備載前後南巡，恭侍皇太后鑾輿，群黎扶老攜幼，夾道歡迎，交頌天家孝德，心甚慕焉。朕巡幸所至，悉奉聖母皇太后遊賞。江南名勝甲天下，誠親掖安輿，眺覽山川之佳秀、民物之豐美，良足以娛暢慈懷。既詢謀僉同，應允從所請。但朕將以明年秋幸五臺，經太原，歷嵩、洛、趙、魏，回鑾已涉多令，南巡之舉，當在辛未年春正我聖母六旬萬壽之年也。將見巷舞衢歌，歡騰獻祝，稱朕以天下養之至意，上以廣承歡之慶，下以慰望幸之忱，益深嘉悅。屆期諏吉，以聞嚮導人員。朕酌量先期簡派前往清蹕，所至簡約，儀衛一切出自內府，無煩有司供億。至行營宿頓，不過偶一經臨，即暫停亦不踰旬日。前歲山左，過求華麗，多耗物力，朕甚弗取，曾經降旨申飭。明歲晉豫等省以及江南，俱不可仿照。至名山古蹟，南省尤多，亦祇掃除潔淨，足備臨觀而已，毋事崇飾。倘有頹圮，隨宜補葺，悉令動用官項，但當據實，不得任有司浮冒。其民間張燈結綵，聖祖嘗以為戒，載在方冊，宜共恪遵，其慎勿以華侈相尚。所司通行曉諭，其一切應行典禮，著照所議行」（《清朝通典》卷五六《禮‧嘉六》）。本月末，諭責山西巡撫阿里袞保舉參將傅謙為「私心窺測」。略曰：「阿里袞自其兄訥親獲罪之後，時時多懷疑慮，其居心大非前比。朕之加恩傅謙兄弟者，乃因孝賢皇后加恩，並不因其為大學士公傅恒之兄弟也。即傅恒之加恩，亦由於皇后，而況其兄弟乎？朕為天下主，何事非秉至公，何事能逃明鑒？而謂大臣能交結黨羽，懷挾私嫌，分別門戶，是乃自干罪譴耳。」（《清通鑑》第八冊）《清史稿‧阿里袞傳》還載，帝將巡五臺，阿里袞奏請於臺懷建行宮、於太原巡撫衙署增建群室事，俱遭拒、受切責。阿里袞乃訥親之弟。十一月，命梁詩正兼管禮部尚書，命刑部尚書汪由敦署協辦大學士，以劉統勳為工部尚書。（《清史稿》卷一一《高宗紀》）十

二月，「大學士張廷玉致仕將歸，乞皇上一言爲配享太廟券，謝恩不親至，傳旨令廷玉明白回奏。次日廷玉早入朝，諭曰：『昨朕命寫諭旨時，大學士傅恆及汪由敦承旨，而汪由敦免冠叩首奏言，張廷玉蒙聖恩曲加體恤，終始矜全。若明發諭旨，則張廷玉罪將無可逭，此已見師生捨身相爲之私情。及觀今日張廷玉之早來，則其情顯然。若將二人革職交王大臣質訊，未有不明者。軍機重地，顧師生而不顧公議，身爲大臣，豈應出此。汪由敦著革去協辦事務，留尚書任贖罪，以觀後效。』」（《清代七百名人傳》）。

本年，南匯吳省欽作《水車》詩，講述當時水車形制。

山陽程晉芳作《懷人詩》十八首，記與吳敬梓、杭世駿、史震林、吳玉搢、程茂、邱謹等人交誼。

青浦邵玘此際客商丘，以詩記商丘劉氏於壯悔堂遺址上演《桃花扇》，標榜風流事。

華亭黃圖珌著《雙痣記》傳奇。

安徽戴震著《爾雅文字考》十卷。

長洲褚廷璋、褚寅亮、青浦王昶、嘉定錢大昕、上海張熙純、南匯吳省欽等先後在蘇州紫陽書院從常熟王峻學。

長洲沈德潛解京職歸，在虎丘塔影園作會。

安徽方苞死，年八十二。

浙江沈廷芳作《方望溪先生傳》。

【本事】初春，欲入京謀取功名，與同窗友杭杏川、杭白峰等話別。

《舊譜》：「先生年二十三。失館無以自給，乃襆被入都，才名一日動輦下。」

《將入都留別杏川白峰諸同人》詩曰：「卯角交遊忽各天，河梁攜手倍情牽。春來南浦銷魂地，人在東風送別船。此去誰招徐稺榻？臨分重鼓伯牙弦。只應旅館相思夜，酒醒燈殘一泫然。」（《甌北集》卷二）

與族孫敷廷同乘運租船往京師，途經揚州。

《北行》：「東風吹客上扁舟，千里郵程聽棹謳。我歎賣文難養母，人言投筆好封侯。身如蕭寺初行腳，世有歐門或出頭。慚愧古人躬負米，不曾輕作遠方遊。」「昔賢出具濟時功，自顧何人也熱中。世有我如滄海粟，身爲客聽布帆風。畫師丹粉知誰賞，村女梳妝恐未工。漫擬買琴輕一碎，本無才可動群公。」「鐵甕城邊漲沒堤，長年戒櫓候潮雞。愧無書畫扁舟興，來與江山

健筆題。雁自南回人亦北，水流東去我偏西。書生命賤風濤慣，敢望江神戢浪低。」「天涯飄蕩與誰親，幸有韓湘共夕晨。折柳亭邊千里路，運租船上一家人。黔驢技恐徒貽笑，冀馬群原有識真。等是孤兒須努力，衰宗門户久難振。」（《甌北集》卷二）

【按】詩既言「我歎賣文難養母，人言投筆好封侯」，知此次北往，實乃饑寒所驅，寄望於主司或能識賞，「世有歐門或出頭」，但又擔心「村女梳妝恐未工」，此去前程未卜，憂心忡忡如是。敷廷，即趙炯辰。趙翼《族孫敷廷傳》謂：「族孫炯辰，字敷廷，一字春圃。父作梅，早歿，敷廷才四歲。母楊孺人，矢志撫孤。六歲，就鄉塾，穎悟異常兒。及長，工舉業，每一篇出，人爭傳誦，顧試有司，輒不利。歲己巳，與余同入京，冀寸尺進。無何，得危疾，四閱月，幾不起。楊孺人聞之，親跋涉來視，幸已瘳，遂母子相攜歸。歸十餘年，壬午復入京，援例以太學生將應京兆試，適余分校，以迴避不得入場。迨乙酉，始就試，試復報罷。乃絕意進取，歸而養親課子，不問門以外事。然文譽素著，後生之執經請業者，趾相接也。楊孺人年高，敷廷孝養備至。嘗侍疾，至嘗糞以驗增減。孺人沒，年八十一，敷廷亦將六十矣，猶哀毀幾不勝喪，人咸以為難。平居恂恂寡言笑，出氣惟恐傷人，然人無不知為端人正士。卒之日，數十里俱為歎息。嗚呼！此可以得其為人矣。生於雍正甲辰七月十三日，卒於乾隆庚戌七月二十五日，年六十七歲。配劉氏，有賢德。子昆吾，孫洪籌、洪聲，皆能以學行世其家。余與敷廷本疏族，以同入京，羈旅中相依為命，遂不啻骨肉之愛。當其臥病僧寺時，余方客授一大僚家，日有館客，不能伴孤寂。惟每夕至寺中，一燈相對，救療無術。家鄉在數千里外，舉目蒼茫，偶商及身後事，各嗚咽不能出聲。此景至今猶歷歷在目也。」（《西蓋趙氏宗譜・藝文外編》）

至揚州後，改附一貴人舟之柁樓欲北上。因其人酬應冗遝，連日泊舟於此，困頓無聊，遂賦詩遣懷。

《至揚州附一貴人舟柁樓意當速行也孰知其酬應冗遝累日不發詩以遣悶》：「看竹何須問主翁，一帆聊欲借樵風。豈知附尾蠅貪捷，恰遇纏腰鶴未豐。柔櫓靜依春水綠，高桅閒掛夕燈紅。平山堂下鶯花路，贏得清遊遣客窮。」「哀哀錢刀擁賈胡，干卿甚事也奔趨。何當班列披香客，翻自身同逐臭夫。名紙茜紅書大字，軒車油碧蕩流蘇。有人冷眼從旁看，不禁攢眉倒一壺。」（《甌

北集》卷二）

　　另賦有《揚州雜詠》（《甌北集》卷二）（小注：附舟不發，株守河干，閒徵故事，以消永日）組詩，凡《東閣梅》、《闍黎鐘》、《街卒報》、《廣陵妖》、《朱瑾墓》、《金帶圍》、《平山堂》、《梨花槍》、《李制置》、《康山》、《草衣道人》、《梅花嶺》等十二首，分詠唐代王播、杜牧、朱瑾、宋代名宦歐陽修、兩淮制置使李庭芝、明代正德朝狀元康海及晚明史可法諸人事。中曰：「區區腐鼠豈足嚇，丈夫未遇固有窮」（《闍黎鐘》），「乃知愛士有如此，不覺感愧涕滿頤」（《街卒報》），「韓公自有晚香圍，寧藉俗豔垂光輝？」（《金帶圍》）可見其當時之心志。

經邵伯埭。

　　《邵伯埭》：「謝傅旌麾地，民居尚水涯。名傳遺愛在，湖納眾流皆。一岸高於屋，千艘列作街。湯湯運河水，從此泝長淮。」（《甌北集》卷二）

　　【按】邵伯埭，在江蘇江都縣北四十五里，邵伯湖側，瀕臨運河，亦曰邵伯堰，即晉之步丘。《元豐九域志》卷五：「邵伯堰，按《晉書》：謝安鎮廣陵新城，築埭於城北，後人思之，因名為邵伯埭，即此堰也。」《欽定大清一統志》卷六七《揚州府二》：「邵伯埭，在甘泉縣北邵伯鎮。下閘西岸相近有邵伯小壩，又有黃金壩在縣東北，皆官河曲折處。」

行經高郵道中，覽露筋祠。

　　【按】露筋祠，在江蘇高郵縣南，邵伯鎮北三十里，俗稱仙女廟。祠高郵貞女。唐段成式《酉陽雜俎》續集卷四謂：「相傳江淮間有驛，俗呼『露筋』。嘗有人醉止其處，一夕白鳥咕嗋血滴，筋露而死。據梁江德藻《聘北道記》云，自邵伯埭三十六里至鹿筋，梁先有灘。此處足白鳥，故老云有鹿過此，一夕為蚊所食，至曉見筋，因以為名。」宋米芾《露筋祠碑》言，有女子露處於野，義不寄宿。回家為蚊所嚼，露筋而死。後人於其地立祠以祀。明張萱《疑耀》卷四《露筋廟辯》條謂：「今高郵州露筋廟，世傳有兩女子過此，遇夜，一女入宿於人家，一女貞潔不肯入宿，宿於門外，遂為蚤蚋所嚼，抵曉露筋而死。余嘗疑之，蚤蚋雖猛，豈能嚼人至死？此女即貞潔，亦豈能忍受此蚤蚋不自搏拂耶？偶閱《酉陽雜俎》，乃云江淮間露筋驛，乃一醉人宿其處，為蚤所嚼。江德藻《北道記》：邵伯閘露筋，梁故老云有鹿過此，一宿為蚤所食，至曉見筋。則今所云貞女露筋者，乃後人傅會以惑人也。第淮揚之間，俗涉溱洧，後人傅會

露筋以爲貞女，夫亦有所風耶？」宋歐陽修《憎蚊》詩略謂：「嘗聞高郵間，猛虎死凌辱。哀哉露筋女，萬古讎不復。」（《文忠集》卷三）查愼行《過露筋祠下》詩曰：「舊是鹿筋梁，何年祀女郎。至今留廟貌，考古實荒唐。曉氣蛙魚國，秋聲蚊蚋鄉。人家葦花裏，放鴨滿陂塘。」（《敬業堂詩集》卷四二）趙翼經此，有《題露筋祠》（《甌北集》卷二）詩。

至淮陰，遊釣臺、天祀宮等名勝，晚宿河堤舟中。

《淮陰釣臺》：「遺蹟長淮一釣臺，常令過客此徘徊。蕭曹內本無君坐，雲夢間還謁帝來。與噲伍憐魚服困，假齊王伏狗烹災。千秋此獄雖翻案，留作人間弔古哀。」「胯下誰憐早不群，布衣忽漫得風雲。登壇何減隆中對，背水寧同灞上軍？賤日流離艱一飯，時來功業陋三分。英雄也自論遭際，敢歎寒酸尚賣文。」（《甌北集》卷二）

【按】釣臺，在淮安古城（今楚州區）北，其鄰爲漂母祠，在蕭湖之濱。明萬曆年間建，相傳爲韓信釣魚處。甌北此詩，似借詠韓信事而自泄塊壘。《舟宿河堤》稱：「短策干誰虛席左，長安樂且出門西」（《甌北集》卷二），亦頗多前程未卜之慮。

另賦有《天妃宮》長詩，並對天妃之身世略作考訂，可見當時之風氣。

【按】《明史》卷八五《河渠三・運河上》：「清江浦河六十里，陳瑄濬至天妃祠東，注於黃河。」此處水口稱天妃口，並建有天妃廟口石閘。據此可知，清江浦建有天妃廟。趙翼詩中所寫，或即此處。清江浦，即今江蘇淮安市淮陰區。

路經宿遷（今江蘇宿遷）。

《宿遷道中》：「渡河風景異，鄉思已如麻。熱落枯腸飯，糊塗滿面沙。村居多草屋，陸路有蓬車。回首江南路，茫茫雲樹遮。」（《甌北集》卷二）

泊舟微山湖堤側，候開閘始能啟行，俟暇，憑弔張良祠。晚漫步於湖堤。

《守閘》：「連朝上水船，正歎行不疾。忽然數尺水，平地瞿塘出。甃石束作門，懸板緪以絏。啟閉有定期，未可寸步軼。遂使千百艘，傍岸排一一。戢若雁齒齊，編若魚鱗密。有帆不得掛，檣竿空似櫛。可憐好順風，束手竟坐失。明朝開閘去，風又恐未必。」「閘吏未入流，僅隨簿尉肩。一朝權在手，啟閉得自專。偶逢相識人，賣情示周旋。先放一兩版，特送此一船。鄰船不解事，意欲隨之前。稍稍移楫上，早被健卒鞭。先生卷書坐，戒勿貪爭先。吏方以閘豪，如握大將權。」「一兩日一閘，一閘四五里。可憐坐船客，株守

愁欲死。卻看眾水手，熟睡正酣美。既免趼生足，何取肉消髀。等是一路人，中懷異悲喜。同床乃各夢，事固有如此。」「我行本無急，隨地可暫留。其奈有閘處，絕少景色幽。茅屋數十家，囂聲沸眾咻。布簾賣燒春，亦復當酒樓。了無可散步，坐歎囚山囚。閘口版微蟀，涓滴泄細流。其下接水魚，戢戢千萬頭。身長不盈寸，自視如蛟虯。居然江湖樂，跳擲隨輕漚。因之一笑粲，也抵濠濮遊。」「一聲閘版開，循序乃可上。誰何稱健者，挐舟氣跳蕩。伺隙凌前舟，前舟那肯讓。相持不相下，轉自生阻障。斯須漕艘來，孰敢與之抗？退避仍艤檣，袖手坐相向。待其尾尾過，上流已減漲。閘吏忽封閘，又俟明朝放。」（《甌北集》卷二）

《柁樓戲題》：「貧客出門但附舟，官艙不住住柁樓。身雖長不滿七尺，樓高四尺我則修。會須盤膝作枵卷，未免鞠躬如釣鉤。跔跋足學老僧結，病瘦軀比丈人挈。傴瘋疑入輿櫬臥，刺促訝同檻車囚。吟詩偶到得意處，忽起不覺篷打頭。古人舫齋貯書畫，亦有船屋狎鷺鷗。綠簑青篛可乘興，茶竈筆床堪尋幽。胡爲我獨囚彎曲，爲籠中鳥圈中牛。臨風俯仰忽自笑，此安足爲壯士羞。世間何限折腰拜，人前儘有低眉求。我雖矮簷暫託宿，放眼自可凌滄州。況餘湯和據脊勢，兼少范瘂騎危愁。眺遠便當車四望，憑高更抵閣六浮。何須越中行晚飯，恰似天上坐春流。樓下官艙貴客在，且勿嗤我巢睫謀。元龍湖海氣百尺，終在君等頂上游。」（《甌北集》卷二）

《微山湖堤晚步》：「野色青於染，春流滑似膏。風塵千樹亞，浪卷半湖高。落日明鴉背，平沙沒豕豪。翻因觸相思，彷彿我東皋。」（《甌北集》卷二）

又作有《張子房祠》詩。

【按】由上述諸詩，可知其附舟北上路途之情狀。據《沛縣志》卷四《運河》記載，沛境內留城北十二里有謝溝閘，又十里乃下沽頭閘，又北十五里爲中沽頭閘，又五里是上沽頭閘，又七里是金溝閘，又十里至沛縣城東。隆慶元年，新河開掘，自留城以北建留城、馬家橋、西柳莊、滿家橋、夏鎮、楊莊、珠梅等閘。《守閘》詩稱「一兩日一閘，一閘四五里」，或指這一帶水上行走之情狀。《乾隆徐州府志》卷八稱，留侯廟，一在府北留城，一在子房山。子房山在徐州城東，距運河較遠，無此可能。《沛縣志》（卷六）稱，留侯廟後由留城遷至縣東南三十里里仁集。元陳孚《留侯廟》謂：「留城古祠今千載，碧蘚溜雨眠斷碣。」（《元詩選》二集卷六）

知留侯廟元時尚在留城。遷至里仁集，當是元以後之事。趙翼經行，或
是這一帶，姑繫於此。

至汶上縣境，覽分水龍王廟。

《分水龍王廟》：「一水分南北，中疑有轉輪。地應天下脊，我亦路歧身。
長策潘從事，精心汶老人。如何來往客，但解祀龍神？」（《甌北集》卷二）

《舟行絕句》：「過盡閘門三十六，順流方快滑於油。誰知河路如弓曲，
又遣團團作磨牛。」「才得收篷又掛篷，轆轆忙煞老艄公。清吟不記河流轉，
只道朝南暮北風。」（《甌北集》卷二）

《即景》：「野田有砂有礫，村屋半草半泥。雞如鳥能上樹，馬可當牛駕
犂。」「燒春酒釀棗梨，薄夜餅包蔥韭。炊飯火燃炕頭，灌田水汲井口。」「罩
髮女騎驢背，其夫欣為執鞭。拾通兒逐馬尾，其父快於積錢。」（《甌北集》
卷二）

【按】《明史》卷八五《河渠三》：「曰分水者，汶水派也，泉百四十有五。」
《清史稿》卷一二七《河渠志二》：「南陽湖北之新店閘、華家淺、石佛
閘、南旺閘，分水龍王廟化之。劉老口、袁口閘，處處淤淺，或數十丈
至百餘丈，須一律挑深。」分水，當在山東汶上縣城西南十九公里南旺
鎮附近。龍王廟坐落於南旺古運河西岸，面對素稱「水脊」的汶河、運
河交彙之處，故得「分水」之稱。《欽定大清一統志》卷一三〇《兗州府
二》謂：「在汶上縣西南六十里南旺湖上，運河西岸。汶水自戴村壩轉西
南流，至廟前南北分流。明初建廟於其上以鎮之。天順二年，主事孫仁
重修，學士許彬有記。今春秋秩祀，乾隆三十年、三十六年、四十一年、
四十五年、四十九年聖駕東巡，俱有御製分水龍王廟詩。」趙翼於此賦
有詩作多首。

泊舟泊頭鎮（今河北省泊頭市）河堤之側。

《泊頭鎮即目》：「曲曲圍牆短短籬，黃塵和粉點臙脂。春來北路稀花事，
人在東風學柳絲。枉自數錢工姹女，方將乞食到歌姬。河干小泊超神觀，欲
笑阿難被咒時。」（《甌北集》卷二）

【按】《欽定大清一統志》卷一六《河間府二》謂：「泊頭鎮，在交河縣東
五十里，衛河西岸，有城，商賈環集，有管河通判、主簿駐此。舊有泊
頭鎮巡司，今裁。」為交通要衝，今已建為市。

入都，依外舅劉午岩館舍，敷廷旅途勞累，病臥僧寺。四閱月，幾不起，

後病稍愈，遂南歸故里。

《入都依外舅劉午岩先生館舍》：「倦羽飄颻得暫投，蕭齊燈火話羈愁。我來客路誰青眼？公在名場已白頭。五畝何時乘下澤，一壺還仗引中流。旁人不識饑驅出，只道從師負笈遊。」「辛苦蟲魚手自箋，公車曾載牘三千。病猶作客因賢主，老不趨時讓少年。箧裏一經垂就業，畫中二頃未成田。憐公已是依人廡，我又依公似拇駢。」（《甌北集》卷二）

《敷廷病臥僧寺》：「旅食愁方劇，那堪病日增。參苓爐沸火，溲溺被凝冰。連日鴉鳴屋，殘更鼠瞰燈。老僧催徙寓，久已不能興。」「作文空罵鬼，翦紙擬招魂。客已催喪具，醫誰識病根。深愁孤子絕，況有老親存。亦自知危篤，喃喃囈語昏。」「病憐渠伏枕，來是我同航。命比蛩蛩倚，家猶燕燕望。可憑慚似几，相守但聯床。剩有呼號切，投箋卜藥方。」（《甌北集》卷二）

《送敷廷歸》：「才欣病起又離愁，相送那禁淚迸流。歸處正當吾故里，來時況與汝同舟。情深疎屬如同氣，身在微名且緩謀。獨有青衫憔悴客，天涯依舊貫胡留。」「病軀寧易說歸耕，點鬼場邊幾度行。莊舄吟聲孤客痛，子瞻死信舉家驚。扶藜命託平頭杖，煨藥功分折腳鐺。今別還愁從夢寐，臨歧執手重分明。」（《甌北集》卷二）

【按】甌北詩對午岩遭際頗多同情。「憐公已是依人廡，我又依公似拇駢」句，亦在抒寫個人之感喟。詩題下小注：「時先生客於宮保尹公第。」知劉午岩時客尹公幕。此處之尹宮保，當爲尹繼善。《清史稿》卷三○七《尹繼善傳》載曰：「（乾隆）十三年，入覲，調兩廣，未行，授戶部尚書、協辦大學士、軍機處行走，兼正藍旗滿洲都統。未幾，復出署川陝總督。嗣以四川別設總督，命專督陝、甘。大學士傅恒經略金川，師經陝西，上獎尹繼善料理臺站、馬匹諸事，調度得宜。十四年，命參贊軍務，加太子太保。」劉午岩即劉鳴鶴。劉鳴鶴曾入川陝總督尹繼善幕，生平見本譜乾隆十二年考述。而劉鳴鶴寄寓尹府，恰在這一時段，與史書所載相合。又《舊譜》乾隆十二年，「會薦舉宏博，廩生劉皋聞公鳴鶴托府教授趙公永孝擇婿，教授公遂以先生應。是冬完姻」。其外舅爲劉鳴鶴，故午岩當爲鳴鶴之號。外舅，即妻父，猶言岳父。敷廷，即趙炯辰。見本譜本年考述。又，《甌北集》卷二五《寄慶兩峰觀察蕪湖》「東閣丹鉛共讀書，回頭已是卅年餘」句下注曰：「己巳、庚午間，余客君家頗久。」知此二年，甌北寄寓尹繼善第時間較長。

客劉統勳府，纂修《宮史》，得與統勳長子墉（字崇如，號石菴）、次子堪（號穆菴）結識。《岣嶁碑歌偕劉穆菴孝廉作》、《賀穆菴納妾》（《甌北集》卷二）諸詩作於此時。

《舊譜》：「劉文正公統勳時爲總憲，即延先生於家，纂修《宮史》。」

【按】《甌北詩鈔》「五言古四」所收《六哀詩·故相劉文正公》略曰：「我昔客公家，每飯共素几。得習聞緒言，披豁無城壘。欲以身作霖，先恃心如水。此段得力處，竊幸窺根柢。公家子敬書，臨池擅絕技。我嘗摹仿之，公笑頗形似。後公贊樞廷，我又供役使。及辛巳對策，恐坡識李廌。私改舊筆蹟，另作率更體。公果不及知，拔之冠多士。大魁雖旋失，虛名自茲起。士當貧賤日，每恨無知己。何期爨下薪，蒙賞斲焦尾。馬既顧空群，蠅不煩弔死。此情何能忘，回首淚瀰瀰。」可知甌北當時客劉府之生活狀況，以及對劉統勳之感念之情。《清史稿》卷三〇二《劉統勳傳》：「（乾隆）十三年，命同大學士高斌按山東賑務，並勘河道。時運河盛漲，統勳請濬聊城引河，分運河水注海。德州哨馬營、東平戴村二壩，皆改令低，沂州江楓口二壩，俟秋後培高，俾水有所泄。遷工部尚書，兼翰林院掌院學士，改刑部尚書。」劉時任刑部尚書，故稱總憲。《清代七百名人傳·劉統勳》亦謂，統勳於乾隆十四年十月，充國史館總裁。十二月，遷工部尚書。十五年七月，兼管翰林院掌院學士，八月遷刑部尚書。據此，趙翼協助劉統勳編《宮史》，當在劉充任國史館總裁之時，亦即本年的十月之後。《舊譜》稱統勳「時爲總憲」，當是記憶有誤。劉穆菴，趙翼作有《岣嶁碑歌偕劉穆菴孝廉作》一詩，然未注明穆菴係何人。《甌北集》卷四六又收有《劉少司馬信芳吾師文正公孫今相公石菴先生從子也來視學江南相見話舊賦呈》一詩，中謂：「家學再傳東閣貴，交情三世北平長。印泥鴻爪談陳蹟，食葉蠶聲聽戰場」，並於「談陳蹟」後注曰：「余客文正公第，嘗賦《岣嶁碑歌》，時公尚未生。今述其事甚悉，蓋家庭間嘗語此也。」據此，知劉穆菴爲劉統勳之子，劉墉兄弟行。然《清代七百名人傳》「劉統勳傳」，僅載「子墉」，未述及其他後人。《清史稿》劉統勳「本傳」，則稱其有二子，長曰墉，字崇如。次子堪，堪之子爲鐶之，字信芳，號佩循。累遷至吏部尚書，加太子少保。其事蹟見《續碑傳集》。可知，堪之號當爲穆菴。又，《與少司馬追述文正公相業及余登第事感賦》中略謂：「我昔客公家，每飯共素几。得習聞緒言，披

谿無城壘。欲以身作霖，先恃心如水。此段得力處，竊幸窺根柢。公家子敬書，臨池擅絕技。我嘗摹仿之，公笑頗形似。」(《甌北集》卷四六)（按：此詩文字與《六哀詩·故相劉文正公》全同。）知與劉墉交往更多，書法且仿其石菴體。朱珪有《喜劉穆菴廉使將至作此代柬》,《聽穆菴說法疊前韻》、《見穆菴令子再疊前韻賀之》(《知足齋詩集》卷五）諸詩，或即此劉穆菴。

乾隆十五年庚午（1750）　二十四歲

【時事】　正月，命張允隨爲東閣大學士，梁詩正爲吏部尚書，命工部侍郎劉綸在軍機處行走。二月，帝奉皇太后西巡五臺，駕發京師，諭扈從大臣：「所有經過地方，車馬僕從，俱著嚴加誡飭，毋得踐踏」(《清朝通典》卷五六《禮·嘉六》)。御史儲麟趾（字梅夫，荊溪人）參四川學政朱荃。荃與大學士張廷玉有連，黷私狼藉，繼母死，以爲父妾，不解任。朝官頗有聞，以廷玉故，隱忍不發。麟趾疏請逮治，語侵廷玉，乾隆帝以是知其伉直。(《碑傳集》卷五七《宗人府丞儲公麟趾別傳》)四月，罷致仕大學士張廷玉配享。起初，因張廷玉爲顧命大臣，以其器量純全，抒誠供職，命他日配享太廟。乾隆十三年，廷玉以老病乞休。上諭曰：「卿受兩朝厚恩，且奉皇考遺命配享太廟，豈有從祀元臣歸田終老？」廷玉言：「宋、明配享諸臣亦有乞休得請者。且七十懸車，古今通義。」上曰：「不然。《易》稱見幾而作，非所論於國家關休戚、視君臣爲一體者。使七十必令懸車，何以尚有八十杖朝之典？武侯鞠躬盡瘁，又何爲耶？」廷玉又言：「亮受任軍旅，尚幸得優游太平，未可同日而語。」上曰：「是又不然。皐、夔、龍、比易地皆然。既以身任天下之重，則不以艱鉅自諉，亦豈得以承平自逸？朕爲卿思之，不獨受皇祖、皇考優渥之恩，不可言去；即以朕十餘年眷待，亦不當言去。朕且不忍令卿去，卿顧能辭朕去耶？朕謂致仕之義，必古人遭逢不偶，不得已之苦衷。爲人臣者，設預存此心，必將漠視一切，泛泛如秦、越，年至則奉身以退，誰復出力爲國家治事？是不可以不辨。」因命舉所諭宣告朝列，並允廷玉解兼管吏部，廷玉自是不敢言去。然廷玉實老病，十四年正月，命如宋文彥博十日一至都堂議事，四五日一入內廷備顧問。是冬，廷玉乞休沐養疴，上命解所兼領監修、總裁諸職，且令軍機大臣往省。廷玉言：「受上恩不敢言去，私意原得暫歸。後年，上南巡，當於江寧迎駕。」上乃許

廷玉致仕，命待來春冰泮，舟行歸里。親製詩三章以賜，廷玉入謝，奏言：「蒙世宗遺命配享太廟，上年奉恩諭，從祀元臣不宜歸田終老，恐身後不獲更蒙大典。免冠叩首，乞上一言爲券。」上意不懌，然猶爲頒手詔，申世宗成命，並製詩示意，以明劉基乞休後仍配享爲例。次日，遣子若澄入謝。上以廷玉不親至，遂發怒，命降旨詰責。軍機大臣傅恒、汪由敦承旨，由敦爲乞恩，旨未下。又次日，廷玉入謝，上責由敦漏言，降旨切責。廷臣請奪廷玉官爵，罷配享。上命削伯爵，以大學士原銜休致，仍許配享。十五年二月，皇長子定安親王薨，方初祭，廷玉即請南還，上愈怒，命以太廟配享諸臣名示廷玉，命自審應否配享。廷玉惶懼，疏請罷配享治罪。上用大學士九卿議，罷廷玉配享，仍免治罪。又以四川學政編修朱荃坐罪，荃爲廷玉姻家，嘗薦舉，上以責廷玉，命盡繳歷年頒賜諸物。(《清史稿》卷二八八《張廷玉傳》) 七月，命劉統勳赴廣東查折半收倉積弊。未幾，汪由敦降兵部侍郎，以劉統勳爲兵部尚書。八月，「四川學政朱荃匿喪賄賣生員事發，部議由敦曾保薦荃，因革職。諭曰：『汪由敦本應革職，但念其人尙勤愼，學問亦優，著在兵部侍郎任內效力贖罪。』尋充順天鄉試正考官」(《清代七百名人傳·汪由敦》)。帝奉皇太后巡幸中州，親登嵩嶽，遣官致祭河瀆、衛水，周、漢帝王陵寢。諭曰：「朕舉行秋狩，觀嶽省方，蓋欲周覽民情，懋登治理。凡地方之利弊、官吏之賢否與夫政令之得失，清蹕所至，日切疇咨。河南地宅土中，素稱淳樸，今值雨暘協應，禾稼告登。巡行之次，親見閭閻望幸，童叟歡欣，而俗尙敦厖，室廬寧輯，朕懷深爲欣慰。顧惟因時保治之方，其權實操之自上，撫臣表率通省，藩臬任寄旬宣，以至郡守牧令，與民愈親，則導民尤切。應仰體朕心，力行善政，敦本訓俗，除慝安良，教養兼施，屏虛文以求實政。其在小民，亦當敦禮讓、務農桑，從儉去奢，力田孝弟，以期共用昇平之福。朕於該省臣民有厚望焉」(《清朝通典》卷五六《禮·嘉六》)。

本年，江寧張堅客九江，在旗籍唐英處做幕，英此年爲刻《夢中緣》傳奇。

常熟王應奎、顧士榮合纂《海虞詩苑》十八卷，有部分成稿。

安徽金兆燕、李葂、吳烺等同館當塗學院。

元和江聲從惠棟學。

江西蔣士銓在南昌，見西洋油畫，作《泰西畫》詩。

武進莊述祖（葆琛）生。

【本事】本年初，趙翼以南籍生員，冒商籍赴天津應試，為長蘆運使葉昱取為第一。學使呂熾按試，取入泮。

《舊譜》：「先生年二十四。以南籍生員，不能試北闈。會有族人在天津業鹽，招往試。商籍運使葉公昱得先生卷，歎為奇才，拔置第一。學使呂公熾按試，取入泮。」

【按】商衍鎏《清代科舉考試述錄》謂：「各省商籍、竈籍之學額，順治時直隸商籍三名，竈籍七名，屬天津府學兼管。山東商籍四名，屬濟南府學兼管。山西商籍十一名，屬安邑縣學兼管。浙江商籍五十名，內撥杭州府學二十名，仁和、錢塘縣學各十五名。廣東商籍七名，屬廣州府學兼管。以上皆十人取一名，康熙、乾隆以後互有增減」，又曰：「學政到任第一年為歲考，第二年為科考，凡府、州、縣之附生、增生、廩生，皆須應考。歲考為學政之主試，限十二月考完，科考為送鄉試之考試。」

《清朝文獻通考》卷四七《選舉一》：「嚴冒籍頂姓之弊，凡生童，有籍貫假冒，姓係偽謬者，不論已未入學，盡行斥革。」「諭旨：朕惟人臣事君，勿欺為本。近來進呈登科錄及鄉會殿試等卷，率多隱匿年歲，以老為壯，以壯為少。國家開科取士，本求賢良，進身之始，即為虛偽，將來行事可知。更有相沿陋習，輕聯同宗，遠托華胄，異姓親屬，混列刊佈，俱違正道。朝廷用人，量才授任，豈論年齒、家世乎？今科進士登科錄及以後各試卷，務據實供寫，其餘陋風，悉行改正。」

學使呂熾（？～1778），廣西臨桂人。《清秘述聞》卷九：「呂熾，字克昌，廣西臨桂人。雍正丁未進士，乾隆九年以工部侍郎任。」《蒲褐山房詩話》：「呂熾，字克昌，臨桂人。雍正五年進士，官至副都御史。」《國朝耆獻類徵初編》卷七九有其小傳。

《赴津門》：「西笑到長安，求官擬唾手。豈知一青衿，易地成棄帚。南庠試北闈，令甲所不受。聞有勞盆籍，遊客借已久。入作黌舍生，可列鄉村耦。爰乘薄笨車，路指丁沽口。潞堤直於弦，津河綠於酒。將為假途行，先防扞關守。詰者嚴誰何，未敢告以某。譬如投秦客，變易姓名走。孟嘗出函谷，夜半作吠狗。曹公誑追兵，黃馬者在後。居然春絮飄，著地又生柳。雖貪奮飛便，終愧詭遇醜。古人重始進，出處戒其苟。聘書卻公卿，移文畏朋友。伊余獨何為，自赴藏疾藪。盜泉不暇擇，渴來飲一斗。蹟如鳩占巢，情類雉求牡。旅枕夢醒時，何地謝恌怩。一笑聊解嘲，比例得八九。徐凝江右

士，赴杭覓舉首。名臣范履霜，亦以朱説取。士窮則躁進，此事古來有。要當期大節，微眚豈足垢。」（《甌北集》卷二）

《津門呈葉東壼運使》：「也隨土著入膠鬵，失一兵仍得一兵。唇舌換如兒學語，姓名變豈客逃生。鵬當北徙貪風便，鵲不南飛羨月明。說與先生應笑絕，幾同火迫鄭侯成。」（《甌北集》卷二）

【按】葉東壼，即運使葉昱，東壼或係其號。《清秘述聞》卷一五：「戶部郎中葉昱，字炳南，江南嘉定人，丙辰進士。」《（嘉慶）直隸太倉州志》卷三一謂：「葉昱，字炳南，八歲就外傅，過目成誦。甫操觚，千言立就。嘗遊唐孫華、張雲章之門，詩古文詞，樸茂典雅。乾隆元年成進士，授戶部主事。丁外艱，服闋，仍在戶部，勾稽考覈，吏不能欺。旋補主事，洊升員外郎中。充《大清會典》纂修官，十三年充會試同考官，用薦授長蘆運使。潔己奉公，商民交頌，三載秩滿，即請告歸，葺鄰家廢園以居，閉門卻掃二十餘載。年八十四卒。為人坦易，工書法，閒寫山水，最善墨菊。」著有《嘉樹園詩文集》、《閒窗志略》、《讀史論鈔》等。（《（嘉慶）直隸太倉州志》卷五六《藝文五》）陸錫熊有《為都運葉東壼先生壽》詩，曰：「早緣經術領儒宗，得路清名達九重。千騎風生左馮翊，六曹班壓大司農。門前棨戟排行馬，天上觚棱夢曉鐘。矗了官身便辭印，蓴鱸秋興五湖濃。」「練圻一碧俯清泠，卜築新開戴笠亭。朝議即煩騰薦剡，州人仍藉識儀型。耆英姓氏推前席，車馬門牆半受經。卻拜履綦重感慨，年來先友劇晨星。」「兩年持節鬂毛蒼，歸騎仍駃使越裝。鹽鐵國門留計劃，鶯花江館待不章。早聞為卜先生壽，投謁應稀大父行。百里未嫌窺閣晚，占星今到潁川鄉。」（《篁村集》卷四）亦可以參看。

秋，應順天鄉試，被取為二十一名，座師為汪由敦。

《舊譜》：「秋應順天鄉試，以《五經》卷獲雋。時頭場《四書》文三篇，經文四篇，其兼試《五經》者，則經各四篇，合《四書》文共二十三篇。先生興酣落筆，一日夜了之。有同號舍之周某，亦試《五經》，而病不能完卷，先生又代草經文五篇。出闈日未午也。座師為休寧汪文端公由敦、少宗伯嵩公壽，房師為刑部員外梁公濟瀘。試《五經》者二場，例增詔誥各一道，先生業古學已久，詔誥獨冠場。文端公知為才士，欲以為解首，因頭場文跡弛，乃改置二十一名。是秋家中有玫瑰一樹，九月中忽發花二十一朵，太恭人異之。及報至，京闈名次適如其數。」

【按】汪由敦《甌北初集序》:「余主庚午京闈,得一五經卷,才氣超軼,兼數人之長。二場所擬詔誥,復極典雅。心知爲才士,亟取入解額,及榜發,則陽湖趙生雲崧也。謁見時布衣徒步,英氣逼人,目光爛爛如岩下電。叩其所學,自秦漢以來詩、古文源流,已皆窺涉津奧,遂延課兩兒子。」

《清朝文獻通考》卷四七《選舉考一》:「考試仍照舊例。初場《四書》三題、《五經》各四題,士子各占一經。《四書》主朱子集注,《易》主程傳,《詩》主朱子本義,《書》主蔡傳,《春秋》主胡安國傳,《禮記》主陳澔集說,二場論一道、判五道、詔誥表內科一道,三場經史時務策五道。鄉會試同。」「又定懷挾代倩之罪。生儒入場,細加搜檢,如有懷挾片紙隻字者,先於場前枷號一個月,問罪發落。如有倩人代試者,倩代與受代之人一體枷號問罪。搜檢員役知情容隱者同罪。場內供應員役,或有預將文字埋藏號舍及出入處所,或巧爲傳遞互相容隱,弊竇不易發覺。又有外簾官與諸生熟識者,格外差送茶湯酒飯入號往來,滋弊難防。監臨宜嚴行禁約,容隱者同罪。各役宜嚴選信實,司門宜改易佐貳,點名必互輪識認,門內執法巡邏,廣加偵伺。臨期,或委能幹官二員專察,諸生領卷尋號時,有在號外停立者,立即扶送監臨詰問,坐定出題。一切簾外員役,不許私入號房,傳送茶湯。其深夜受卷時,監臨委官一員坐堂上,嚴督受卷官分經收卷。有五十卷,即時封號入箱。委官一員坐門內,出必點簽稽察。有卷發簽,簽完必繳,毋使不完者闌出,務令卷數與人數相合,其大門內關防尤宜嚴緊,不許一人闌入,以杜傳遞。」

趙翼座師汪由敦(1692~1758),字師茗,號謹堂,又號松泉居士,安徽休寧人。「幼穎異,讀書目數行俱下。初名良金,十歲就試不售,改今名。徽人商杭者,令甲別立商籍。由敦年十九,遊浙中,循例入試,補錢塘縣學附生,故又爲錢塘籍。時,徐元夢撫浙江,聞其名,延至幕中,繼,元夢入爲工部尚書,由敦以國子監生偕入都。雍正元年,疏薦引見,充明史館纂修官。故事,史局編纂例用詞臣,由敦以諸生被命,時論榮之。二年三月,舉順天鄉試。八月,成進士,改翰林院庶吉士。散館授編修。十年,充日講起居注官。十一年四月,授右春坊右中允。八月,授翰林院侍講。十三年,轉侍讀」,乾隆間,先後任內閣學士、兵部左侍郎、工部尚書、刑部尚書、吏部尚書等職,入直軍機處。「由敦學問淹貫,於書無所不窺,爲文章典重有體,詞約而旨深,少負重望,自

以諸生直史館，當事即以公輔期之。及官翰林，朝廷大製作必屬爲之，一時奉爲矜式。其他碑版序紀及古今體詩，俱爲時所傳誦。有詩文集若干卷行於世。尤嫻歷代掌故，前後考定樂章、祭器、鹵簿及朝會、升祔諸大禮，皆斟酌古今，釐然爲一代制。爲人沈靜寡言笑，喜慍不少見於色。遇事有識，默定於中，不以議論捷給相尙。當群言紛遝，徐出一語，聞者厭心，以爲不可及也。氣度端凝整暇，極倥傯中亦從容不失條理。雖以文學受主知，而簿書、錢穀、刑名、法律之事，亦無不究心焉」。（錢維城《加贈太子太師吏部尙書諡文端汪由敦傳》）另有錢陳群《光祿大夫太子太傅吏部尙書贈太子太師諡文端汪公墓誌銘》，可參看。（《碑傳集》卷二七）

嵩壽（？～1755），禮部尙書希福曾孫，雍正元年進士，選庶吉士，授編修。乾隆間擢內閣學士，官至禮部侍郎。《清秘述聞》卷九：「嵩壽，字茂承，滿洲正黃旗人。雍正癸卯進士，乾隆七年以侍講學士任。」《八旗詩話》：「嵩壽，字茂承，一字雲依，滿洲人。雍正癸卯進士，改庶吉士。散館，授編修。累官吏部侍郎，襲三等子爵，有《以約堂焚餘稿》。掌文柄，日以得佳士爲愉快，與人交推誠仗義，觴詠風流，去古未遠。詩清脫穩適，不求艱澀，惜佳作見遺者多矣。」《欽定八旗通志》卷一五三《嵩壽傳》：「嵩壽，滿洲正黃旗人，大學士希福曾孫。由雍正元年進士改庶吉士，散館授編修。十二年，充日講起居注官，遷侍講。十三年十月，命在上書房行走。乾隆元年六月，轉侍讀。七月，充山西鄉試副考官。十月，同正考官侍講鄒升恒疏言：『京闈鄉、會試，向設內簾監試稽察一切，並點放水柴。外省則皆主考兼理。請照京闈例，增設監試。又墨卷違式，例應貼出，但如撘頭點畫草稿偶有錯落小誤，無關弊竇，請嗣後免貼。』下部議行。二年四月，冊封安南國王黎維禕，嵩壽充正使，賜一品服。三年四月，還京，授陝西學政。九月，擢詹事，留學政任。四年，疏言：『向例歲、科兩試，摘士子所習本經令默寫於四書經藝之後。恐士子徒事記誦，不究經義，請於《四書》經藝外，令作經義一段，其不能講解及背經旨者，生員不列優等，童生入學不列前茅。再，童生有背誦《五經》兼能講解者，書藝平通亦量取，以示鼓勵。』詔如所請。五年，遷大理寺卿。六年十二月，授安徽學政。八年六月，調陝西學政。十二月，疏言：『府、州考試童生，本署向無考棚號舍，無從編

號，諸弊易生。查學政考棚多設府、州本城，且考試必在學臣未按臨之先，號舍桌橙俱備，請府、州即就學棚編號局試。間有學棚設於屬縣者，赴屬縣考試。倘因公事不能往，亦就近擇緊密公所編號嚴防。』部議從之。是月，丁父憂。十三年，授左副都御史，尋遷內閣學士。十四年，頒詔朝鮮。還，擢禮部右侍郎，上書房行走。十五年，兼漢軍鑲白旗副都統。調鑲黃旗，充順天鄉試副考官及武鄉試正考官。十七年，命為經筵講官，尋充會試副考官。十八年，復典順天文武鄉試。先是，希福所立三等子爵，長子奇塔特、孫費揚古、曾孫來仙、雯蔚相繼襲。十九年，雯蔚卒，嵩壽襲之。二十年，卒，賜祭一次。孫增保襲子爵，任頭等侍衛。」《清代人物生卒年表》所收嵩壽，乃生活於咸豐年間，或為另一人。

　　梁濟瀘，《清秘述聞》卷六謂：「解元梁濟瀘，字我東，皋蘭人，乙丑進士。」同書卷一五又謂：「刑部主事梁濟瀘，字我東，陝西皋蘭人，乙丑進士。」

放榜後，入汪由敦府以代筆劄。

　　《舊譜》：「既出榜，文端公知先生所修《宮史》已告成，即延先生於家中代筆劄，凡應製詩文皆先生屬草。」

　　又，《客興》：「京國依人慣，謀生倚捉刀。布衾寒似鐵，名紙散生毛。燈火蟲聲唧，風霜馬骨高。那禁鄉思切，此日正持螯。」（《甌北集》卷二）

　　【按】《簷曝雜記》卷二《汪文端公》：「汪文端公詩、古文之學最深，當時館閣後進群奉為韓、歐，上亦深識其老於文學。歿後，上以詩哭公，有云：『贊治嘗資理，論文每契神。』公之所以結主知者可想已。余自乾隆十五年冬客公第，至二十三年公歿，凡八九年。此八九年中，詩文多余屬草，每經公筆削，皆愜心饜理，不能更易一字。嘗一月中代作古文三十篇，篇各仿一家。公輒為指其派系所自，無一二爽，此非遍歷諸家不能也。」《汪文端師歿已數月，每欲一述哀情，卒卒未暇也。輒直樞曹，閒居無事，甫得和淚漬墨，以詩哭之，凡一千字》略曰：「人物高千古，師生近十年。乘箕歸浩渺，為位哭潺湲。作楫中朝望，和羹內相權。身尊河砥柱，班侍樂鈞天。密勿參溫室，謀猷布細旃。嶽雲千里潤，穀黍一陽旋。廟略絲綸渙，朝章黼黻宣。胸常涵霽月，量莫測澄淵。鎔冶精金煉，迴翔吉羽翩。廷推風度獨，門絕黨援偏。餘事兼風雅，斯文極討研。別裁嚴僞體，孤倡挈真詮。領袖蓬瀛上，淵源漢魏前。尊彝崇法物，

鍾樌考宮縣。清廟朱弦淡，明廷白璧圜。群材趨匠石，巨手斲輪扁。納
履慚初學，陞堂揖大賢。龍門依杖屨，蛾術客丹鉛。蹟爲依劉穩，名叨
說項傳。羽毛邀假借，規矩得周還。杜曲尚書塢，蕭齋弟子氈。林亭規
賭墅，花木麗平泉。鄴架簽論萬，曹倉卷累千。靈函分宛委，寶笈聚娜
嬛。砥室挑燈坐，重簾下榻眠。一瓻奇肯借，三篋秘寧鍵。貧眼驚羅貝，
饑腸飫割鮮。聽遊煙海浩，更指軌塗平。北轍無紆軫，南針有捷阡。殼
中棲鵠矢，視後牧羊鞭。檄命陳琳草，文憑任昉編。每教頻易稿，代擬
未完篇。結構排文陣，淋漓仿筆椽。一裘狐腋集，九曲蟻珠穿。窗紙呼
蠅出，車輪睹虱懸。弗辭三折臂，索解九方歅。點有成金鐵，拋眞引玉
磚。不調還解瑟，得意並忘筌。癢處鳥搔快，瘢痕獺補痊。乙鴻精鑒別，
五雀定衡銓。相賞頻攜酒，從遊或扣舷。門庭高坐獨，絲竹後堂專。……」
（《甌北集》卷六）《五哀詩・故吏部尚書汪文端公》：「東坡出歐門，一
日聲價長。由來士未遇，必藉老成獎。吾師松泉公，一代斗山仰。燕許
大手筆，高名塞天壤。庚午主京闈，余方掉詞鞅。試卷謬見知，遂登京
兆榜。尋招入平津，林亭極疏敞。佳兒付我課，奇書恣我賞。得窺美富
藏，彌擴見聞廣。有時大典冊，副墨命擬仿。初猶不中程，塗竄至三兩。
余矜跅弛才，遭抹欲稱枉。久而益服公，文心戒鹵莽。自此窺津梁，古
學騑駃蕩。一官直樞曹，仍喜侍函丈。入揮製草麻，出扈屬車輞。戎帳
夜對談，有如共績紡。殖學期有源，立品貴無黨。語深忘就枕，每跋殘
燭朗。情同骨肉親，誨極言論讜。無何梁木壞，倀倀吾安放。生平幾知
己，恩況兼教養。」（《甌北集》卷四〇）

冬，考取禮部義學教習。

【按】教習，本爲掌課試之事的官吏。明代即設此官。此指清代官學的教
職人員。順治元年，「酌取京省生員，教習八旗子弟。月給米二斛，以資
養贍。至十二年，令禮部會同國子監於監生中嚴加考試，選補教習。至
十七年，定八旗教習用恩拔副歲貢生，其准貢、例貢，不准考取」（《清
朝文獻通考》卷六四《學校考二》）。康熙二十五年，設景山官學，「將內
廷執事人、閒散人內老成堪爲師長者，不分滿洲、蒙古、漢軍人員，著
挑選九名教習滿書。滿教習，食執事俸米。漢教習，給銀米、衣服等物。
六年限滿，分別勤惰，議敍授官」（《清朝文獻通考》卷六四《學校考
二》）。趙翼藉此一職以充衣食之賫。

乾隆十六年辛未（1751）　二十五歲

【時事】　正月，帝奉皇太后首次南巡。之前，康熙帝已六次南巡，「省方觀民，入疆考績」。乾隆帝值皇太后六十壽誕，「式遵祖烈慶典」，決計南巡。去年十二月，已降旨兩江總督黃廷桂等，又遣嚮導大臣兆惠、努三等前往傳旨，稱「務從儉約，一切供頓，絲毫不擾民間。凡地方大吏，職在旬宣，自能仰體朕心，遵旨辦理。但恐地方有司，奉行不善，或窮鄉僻壤，未及週知。是用再行申諭：各該督撫及所屬官民人等，尚其凜遵前旨，共期撙節，以敦善俗，以導淳風。如所在行宮，與其遠購珍奇、雜陳玩好，不如明窗淨几，灑掃潔除，足供信宿之適也。經過道路，與其張燈懸彩，徒侈美觀，不若荜屋茅簷，桑麻在望，足覘盈寧之象也。閭閻通衢，人煙稠密，正以見懋遷有無之樂。不得因道路湫隘，俾遷移廛舍，或致商民失業也。朕翠華所至，念切民依，惟期宣達群情，勤求治道，上以奉慈顏之悅豫，下以答黎庶之瞻依，凡屬虛文浮費，概宜實力屏除，用光鉅典。其扈從滿漢文武大臣官員侍衛等，皆當奉公守法，不得與地方官往來交際，潛通饋遺。兵丁以及隨從人等，著該管大臣各嚴加約束，經行所至，不得稍有滋擾。春苗遍野，無得踐踏。違者，察出從重治罪。務令白叟黃童，普沾膏澤，共樂恬熙，副朕問俗觀風行慶施惠之至意」（《清朝通典》卷五六《禮·嘉六》）。其實，乾隆帝此次出巡之開銷，據日後江蘇巡撫莊有恭所奏，預備道路、橋梁等類例應報部者，動支司庫正項銀十四萬九千七百九十六兩；名勝、陳設等類不應報部者，動用商捐銀十五萬兩、動用司庫閒款及各屬公幫罰項銀二十六萬八千五百五十五兩；共計五十六萬八千三百五十一兩。（《清通鑑》卷一〇八）二月，入江南境，帝閱高家堰堤工，諭督撫曰：「朕命駕時巡，周覽風俗，觀民察吏，惟日兢兢，三吳尤素所厪念也。粵自我皇祖聖祖仁皇帝，巡幸東南，先後六舉，歷今四十餘年，盛典昭垂，衢謠在耳。頃者入境以來，白髮黃童，攜扶恐後，就瞻愛戴，誠意可嘉。朕已疊沛恩膏，廣敷渥澤。惟念大江南北，土沃人稠，重以百年休養，戶口益增，習尚所趨，蓋藏未裕，紛華靡麗之意多，而樸誠之風轉有未逮。夫去奢崇實，固閭閻生計之常經，而因時訓俗，以宣風而布化，則官茲土者之責也。其尚勵，乃實心以行實政，無忝教養斯民之任。凡茲士庶，更宜各敦本業，力屏浮華，以節儉留其有餘，以勤勞補其不足，時時思物力之艱難，事事惟侈靡之是戒，將見康阜之盛益臻，父老子弟共用昇平之福。朕清蹕所至，有厚望焉。」（《清朝通典》卷五六《禮·嘉六》）此行，「蠲免江蘇累年逋賦二百八十萬有奇，安徽累年逋賦三十萬五千有

奇，浙江本年正賦三十萬兩，經過直隸、山東地方，蠲免正賦十分之三」（《清朝通典》卷五六《禮·嘉六》）。月末，入浙江境，令召試獻賦人員，酌情錄用。諭稱：「夫膠庠之秀，志切近光。其積學有素、文采穎異者，加之甄錄，良合於陳詩觀風育才造士之道。顧工拙既殊，眞贗錯出，理應試之，無使魚目砆碔得混珠玉。尋經分別考試，派大臣閱卷進呈。取中人員，準作舉人，授爲內閣中書學習行走。其原係進士者，授內閣中書，遇缺補用。嗣是乾隆二十二年、二十七年、三十年、四十五年、四十九年，南巡省方，凡進獻詩賦人員，皆考試，選取、錄用如之。」（《清朝文獻通考》卷五〇《選舉考四》）五月，本年會試取吳鴻、劉墉等二百四十人進士出身、同進士出身。調黃廷桂爲陝甘總督，尹繼善爲兩江總督。（《清史稿》卷一一《高宗紀》）令保舉研討經學人員。「保舉經學之陳祖範、吳鼎、梁錫璵、顧棟高，既據大學士九卿公同復核，眾論僉同。其平日研窮經義，必見之著述，將親覽之，以覘實學。在京者交送內閣進呈，其人著該部帶領引見。在籍者行文該督撫，就近取之。朕觀其著述，另降諭旨。或願赴部引見，或年老不能來京者，聽尋。賞給陳祖範、顧棟高，國子監司業職銜；授吳鼎，國子監司業，梁錫璵，額外司業」（《清朝通志》卷七二《選舉略一》）。七月，帝奉皇太后秋獮木蘭，駐蹕避暑山莊。十一月廿五日，皇太后壽辰，「中外臣僚紛集京師，舉行大慶。自西華門至西直門外之高梁橋，十餘里中，各有分地，張設燈彩，結撰樓閣。天街本廣闊，兩旁遂不見市廛。錦繡山河，金銀宮闕，翦彩爲花，鋪錦爲屋，九華之燈，七寶之座，丹碧相映，不可名狀。每數十步間一戲臺，南腔北調，備四方之樂，侲童妙伎，歌扇舞衫，後部未歌，前部已迎，左顧方驚，右盼復眩，遊者如入蓬萊仙島，在瓊樓玉宇中聽《霓裳曲》，觀《羽衣舞》也。其景物之工，亦有巧於點綴而不甚費者。或以色絹爲山嶽形，錫箔爲波濤紋，甚至一蟠桃大數間屋，此皆麤略不足道。至如廣東所構翡翠亭，廣二三丈，全以孔雀尾作屋瓦，一亭不啻萬眼。楚省之黃鶴樓，重簷三層，牆壁皆用玻璃高七八尺者。浙省出湖鏡，則爲廣榭，中以大圓鏡嵌藻井之上，四旁則小鏡數萬，鱗砌成牆，人一入其中，即一身化千百億身，如左慈之無處不在，眞天下之奇觀也。時街衢惟聽婦女乘輿，士民則騎而過，否則步行。繡轂雕鞍，塡溢終日。余凡兩遊焉。此等勝會，千百年不可一遇，而余得親身見之，豈非厚幸哉！京師長至月已多風雪，寒侵肌骨，而是年自初十日至二十五日，無一陣風，無一絲雨，晴和暄暖，如春三月光景，謂非天心協應，助此慶會乎？二十四日，皇太后鑾輿自郊園進城，上親騎而導，

金根所過，纖塵不興。文武千官以至大臣命婦、京師士女，簪纓冠帔，跪伏滿途」（《簷曝雜記》卷一《慶典》）。

本年，無錫顧奎光刻所輯《元詩選》七卷。

江寧嚴長明在吳敬梓文木山房，與共詠《南史·隱逸傳》人物詩。

無錫華湑客淮安，與邊壽民、史震林、周振采、邱謹、程茂、程晉芳等會晚甘園。

鎮洋畢沅家在綠葭浜，濱吳淞江，此年作《吳淞櫂歌》五十首。

無錫黃卬作《南巡紀略》，反映弘曆此年南巡如何擾民及民間的一些實況。

浙江朱奕（雲裁）客蘇州，為地方官制迎鑾新曲《百靈效瑞》成。

浙江厲鶚序《煙草唱和詩》，云「煙草之嗜半天下」。

長洲褚寅亮、嘉定錢大昕、安徽吳烺等同應弘曆南巡試。

江西蔣士銓任事南昌志局，據明婁妃故事，著《一片石》、《第二碑》二雜劇。

長洲沈德潛主紫陽書院。

浙江商盤自京南行，赴施南府同知任，過揚州與金農會彌陀院。

直隸翁方綱在北京茗帚胡同開塾課徒。

武進趙侗斅死，年六十九。

【本事】本年春，二月，應禮部試。郊行，遊德勝門外，憑弔元都故址，賦《古城懷古》。

　　【按】《燕都叢考》（第一編第二章）謂：「有清建國，內外城仍明之舊，內城周四十里。為九門：南為正陽門，南之東為崇文門，南之西為宣武門；東之南為朝陽門，東之北為東直門；西之南為阜城門，西之北為西直門；北之東為安定門，北之西為德勝門。分別滿洲、蒙古、漢軍八旗方位：鑲黃旗居安定門內，正黃旗居德勝門內，正白旗居東直門內，鑲白旗居朝陽門內，正紅旗居西直門內，鑲紅旗居阜城門內，正藍旗居崇文門內，鑲藍旗居宣武門內。」金元都城在今北京市外城以西，以至郊外之地。據《順天府志》：「元之都城，視金之舊城拓而東北。至明初改築，乃縮其東西以北之半而小之。今德勝門外有故土城關，隆然墳起，隱隱曲抱，如環不絕，傳為北城遺址。」

五月，會試放榜，名落孫山。館於汪由敦府，教授其二子：承霈、承霱。

　　《舊譜》：「會試報罷，文端公命兩子承霈、承霱從先生受業。」

【按】《簷曝雜記》卷二《大臣身後邀恩之例》：「汪文端師兩子：今少司
農承霈、前龍川令承霈，皆余授業弟子也。」

八月初，送外舅劉午岩南歸。

《送午岩先生南歸》：「折柳都亭動別愁，西風潞水正涼秋。去偏一路多
黃葉，來已三回到白頭。落榜誰憐老名士，還家仍客近諸侯。長安回首情何
限，遂作人間馬少游。」「姓名薦牘兩番叨，屢躓仍看志未撓。宿望豈矜徵辟
重，清時忍似隱淪高。漫同鄰女還分火，從此庖丁好善刀。書帶草深窗影綠，
一編著述尚堪豪。」（《甌北集》卷二）

【按】上引詩「還家仍客近諸侯」句下注曰：「歸仍就尹制府兩江幕。」
由《清史稿》卷一一《高宗紀》可知，尹繼善調兩江總督，是在本年五
月。劉氏往依之，是在尹赴江寧安頓之後，故遲二、三月始往。詩稱「西
風潞水正涼秋」、「去偏一路多黃葉」，且該詩排在《八月十六日夜對月》
之前，知在八月初，故繫於此。

又補義學教習，得與汪用明結識，賦有《新安汪氏雙忠節歌為汪用明上
舍作》（《甌北集》卷二）詩。

《舊譜》：「秋，又補義學教習。學館中無生徒從學者，每月但朔望日一
至，遂仍客授於文端第。」

【按】畢沅《汪用明紅袖添香伴著書圖》（《靈巖山人詩集》卷一四），與
甌北所題汪用明，或為同一人。錄以備考。甌北此後尚有《題汪用明風
樹吟秋圖》（《甌北集》卷三）、《汪用明以紅袖添香伴著書小照索題，即
送之任》（《甌北集》卷九）二詩。

乾隆十七年壬申（1752）　二十六歲

【時事】　正月，以準噶爾達瓦齊、阿睦爾撒納內訌，增兵阿爾泰邊隘，命舒
赫德、玉保查閱北路軍營。（《清史稿》卷一一《高宗紀》）四月，蘄州百姓馬
朝柱，移居霍山，與白雲菴僧人正修，以貧難度日，欲聚眾反清，並撰有「統
掌山河，普安社稷，即受天命，福祿永昌」的印文，以號令徒眾，回應者遍佈
相城、太湖、亳州以及河南汴梁等地。後為清廷鎮壓。（《康雍乾時期城鄉人民
反抗鬥爭資料》下冊）六月，乾隆帝於河南巡撫蔣炳奏摺硃批曰：俗所謂上和
下睦、兩面見好之習，恐汝不能免此。在朕治汝之罪何難？但少一能事之人，

朕所深惜。非樂於督責，出於不得已也。又命軍機大臣傳諭各督撫：近日督撫辦事，有所謂上和下睦、兩面見好之秘鑰。貌爲勇往任事，以求取信，而陰市私惠，謂有旋乾轉坤之力，使屬員心感。尹繼善慣用此術，方觀承及巡撫中一二能事者趨而倣之。惟策楞、喀爾吉善、黃廷桂尙存本色，阿里衮亦不至此，碩色更復不能。諸臣心術才具，日熟於朕胸中，任術取巧者，皆洞見肺腑，其何益之有？七月，帝奉皇太后秋獮木蘭。（《清通鑒》一○九）八月，順天鄉試，內簾御史蔡時田、舉人曹詠祖坐交通關節，處斬。（《清史稿》卷一一一《高宗紀》）九月，孫嘉淦任吏部尙書、協辦大學士，汪由敦爲工部尙書。十月，本年恩科會試。浙江紹興府盧文弨、浙江嘉興府秀水縣錢載、江南常州府陽湖縣蔣和寧、浙江湖州府烏程縣江聲、江南鎮江府丹徒縣蔣宗海、陝西西安府臨潼縣張坦、江南常州府金匱縣顧光旭等一百四十一人進士及第，出身有差。此前，乾隆帝秋獮期間，曾就本年恩科取士一事曉諭在京總理事務王大臣，曰：「今歲萬壽恩科，各省計偕雲集，而中額所收，列有定數，其下第舉子，中年力才，具可以及時錄用者，特予格外加恩，揀選引見，分別以知縣試用，教職銓補，俾得早列仕版。目今巡幸塞外，若俟回鑾再行揀選，未免守候需時。著在京總理事務王大臣協辦大學士阿克敦、尙書舒赫德、劉統勳、孫嘉淦，於會試揭曉後即行會同揀選，大省四十人，中省三十人，小省二十人，俟朕回鑾，以次引見，其年在七十以上難以復圖進取者，並著該部查明具奏，候朕酌量加恩，仍預行曉諭各舉子知之。」（《清朝文獻通考》卷五○《選舉考四》）十一月，命刑部尙書劉統勳在軍機處行走。（《清史稿》卷一一一《高宗紀》）

本年，金匱浦起龍刻所爲《史通通釋》二十卷。

江寧蔡奡（元放）評點《東周列國志》二十三卷一百零八回刊行。

嘉定錢大昕經江淮入京，作《清口》、《中河》諸詩，述河事。

安徽金兆燕旅北京。

山陽程晉芳至金陵應試，安徽吳敬梓介與江寧嚴長明會，長明紀以詩，云晉芳謀重修《宋史》。

江西蔣士銓所著《一片石》雜劇在南昌上演，張九鉞自滇寄以《一片石歌》。

上海陸錫熊隨祖父居石埭，此際輯《陵陽獻徵錄》十二卷。

鎮洋畢沅至保定依張鳳孫，鳳孫命入蓮池書院從張敘學。

【本事】會試前，汪由敦於貢院前代其賃澄懷園宅，供其讀書應試。翼

與同鄉董達存、符天藻有交往。

【按】董達存（1703～1783），字華星，號丙齋，江蘇武進人。乾隆壬申（1752）進士，精六壬奇門術，相宅多奇驗。《簷曝雜記》卷二《相宅董仙翁》曰：「董華星達存，吾邑人，壬申進士，精六壬奇門術，相宅尤奇驗。壬申將會試，須僦宅貢院前，余與之約同寓矣。時余客座師汪文端公第，公爲余賃一宅，余不敢卻，乃囑內弟劉敬輿偕董寓，董所親擇也。又有吾鄉符天藻亦附焉。二場後，余詣董，私問其寓內當中幾人，答曰：『三人俱可雋。恐符君或失之，蓋夜臥須各按本命定方位，而符懷疑，不我從也。』出榜，果董、劉俱成進士，余與符落第。又江蘇巡撫莊公有恭延之相衙署，董爲改葺數處。既落成，公將出堂視事，董止之，爲擇一吉日時而出。屆期坐甫定，轅門外忽傳鼓報喜，則加宮保之信適以是刻至矣。今藩伯康基田令昭文，以家中有子弟應秋試，預叩董。董詢其先塋何向，教以塋之某方立一燈竿，子弟中某年生者當發解，已而果然。他奇驗多類此，人皆稱『董仙翁』。」《疇人傳三編》卷一《董達存》謂：「董達存，字華星，或作化星。武進人。乾隆十七年進士，授國子監助教。告養歸里，家傳有青囊書，精其業，決休咎奇驗，人爭迎致之。遇所不可，夷然不屑。四十有四年之秋，全椒許大令如蘭曾謁之，訪算學，蓋助教專業薛氏者也。」《炙硯瑣談》卷中：「陽湖董華星達存，先姒再從侄，少受業於蔣濟航汾功先生，長遊京師，遇異人，授陰陽形法家術，甚神，尤精克擇，有奇驗。壬申成進士，補國子監助教，告養歸。東南大僚以其術之神也，招邀旁午，饋贈金帛日豐，修宗祠，贖祭產，餘悉以分族之貧者。長厚和易，戚郵無閒言。晚年得心疾，每食輒疑人置酖，夫妻不咸。余嘗作【棄婦詞】有云：『那愁齏墮齒，忽棄案齊眉』，蓋指此也。比聞已歸道山，臨終三分其產，一捐宗祠，一膳妻，一給嗣子，壽七十有九。」所述其年齡與錢維喬《竹初詩文鈔》文鈔卷六收錄墓誌銘文字記載有出入。

秋，趙翼應試禮闈，落第。

《壬申下第作》：「倦遊情緒峭寒天，人海喧中黯自憐。漫擬穿楊憑一箭，又須刻楮費三年。達磨向壁空參佛，子晉吹笙已得仙。我豈不知歸去好，將行又計買山錢。」「身本高陽一酒徒，無端托業忝爲儒。舉場我歎魚緣木，敗卷人嗤鬼畫符。羞學空函書咄咄，共誰擊缶和嗚嗚。只應白髮高堂夢，猶問

泥金信到無。」「也知得失一鴻毛，舍此將何術改操？親老河難人壽俟，時清星敢少微高。長鳴棧馬還思豆，未解庖牛忍善刀。回首短檠殘炷在，搬姜自笑鼠徒勞。」「閉門仍與一編親，肯便干時踏軟塵。鑄硯終看穿硯日，拆橋多是過橋人。關河倦羽三更雁，風雪寒衣百結鶉。笑看禰衡名刺在，已經磨滅字都湮。」（《甌北集》卷三）

送內弟劉敬輿欽赴閩任職。

《送內弟劉敬輿之官閩中》：「天上除書墨未乾，早聞竹馬迓雕鞍。青燈債了經生業，黃綬班榮進士官。翠髻梳雲山九曲，畫眉啼雨樹千盤。最欣持節堪迎養，佳味先嘗荔子丹。」（《甌北集》卷三）

【按】敬輿，乃其內弟劉欽之字。《江蘇藝文志·常州卷》據道光《武陽合志》卷二六《人物志》著錄曰：「劉欽，字謙齋，又字敬輿。清陽湖人。鳴鶴子。乾隆十七年（1752）進士，官廣西陽朔縣知縣。性恬退，不慕榮利。中歲歸里，以著述自娛」，著有《謙齋雜錄》、《靜思堂詩草》等。據此，知劉欽初官於閩中，後任廣西陽朔知縣，可補《武陽合志》所未逮。劉欽其人，《清代人物生卒年表》、《清人別集總目》均未收錄。

送新進士汪穎思永聰南歸。

《送汪穎思成進士南歸》：「兩載情同蚷蟹親，離筵忽漫淚沾巾。那堪落第看登第，況是羈人送去人。藜火未分中秘夜，彩衣且慰北堂春。獨慚倦羽難仙去，猶舐餘丹傍路塵。」「名園同托一枝棲，亞字闌干俯碧溪。片席豈分床上下，三間恰似廡東西。景堪作畫煩癡顧，交已忘形恕懶嵇。遊蹟他年應不忘，詩筒棋局綠楊堤。」（《甌北集》卷三）

【按】由「兩載情同蚷蟹親」、「名園同托一枝棲」等詩句來看，汪穎思當亦是託身汪由敦府第的文士，且與趙翼時相過從，詩棋盤桓。《（光緒）重修安徽通志》卷一八七謂：「汪永聰，字穎思，休寧人。乾隆壬申進士，知陝西甘泉縣。歲歉民欠常平倉穀三萬餘石，聰不忍苛徵，約以五年償，甘受處分修城賦工屬役，鄉民多不知者。」由此知汪穎思即汪永聰，乃汪由敦同鄉，或有同宗之誼。

孤寂無聊，思念兒時友朋，賦詩以寄懷。並安慰落魄不遇之同學友。

《寄懷杏川白峰諸同人》：「賣賦長安歲幾更，滯留猶自守寒檠。竿頭步進無多子，飯顆吟催太瘦生。離岫雲憐何處宿，出山泉憶舊時清。一尊旅館懷人昔，淒斷西風落葉聲。」（《甌北集》卷三）

《戲題魁星像》:「是何猙獰鬼戴斗,曷鼻魖顏貌魖醜。云是星精主文衡,藥榜榮名在其手。黃金點目儺方相,牛頭夜叉舞跳踉。市頭忽逢白日鬼,陣上突出黑面王。似此險怪倘操鑒,寧免軋茁災詞章。我聞奎爲文昌宿,一十六星光彩秀。昔時五緯聚此躔,肇啓道學朗如畫。不知何年訛爲魁,奉之不異瞻三臺。東坡死後作魁宿,道家幻語誰見來。古人字以象形起,今反就字求形似。遂令點頭朱衣人,抹粉塗丹作魑魅。初從村夫子塾中,伴食梓潼居配位。可憐如今士大夫,亦復乞靈供清閟。毋怪亭林老人笑,科目人皆不識字!」(《甌北集》卷三)

《野菊》:「多少秋芳入貴家,獨餘籬落幾寒葩。對君莫訝相憐甚,同是無人賞鑒花。」(《甌北集》卷三)

秋、冬之際,執友杭廷宣以心痛病卒。聞噩耗,甚爲悲傷。

《哭杭廷宣之訃》:「斯人遂已貉丘藏,落月猶看滿屋梁。與我丹雞深結契,欠君白馬遠奔喪。十年遊蹟龐家塚,千里傷心子敬床。目斷長空爲位哭,淚痕如雨下淋浪。」「一卷丹鉛靜下帷,蕭齋自課過嚴師。豈知文字能工日,即是心肝盡嘔時。錦帶未更居士服,衰衣翻累老親披。更憐身後無鬐齕,手澤遺書付阿誰!」「河梁送我峭帆輕,一別俄驚幾載更。久客不歸無異死,故人入夢尚如生。過車三步他年痛,許劍千金舊日情。身計定知君不捨,忍辭殘局爲收枰。」(《甌北集》卷三)

乾隆十八年癸酉(1753) 二十七歲

【時事】 正月,東莞縣民莫信豐等廣布文箚,樹旗號召,欲奔增城藍汾縣內結盟舉事。乾隆帝命阿里袞、蘇昌等嚴加查辦。後來,一百多窮苦百姓被拿獲。(《康雍乾時期城鄉人民反抗鬥爭資料》下冊)二月,江南千總盧魯生坐僞撰孫嘉淦奏稿磔於市。(《清史稿》卷一一《高宗紀》)此案之查處,歷時一年又七月,蔓延京師、直隸及雲貴、兩廣、江浙等十數省。四月,錢陳群諫查辦僞奏稿,帝斥以沽名,並飭勿存稿,以爾子孫(其子爲錢汝誠)將不保首領論之。(《清史稿》卷一一《高宗紀》)六月,精神病患者丁文彬,所著《文武記》、《太公傳》及《時憲書》等書,投衍聖公孔昭煥,被拿獲。因書中有「大夏」、「大明」等字樣,被處以極刑。江蘇巡撫莊有恭因查辦不力,被處以重罰。(《清史編年》第五冊)七月,禁滿文《水滸傳》、《西廂記》等戲曲、小說。八月,帝

奉皇太后秋獮木蘭。九月，以阿里袞署領侍衛內大臣，尹繼善爲江南河道總督。
十一月，江西生員劉震宇以所著《治平新策》有「更易衣服制度」等語，處斬。
（《清史稿》卷一一一《高宗紀》）

　　本年，蘇州如蓮居士著《反唐演義傳》一百四十回。

　　上海曹錫黼旅北京，所著《四色石》、《桃花吟》諸雜劇有成稿。

　　安徽吳敬梓此際作《金陵景物圖詩》。

　　安徽金兆燕過九江晤唐英，作琵琶亭詩。

　　浙江商盤以監送糧艘，自鄂入京，過九江晤唐英，作「法曲休教臨水奏，
洞庭今已少魚龍」詩。

　　旗籍唐英所著《虞兮夢》傳奇有成稿。

　　陽湖董潮著《東皋雜鈔》三卷。

　　陽湖孫星衍（淵如）生。

　　金匱楊芳燦（蓉裳）生。

【本事】本年，仍寄居於汪由敦府中。

春初，某月夜，漫步於澄懷園。

　　《寒夜澄懷園步月》：「幽人夜吟一燈擁，明月來窺入窗孔。清景撩人眠
不得，起步空林力賈勇。流澌已涸澤腹枵，殘雪未消山背腫。萬株枯樹無一
葉，似鳥畏寒翻去氄。濕衣無聲霜華下，暗結冰棱磴滑踵。此時世人盡酣睡，
夢被家家繭裏蛹。清寒只我與嫦娥，天上人間兩不懵。興來登山發長嘯，喝
退浮雲不敢湧。林魈亦駭此狂生，潛伏深叢盡驚恐。惜無人送半臂來，不覺
臞仙兩肩竦。歸到虛堂清不寐，坐看庭階尚潑汞。」（《甌北集》卷三）

　　【按】澄懷園乃劉統勳所曾居。《宸垣志略》卷一四：「澄懷園在海澱，大
　　學士張廷玉賜園，繼大學士劉統勳居之。毀於火，後爲內廷翰林公寓。」
　　《藤陰雜記》卷一二《郊坰下》謂：「澄懷園爲上書房內直諸臣寓齋，大
　　學士漳浦蔡公繪澄懷八友圖，謂同時陳尚書惪華、程文恭景伊、張文恪泰
　　開、觀總憲保，二周學士長發、王章，梁少詹錫璵也。汪文端、秦文恭作記，
　　前後內直諸公皆有題句，蔣莒生士銓代涂少司空逢震二律擅場，詩云：『水
　　木清華退食同，直疑樓閣在虛空。地鄰海澱兼三島，人異淮南正八公。
　　春滿雲邊天尺五，晝聞花外漏丁東。仙源小聚群仙影，照取鬚眉一鑑中。』
　　『東序談經珮紱連，天分靈境坐群仙。笑看池水知心蹟，同是松身作壽
　　年。畫裏原兼詩爛漫，人間無此地幽偏。好風香帶圖書氣，春在先生杖

履邊。』」據上引材料，澄懷園此時已成爲內廷翰林公寓。又據《簷曝雜記》卷二《相宅董仙翁》所載，「壬申將會試，須僦宅貢院前，余與之約同寓矣。時余客座師汪文端公第，公爲余賃一宅，余不敢卻」云云，汪公所代賃房舍，或即翰林公寓。詩既稱「殘雪未消」、「枯樹萬株」，當是指春初。又由「此時世人盡酣睡，夢被家家繭裏蛹。清寒只我與嫦娥，天上人間兩不懵。興來登山發長嘯，喝退浮雲不敢湧。林魖亦駭此狂生，潛伏深叢盡驚恐。惜無人送半臂來，不覺臞仙兩肩聳」諸詩句，可見其落拓之際自我排遣之狀，知其恩科會試落第後，並未隨即搬入汪府，仍借居澄懷園。

讀書於集益齋，時與退直歸來的汪由敦「閒商文史」，相處甚洽。

《集益齋即事戲呈休寧座主》：「名園頻歲借居停，韋杜天邊處士星。青愛草痕簾不卷，香留花氣戶常扃。臨池閒寫來禽帖，插架兼翻相鶴經。一笑主人常儤直，讓儂占作草玄亭。」「退直歸來雅興賒，閒商文史浩無涯。公於此已肱三折，我愧才非手八叉。幸有津梁先路導，何須絲竹後堂嘩。步趨宛憶童時景，書館從師侍絳紗。」（《甌北集》卷三）

習讀經書之餘，初讀佛經《首楞嚴》，時與劉穆庵討論經義。

《消夏絕句》之十曰：「一編閒讀首楞嚴，後夜雞鳴靜諦拈。香羅經聲歇禪榻，諸天細雨正廉纖。」（《甌北集》卷三）

【按】《首楞嚴》，即《首楞嚴三昧經》，亦稱《首楞嚴經》、《新首楞嚴經》、《佛說首楞嚴三昧經》。「首楞嚴三昧威力最大，能疾得佛，不可思議。此三昧非是初地、二地、三地、四地、五地、六地、七地、八地、九地菩薩之所能得。唯有住在十地菩薩乃能得此首楞嚴三昧。一切禪定、解脫、三昧、神通、如意、無礙、智慧，皆攝在首楞嚴中。入首楞嚴三昧，一切事竟，名爲佛性，即能成佛，而令諸佛常樂我淨。此經所論首楞嚴三昧，是大乘最爲重要之禪法，曾廣行於漢晉間」（《中國佛典通論》）。又，甌北《劉穆庵侍讀見余近作枉贈佳章依韻奉答》詩：「筆陣舌鋒堪一笑，魯連終未卻秦軍」句下自註：「余舊客君邸與君辨峋嶁碑眞贋及首楞嚴義諦，每至夜分。」（《甌北集》卷四）

與王又曾相交。時，又曾亦客汪由敦第。秋夕，與又曾聚飲於時晴齋。

《時晴齋與王穀原舍人小飲》：「西窗剪燭月痕斜，旅邸相依感鬢華。倦後客懷叢桂樹，瘦來人似老梅花。才名競欲招東閣，狂態兼愁溺正衙。且莫

臨觴悲晼晚，千秋著述已成家。」(《甌北集》卷三)

【按】王又曾有《秋夕新霽坐時晴齋小飲趙甌北同年爲舉「微雲疎雨」之句，以況眼中清景，因效襄陽體》：「涼雲澹疏影，斜月見西落。蔽虧蒼綠陰，殘雨尤漠漠。螢火濕暗砌，蟲吟度幽壑。素心四三輩，衫帽祛塵縛。提塵仰空宇，清言出寥廓。眷然展情愫，迴鐙具盃酌。水石恣賞延，淒暄感今昨。露飛桐井寒，風擺竹枝弱。依依愛清景，欵欵寄所託。攜琴坐石橋，還期候圓魄。」(《丁辛志屋集》卷二) 詩當寫於此時。王又曾 (1706〜1762)，一名右曾，字受銘，號穀原，秀水人。「乾隆十六年，南巡召試，賜舉人，授內閣中書。十九年，成進士，授刑部主事。同縣錢載論詩宗黃庭堅，務縋深鑿險，不墮臼科。又曾與朱沛然、陳向中、祝維誥和之，號『南郭五子』。又有萬光泰、汪孟鋗、仲鈖皆與同時相鏃礪，力求捐棄塵塇，毋一語相襲取。爲詩不異指趣，亦不同體格。時目爲秀水派。而又曾與維誥、光泰尤工」(《清史稿》卷四八五《王又曾傳》)。官刑部時，又曾緣律例素非所習，稱病，乞假歸，晚客揚州，與盧見曾 (雅雨) 頗多唱和，所賦桃花詩，爲晚清陳衍所激賞。爲詩清雋自然，天眞爛漫，亦間有倔彊奇橫之作。詩與同里錢載齊名，世稱「王錢」。有《丁辛老屋集》(乾隆刻本，二十卷) 傳世。畢沅曰：「君才本大而約之，以歸於切實；氣最盛而斂之，以底於和平。削膚廓而見性情，汰塵腐而存警策。於漢、魏、六朝及唐、宋諸家外，能融會變化，自成一家，而世之貌爲李、杜、韓、蘇者，卒莫能及焉。至於取材於眾所不經見，用意於前人所未及發，此又君之所獨到，而亦吾黨所共推者也。」(《晚晴簃詩彙》卷八三)《蒲褐山房詩話》：「穀原在都下，極爲陳文勤公、汪文端公稱許。釋褐後，皆以當得上第。既又三甲，人猶以秀水朱檢討爲比。後用爲主事，觀政禮部，又以王儀曹稱之。至補刑部主事，穀原以律例向非素習，且病，遂乞假歸。性善飲，談笑風生，神情瀟灑。雖漂泊江湖，而東南長吏晉接者多。賦詩斗酒，凡十餘年，卒憔悴偃蹇而沒。作詩專仿宋人，信手拈來，自多生趣。休寧曹農部自崟選刻其詩，子復再刻之，皆不及十之四五，而審擇未當。其全集六百餘番，予曾點定，今尚存其家。」《雪橋詩話續集》卷五：「王穀原詩如《題林良友鷺圖》、《張穆畫馬行》，倔彊奇橫，不拘於方。近體如《酬桐石》云：『寒語蕭然簇一鐙，兩峰應怪客來仍。稍緣病退秋情健，不爲涼多酒力勝。小技文章

那制命，中年鬚鬢欲皈僧。與君且話通宵雨，如此溪山舍未能。』《春雨次陶篁村韻》云：『如絲風外揚纖纖，早晚丁軦響畫簷。芸餅衾裯春夢擾，杏花樓閣曉寒嚴。時窺吹沫魚浮沼，不放銜泥燕入簾。除卻縕袍無可典，尋常酒債任頻添。』皆有江湖飄泊之感。」時晴齋，汪由敦齋名。《藤陰雜記》卷九《北城上》：「椿樹三條胡同，汪文端公寓，以所藏快雪時晴帖顏齋，曰時晴。公後賜第東城，申拂珊副憲甫接住，賦詩，沈雲椒初和詩云：花底春風敞數楹，清華水石舊知名。簾陰虛受池光合，琴響疏傳竹韻併。高唱登壇凌白雪，小齋數典紀時晴。結廬豈必尋丘壑，早有雲煙拂袖迎。」

為汪用明《風樹吟秋圖》、董石芝《印譜》賦詩。

《題汪用明風樹吟秋圖》：「一幅空林蕭槭聲，畫師工寫廢莪情。秋風吹老千紅葉，都是皋魚血染成。」「負米空懷寸草酬，蕭齋落木伴人愁。生來未識春暉暖，忍聽秋聲不淚流。」（《甌北集》卷三）

【按】汪用明，見本譜乾隆十六年考述。

《題董石芝印譜》略謂：「遼陽董生有篆癖，凡將爰歷恣檢披。壯夫不羞雕蟲技，直以頑石爲肝脾。囊攜百錢入小市，雞鳴而起何孳孳。收得爛銅章數片，歸來把玩忘調饑。以之能事擅殊絕，一枝鐵筆名京師。」（《甌北集》卷三）

【按】據上引詩，知其爲遼陽人，以擅長篆刻而鳴京師。汪啓淑《董石芝傳》：「董元鏡，字觀我，號石芝，漢軍正黃旗人。祖天機，直隸巡撫。父泗儒，戶部江南司員外。石芝生而沈靜警敏，長耽六書古文，終日臨池，孜孜沈研八體，專以漢印爲宗，兼師文氏純正一派。選入官學，頗有聲譽。時泗儒公乞休，避靜屯中，頻寢瘵，石芝遂告假侍左右，備極奉養。溫清之暇，惟以鐵筆寄情，章法、刀法皆渾厚橫茂，技遂日進。乾隆戊辰春，特旨開盛京賦篆字館。家文端公由敦爲總裁，素器識石芝，因舉薦上館，仿寫道肯大師三十六種《金剛經》，效力者數年。書成，議敘銓授大理寺筆帖式，繼又以漢文應試得茂才例，可外選別駕，而石芝自以迂拙，向平之累未畢，甘守其舊，繼升都察院都事，歷戶部陝西司員外。放衙歸，坐斗室，仍於故帋堆中考訂蟲魚以遣興，與鑾儀衛雲麾使劉九淳、漢軍閒散甘大源、詹事府丞朱公文震友善，鐵筆各相雄長，絕意奔競。人以是高之。」（《續印人傳》卷四）

乾隆十九年甲戌（1754） 二十八歲

【時事】 正月，被乾隆帝許為「三朝武臣巨擘」的岳鍾琪病卒。二月，乾隆帝密諭兩江總督鄂容安、江蘇巡撫莊有恭，對江蘇地方優伶私自蓄髮者嚴行懲禁，但不必張皇其事，致駭聽聞。四月，加劉統勳、汪由敦太子太傅。閏四月，本科會試，莊培因、王鳴盛、朱筠、紀昀、錢大昕、王昶、周升桓、周春、王右曾、沈業富等二百三十三人進士及第，出身有差。三鼎甲為：狀元莊培因（江南常州）、榜眼王鳴盛（江南嘉定）、探花倪承寬（浙江仁和）。八月，以尹繼善署兩江總督。十月，以工部尚書汪由敦管刑部尚書。

本年，《儒林外史》作者吳敬梓客死揚州。

山陽阮葵生以河官演劇無虛日，作「莫聽紅兒清夜曲，水衡輸入總民膏」詩致諷。

安東程崟譜錢謙益事為《拂水劇》上演，程晉芳觀後作紀事詩。

吳江袁棟合所著《陶朱公》、《姚平仲》、《鄭虎臣》、《鵝籠書生》、《白玉樓》、《桃花緣》等雜劇為《玉田樂府》刊行。

長洲沈德潛延周準為助，共纂《國朝詩別裁》。

丹徒王文治至北京，與丹陽彭澧（晉涵）、安徽姚鼐、旗籍朱孝純等會，澧為文治刪定所著《放下齋初存稿》。

浙江商盤運糧事畢還鄂，復經九江會唐英，為英題所著《傭中人》、《轉天心》等劇本。

江西蔣士銓過蘇州訪張塤。

山東盧見曾復至揚州司鹽運，此際延元和惠棟為校閱所收舊籍，備刻《雅雨堂叢書》。

【本事】本年，趙翼仍客汪由敦府第。

《舊譜》謂，先生「在文端第已三年有餘。文端老於文學，當世奉為韓、歐，顧極愛先生才。插架書萬卷，恣先生翻閱，因是見聞日擴，益得肆力於古。初為文端屬草，好以奇警見才，文端輒刪去，先生心竊以為不然。及一年餘，浮豔矜氣日漸刊落，乃始服文端之深於此也。二年以後，凡所代擬，文端不復易一字。師弟間每相對忘言。先生嘗自謂生平古學多得力於文端公」。

【按】本年，乾隆帝崇尚清眞雅正、典重正大之文風，反對競尚新奇，諭曰：「場屋制義，屢以清眞雅正為訓。前命方苞選錄四書文頒行，皆取典重正大，足為時文程式，士子咸當知所宗尚矣。而浮淺之士，競向新奇，

即如今科，於榜前傳首題文，有用九迴腸之語者，其出自《漢書》。腸一日而九回，大率已莫能知，不過剿襲纖巧，謂合時尚，豈所謂非法不道、選言而出者乎？不惟文體卑靡，將使心術佻薄，所關於士習者甚大。朕曩云言孔孟、言大是難。職是故也，著將欽定四書文一部，交禮部順天府存貯內簾，令試官知衡文正鵠。再策問時，務用覘士子學識。主試官不當以己見立說。上年順天鄉試，問黃河北行故道，今春會試問黃河下流，皆孫嘉淦、陳世倌一己私見，究亦空言無補。若以此爲去取，將啓士子窺探迎合附和之弊，其漸尤不可長。即如宋元以來，辯析朱、陸異同，初因講學，而其後遂成門戶，標榜攻擊，甚爲世道人心之害，嗣後有似此者，必治其罪。」（《清朝文獻通考》卷五〇《選舉考四》）

是年春，會試取明通榜。

【按】「明通榜始於雍正朝，而正式稱作『明通榜』卻在乾隆朝。如《清高宗實錄》乾隆元年載：『各房薦卷，尚有文理明通，可以取中之卷，應揀選進呈，續出一榜，准其一體殿試。』十年載：『請令吏部議定各省應取明通數目，即咨禮部行知內簾考官，於正榜外，再取明通爲一榜。』《養吉齋叢錄》載：『乾隆元年，欽派大臣於會試遺卷內選文理明通者，續出一榜，一體殿試。時稱爲明通榜。』那麼，明通榜到底是一種什麼樣的榜示呢？簡言之，它是在會試落選的試卷中，再挑選一批所謂文理明通者，於正式榜文之外另出一榜。而選入此榜者，其待遇與正榜不盡相同，入選正榜者均准殿試，而入選此榜者，其中一部分『人文俱屬可取』者，准其一體殿試，多數『人可取而文稍次』者，則由吏部記名，以教職補用。稱之爲『明通榜』，是因爲入選試卷雖不及會試額定錄取之佳卷，但亦屬文理明通，爲區別於正榜，故名」（《清代科舉制度考辯》）。本年，禮部奉諭旨：「會試榜後下第舉人，歷科以來，間有格外加恩之典。今科會試所有下第舉子，亦著加恩。於薦卷內選取文理明通者驗看揀選，帶領引見，畀以司鐸之任。其奏請簡派大臣閱卷驗看，及按省酌定員數分班選用之處，該部察例具奏，至年七十以上者，並著該部帶領引見，酌量給與職銜。」（《清朝文獻通考》卷五〇《選舉考四》）

由汪府遷出，移寓禮部義學教習館。

《舊譜》：「連年皆在文端公第，而義學教習期將滿，欲於引見後歸省，遂辭文端公，出寓教習館。」

【按】教習一職，一般三年一考覈，任職期滿，量材錄用。乾隆元年，定揀選咸安宮教習例，「向例內廷教習，將考取之新進士與恩拔歲副貢生，分缺間補。至是議准咸安宮教習應於新科進士內傳問，有願充內官學教習者，令其報名，禮部會同吏部揀選引見，陸續充補，三年期滿，該總管將稱職之員分別等第引見，或授為主事，或授為即用知縣，恭候欽定。乾隆二年奏准，嗣後咸安宮漢教習，仍於新進士內加以考試選用。如新進士不敷用，於明通榜舉人及各省舉人內考取咨送，充補其所選進士。俟三年期滿，詳加分別等第，帶領引見，咨部仍照禮部原議，以主事、知縣即用，舉人以知縣、教職即用」（《清朝文獻通考》卷五〇《選舉考四》）。乾隆十六年，諭曰：「至庠序，為陶育人材根本，今教職率多昏耄龍鍾，濫竽戀棧，雖定以六年甄別，而上官以閒曹多方寬假，非國家設官敷教本意，應分以年限，詳加澄汰，所遺員缺，即以應授教職之選拔充補，於士風當有裨益。」（《清朝文獻通考》卷五〇《選舉考四》）足見對教職之重視。亦可參見商衍鎏《清代科舉考試述錄及有關著作》。

同沈倬其同年賞花。

《和沈倬其同年看花絕句》：「蘇門霜冷見春遲，吹透東風了不知。忽漫一枝紅杏出，累人牆外立多時。」「鬢絲禪榻度年華，倦客齊如老衲家。堪笑風情工幻語，誑他窮眼說看花。」（《甌北集》卷三）

【按】沈倬其，武進人，乾隆二十六（1761）進士，《明清進士題名錄索引》於乾隆二十六年恩科榜下，有沈潘其人，注曰：武進人。或即此人。《甌北集》卷九有《送倬其南還時方成進士以需次歸里》一詩，詩寫於乾隆二十六年，可印證之。然其直至乾隆三十九年（1774），始得補江西萬安知縣，故甌北稱「十年通籍未專城，今日才看授館行」、「黑頭兄弟兩華顛，我已收繮爾著鞭」。（《送倬其之官萬安》，《甌北集》卷二一）然到官未久，至乾隆四十三年（1778），由於拙於官場應酬，勞累而死。甌北詩稱：「豈期落衝要，未嘗一臠味。應付紛舟車，供張到廁廁。豹胎猩猩唇，饋人未當意。俸錢支已空，衙齋啖齏糯。死尚遺累累，眷屬羈彼地。傷哉書生命，黔婁亦何異」（《哭沈倬其之訃》，《甌北集》卷二四），則準確道出其為官之境況。倬其與趙翼為兒女親家，翼妻劉氏所生女，嫁與倬其之子景滄。如甌北所言，「我有結髮妻，所生惟一女。君亦有佳兒，遂以女相許」、「遂擇花燭期，一雙好仙侶。」（《哭沈倬其之訃》，《甌北

北集》卷二四）又與翼爲總角交，詩曰：「哭爾尤傷神，結交弱冠始。鄉會皆同年，更締門楣喜。夜雨聽對床，京塵躡芒履。屈指三十年，如此素心幾。」（《哭沈倬其之訃》，《甌北集》卷二四）可見二人感情之深厚。

四月，考選內閣中書，爲第九名。引見留用，辭教習之職。蔣士銓亦同時考選，取爲第四，入閣管漢票籤事。

《舊譜》：「會考選內閣中書，先生就試取第九名，引見留用，遂具呈禮部，罷教習。」

《考授中書舍人遂罷官學教習》：「浪遊所急升斗祿，官學濫竽充教讀。期滿例得邑令去，足爲老親給饘粥。無端又羨鳳池棲，一試輒如貫革鏃。無官今轉嫌官多，一身兩歧進退谷。明知出宰可救貧，尚須三載入除目。京官雖無專城榮，選期已逼蠶上蔟。遂辭花縣就大垣，寧舍巧遲取拙速。座中有客私相尤，窮人只向窮路逐。徒慕虛名失厚實，他日應悔中書禿。伊余自揣良已審，腐儒那任作民牧。直廬珥筆文字供，頗似車輕就路熟。寒酸腸久甘藜莧，疎懶身難試案牘。好官樂在多得錢，書生相本無食肉。非命所有彊致之，利之所在害即伏。殺牛或轉不如論，失馬安知未爲福。京官儉則償清閒，外吏豐則任勞碌。稱物平施本天道，傅之翼者兩其足。君不見腰纏騎鶴特寓言，東食那能更西宿？」（《甌北集》卷三）

七月，附舟南歸省親。與楊奉周、儲玉函二孝廉同舟。

《南歸》：「六年爲客住京畿，潞水西風一棹歸。笑比鷦鴣啼怕冷，秋涼時節正南飛。」「苦爲求名久滯留，頻年拋卻故園秋。一官到手忙歸去，大有人嗤楚沐猴。」（《甌北集》卷三）

《舟中贈楊奉周儲玉函兩孝廉》：「長途千里滯關津，賴有朋簪共夕晨。檻外汶流歸棹水，尊前吳語故鄉人。同猜闄字停杯緩，未了枰棋翦燭頻。記取生平素心樂，一船風月對連句。」（《甌北集》卷三）

【按】楊奉周，不詳。儲玉函，即儲秘書，據《清代人物生卒年表》等書，其生卒年爲 1718～1780，字玉函，號緘石，一號華嶼，江蘇宜興人。乾隆二十六年進士，累官郟陽知府，所至稱職，以事罷官，性淡泊，博涉經史。著有《緘石齋詩稿》、《華嶼詞》。袁枚《隨園詩話》補遺卷二謂：「宜興儲玉函太守，同年梅夫之從子也。詩筆與其弟玉琴相似，而尤長於五言。《過舅氏別業》云：『乞墅歡遊地，重來舊業存。敲冰進孤艇，曝日聚閒門。林影深藏屋，湖光冷逼村。廿年人事改，昔夢向誰論？』

佳句如：『竹陰清石磴，花色淡秋衣。』『遠鐘清過水，深竹暮連山。』
又：『春煙浮綠野，夜火滿丹陽。』對仗亦巧。」王昶《湖海詩傳》卷二
五曰：「玉函好遊汗漫，兩度嶺南。中年後，始中甲科，數載省郎，一麾
出守。尋以罷官歸，卒。其詩淺而實腴，清而不激，正如素練輕縑，雅
宜時用。……同人每傳誦之。又工倚聲，見予所采《國朝詞綜》。與其鄉
任曾貽、史承謙相埒。」（《蒲褐山房詩話》）事又見《國朝詩人徵略初編》
等。

經德州夾馬營，就查慎行《夾馬營》一詩誤將此處認作宋太祖出生地，
賦詩予以辨正。

趙翼撰有《德州南有地名夾馬營，查初白詩謂即宋祖所生地，而以不能
克復燕雲致鄉社拋落邊鄙，曾不如漢高之統，有〈燕代詩〉，中有微詞焉。按
宋紀，太祖生洛陽夾馬營，張淏〈雲谷雜記〉及〈孫公談圃〉亦云。而釋文
瑩〈玉壺清話〉並載夾馬營在西京，太祖兒時埋一石馬於巷內，登極後還鄉
掘得之，登臺發矢，矢落處即營爲永昌陵，而以石馬預志其地，是夾馬營在
洛陽，此地特名偶同，未可牽合。又楊誠齋〈揮塵錄〉謂南京應天寺本後唐
夾馬營，大中祥符二年以太祖所生地建寺錫名云云，其說稍歧，然宋南京乃
今歸德府，亦非德州地也。詩以正之》一詩，並稱：「才人往往好逞才，得題
不暇考典故。」（《甌北集》卷三）

【按】上引詩題，稱楊誠齋《揮塵錄》。《千頃堂書目》卷十二「小說類」，
於王明清《玉照新志》前著錄此書，稱三卷。同書卷十五「類書類」，亦
收有此書。《四庫全書總目》卷一二七「子部三十七‧雜家類存目四」，
收有《誠齋揮塵錄》（一卷），謂：「舊本題宋楊萬里撰，左圭收入《百川
學海》中。今檢其本，實從王明清《揮塵錄》話內摘出數十條，別題此
名，凡明清自稱其名者，俱改作萬里字，蓋坊刻贗本。」則逕言誤題作
者姓名。趙翼所說，蓋此等坊刻本。另，王明清《揮塵錄》，《四庫全書
總目》列入子目「小說家類」，前錄四卷，後錄十一卷，三錄三卷，餘話
二卷。現有中華書局校點本。

又經分水廟。

《分水廟》：「分水廟前打鼓開，建瓴南下疾如雷。來船莫訝順流便，昨
夜也從水上來。」（《甌北集》卷三）

南來，至下相，憑弔楚霸王項羽，作《下相懷古》詩。

【按】下相，《史記·項羽本紀》索隱引應劭語曰：「相，水名，出沛國。沛國有相縣，其水下流，又因置縣，故名下相也。」故址在今江蘇宿遷市西。《下相懷古》謂：「丈夫富貴歸故鄉，輒有佳話垂聲光。滅秦衣繡東還日，此地想應多故實。舊交入座歡眵頤，宿怨到門懼行膝。胡爲遷史無一字，得非身敗事亦軼？要之成敗何足論，劉項曲直公道自在人」，似有不以成敗論英雄之意。

至清江浦，拜訪江南河道總督尹繼善，於其衙署，得讀袁枚詩冊。

《尹制府幕中題袁子才詩冊》：「好詩到手耐頻翻，花色冰肌雪月魂。今日藝林談此事，教人那得不推袁。」「曾傳麗句想風流，今讀新詩筆更遒。始歡知君殊太淺，前番猶是蔗梢頭。」「只因書味夙根深，拚把微官換苦吟。千古傳人可傳處，元來別有一胸襟。」「狂名狼藉大江東，謝傅憐才意獨鍾。讀到新詩鱗爪見，方知不是葉公龍。」（《甌北集》卷三）

《淮堤》：「十里長堤柳影斜，湖河交彙水無涯。濤邊萬戶樓如蜃，井底孤城竈有蛙。難向魚鹽招隱士，空聞雞犬到仙家。是間何處堪垂釣，市上方多惡少嘩。」（《甌北集》卷三）

【按】《清史稿》卷一一六《職官志三》：「河道總督，江南一人，山東、河南一人。直隸河道以總督兼理。掌治河渠，以時疏濬堤防，綜其政令。營制視漕督。……（雍正）七年，改總河爲總督江南河道，駐清江浦，副總河爲總督河南、山東河道，駐濟寧，分管南北兩河。」時尹繼善駐清江浦，甌北往訪之。《清史稿》卷三〇七《尹繼善傳》：乾隆十八年，「調江南河道總督。十九年，疏言：『河水挾沙而行，停滯成灘。有灘則水射對岸，即成險工。銅、沛、邳、睢、宿、虹諸地河道多灘，宜遵聖祖諭，於曲處取直，開引河，導溜歸中央，借水刷沙。河堤歲令加高，務使穩固，而青黃不接，亦寓賑於工。』詔如議行。命署兩江總督，兼江蘇巡撫。」據此可知，尹繼善時在淮署。

姚鼐《袁隨園君墓誌銘》，謂袁枚「中乾隆戊午科順天鄉試，次年成進士，改庶吉士。散館，又改發江南爲知縣，最後調江寧知縣。江寧故巨邑，難治。時尹文端公爲總督，最知君才。君亦遇事儘其能，無所迴避，事無不舉矣。既而去職家居，再起，發陝西。甫及陝，遭父喪歸。終居江寧。君本以文章入翰林有聲，而忽擯外。及爲知縣，著才矣，而仕卒不進。自陝歸，年甫四十，遂絕意仕宦，儘其才以爲文辭歌詩。足

蹟造東南山水，佳處皆遍。其瑰奇幽邈，一發於文章以自喜其意。四方士至江南，必造隨園投詩文，幾無虛日。君園館花竹水石，幽深靜麗，至櫺檻器具皆精好，所以待賓客者甚盛。與人留連不倦，見人善，稱之不容口。後進少年，詩文一言之美，君必能舉其詞為人誦焉」（《惜抱軒詩文集》文集卷一三）。周樂清《靜遠草堂詩話》：「袁簡齋太史枚早年恬退，寄寓金陵，宏獎風流，享盛名者五十餘年。其詩文駢體故當為一代作者。乃謝蘊山方伯啓昆贈句云：『風流館閣推前輩，輕薄文章誤後生。』褒遜於貶，要非定論。其所作詩話專重性靈，不界畫於唐、宋。」（《清詩紀事》第八冊）

《隨園詩話》卷一：「尹文端公好和韻，尤好疊韻。每與人角勝，多多益善。庚辰十月，為勾當公事，與嘉興錢香樹尚書相遇蘇州，和詩至十餘次。一時材官僄從，為送兩家詩，至於馬疲人倦。尚書還嘉禾，而尹公又追寄一首，挑之於吳江。尚書覆簡云：『歲事匆匆，實不能再和矣！願公遍告同人，說香樹老子，戰敗於吳江道上。何如？』適枚過蘇，見此簡，遂獻七律一章，第五六云：『秋容老圃無衰色，詩律吳江有敗兵。』公喜。從此又與枚疊和不休。押『兵』字，有『消寒須用美人兵』、『莫向床頭笑曳兵』之句，蓋探枚方娶妾故也。其好諧謔如此。己卯八月，枚江北穫稻歸，飲於公所。酒畢，與諸公子夜談。公從後堂簡示云：『山人在外初回，家姬必多相憶。盍早歸乎？』余題簡後云：『夜深手簡出深閨，勸我新歸應早回。自笑公門懶桃李，五更結子要風催。』除夕，公賜食物。枚以詩謝，末首云：『知公得韻便傳箋，倚馬才高不讓先。今日教公輸一著，新詩和到是明年。』公見之，大笑。」卷八：「尹文端公督兩江時，愛才如命。宛平王發桂以主簿派管行宮，有句云：『愧我衙官無一事，宮門持帚掃閒花。』公見而大喜，即超遷貳尹。秀才解中發有句云：『多讀詩書命亦佳。』公於某扇上見之，即聘作西席。」

《十朝詩乘》卷一二：「尹文端嘗以侍講權戶部郎，次年，授內閣侍讀學士，即署蘇撫，距釋褐不及五年，人呼『小尹』，謂其早達。凡一督雲貴，三督川陝，四督兩江，在江尤久。嘗於一月間兼攝將軍、提督、巡撫、河漕、鹽政、上下兩江學政等官，九印彪列而事無留滯，猶與諸生論文課詩，聞者駭服。三次迎鑾，供張從容，民不知役。雍正間，江蘇積欠。乾隆間，盧魯生偽稿及各郡叛逆邪教等獄，皆株連甚眾。平情

別白，不妄戮一人，故吳人德公如慈父。每聞公至，老幼奔呼相賀。公亦視江南如故鄉。入相日，過村橋野寺，輒流連不忍去。隨園朝考，賦『因風想玉珂』試律，以『人似隔天河』句爲公所賞，得高等，入翰林，故有知己之感。公以七十生辰拜相，仍督兩江，賀詩云：『生與南邦最有緣，四回江上月重圓。兒童竹馬頭成雪，官舍甘棠樹拂天。』又哭公詩云：『四海新祠廟，三江舊節樓。軍民懸畫像，士女咽悲喉。』皆紀實也。」

《雨村詩話》卷一：「尹望山相國總制江南三十年，袁子才本門生，愛其才，招至幕中爲上客。閽者惡其出入煩瑣，多不禮之，而袁不介也。一日望山入相，眷已起行，袁入別。閽者以爲求助，故令久候。袁既獲謁，見相國坐旁一白貓，乃啓云：枚無所求，此貓乃師所玩，入都無所用，乞此貓歸，足矣。望山許之。」

袁枚多首詩敍及與尹繼善之交往，如《望山公嫌枚蹤蹟太疎，賦詩言志》（《小倉山房詩集》卷一七）、《望山尚書以七十生辰作相，仍督兩江，奉賀四首》（《小倉山房詩集》卷一八）、《除夕望山尚書賜荷囊、胡餅、鹿肉，戲謝四絕句》（《小倉山房詩集》卷一六）、《臘月五日相公招同秦學士大士、蔣編修士銓小集西園，各賦四詩》（《小倉山房詩集》卷一八）、《相公眷屬先期入都，枚入起居，見白貓悲鳴，公獨坐淒然，因以詩乞》（《小倉山房詩集》卷一九）等，可參見。

至揚州，遊后土祠、平山堂等名勝，遂扁舟進發，夜泊瓜步。

《夜宿瓜步書示老僕》：「京官過揚州，例必謁鹺使。爲分勞盆餘，足資旅橐匱。其始朝貴人，挾勢以取利。迨夫利權重，利在轉成勢。遂令搢紳流，俯首就銜轡。沿門拜富兒，區區覬予畀。寧同縞紵投，徒受嚄蹟意。我行到邗江，懷袖本無刺。后土祠一遊，平山堂一憩。扁舟連夜發，江干正熟睡。忽聞老僕言，主人太失計。爲客五六年，旅食憑煮字。曾無錢入囊，但有文滿笥。茲行將抵家，八口方待飼。眼見一入門，即當典襜被。染指倘弗嫌，纏腰或可冀。過屠不一嚼，謀生詎云智。嗟我豈好貧，矯情托高致。果有謝仁祖，不妨拜其賜。郗超辦裝錢，送我亦弗避。瀨女殤可求，漂母飯可寄。否則歌姬院，乞食又其次。若彼多牛翁，薰蕕臭本異。何至靦面目，向其丐餘漬。彼僅一毛捐，我已全璧棄。書生煉骨力，要在取予地。」（《甌北集》卷三）

【按】瓜步，水際謂之步。瓜步在吳中。吳人賣瓜於江畔，因以爲名。顧

炎武《日知錄》卷三一《江乘》及注略謂，瓜步鎮在六合縣東南二十里，瓜步山下是也。自開邗溝，江淮已通，道猶淺狹。六朝皆都建業，南北往來，以瓜步爲通津明矣。隋既大開邗溝自江入淮，自淮入汴，以溯河渭，乃猶因循瓜步之舊。直至唐代齊澣，始移漕路於京口塘下，直渡江二十里，又開伊婁河二十五里，即達揚子縣。據此，所謂瓜步，或即今瓜洲，地當運河之口，與鎮江斜對。趙翼路經揚州，不可能繞道六合之瓜步而去鎮江。

至鎮江，遊金山寺。

《遊金山寺》：「江帆曉趁順風開，小試中泠水一杯。落葉漸多秋正老，青山無恙我重來。赴齋鸛鵲摩空下，聽法魚龍戢浪回。欲禮高僧無玉帶，空留詩句妙高臺。」（《甌北集》卷三）

【按】金山寺，在江蘇鎮江市西北。寺建於金山之上，故名。

八月初，始抵家。闊別六年之親眷，終得以團聚。

《抵家》：「扁舟到家日薄暮，燈已燃火門尚開。一肩襆被入門卸，天涯浪蹟今眞回。老親不意游子到，驚喜翻恐昨夢來。趣呼廚頭速炊黍，一語未畢又屢催。不冠而揖有兩弟，几榻拂塵階掃苔。山妻攜女出相見，女未識父猶疑猜。斯須韭列寒具，濁醪過牆注滿醅。未忍遽言艱苦狀，爲我軟腳勸舉杯。亦有鄰里來問訊，齊東野語爭喧豗。眼前風味總可喜，六年抛卻寧非獃。回憶孤蹤浪遊處，懷鄉日日腸暗催。豈期團圞有今夕，扶侍眉壽攜嬰孩。人生信有在家樂，蓬茅終勝馳風埃。但得山中白石煮，何必案上黃金堆。」（《甌北集》卷三）

【按】趙翼《遊金山寺》謂「落葉漸多秋正老」，若在七月，或不至此，故應以八月爲宜。此時，才會「落葉漸多」。

聞父執杭應龍已病逝，前往墓前哭祭。

《哭杭應龍先生墓》：「漬酒那禁涕淚俱，死生曾不待須臾。我歸但有徐君墓，公在曾憐趙氏孤。奔問已悲新宿草，酬恩空托一生芻。依然林下梁松拜，無復溫言誨座隅。」「畏壘鄉前即墓田，望衡對宇故依然。翻成處仲經壚地，非復龐公上塚年。里社頓悲耆舊盡，姓名當以隱淪傳。曾聞送葬新阡日，多少鄰舂咽暮煙。」「回首湖干送別時，寧知後會遂無期。一抔未負侯芭土，三尺猶虛有道碑。此世更煩誰作誄，當年曾愛我吟詩。塚邊一掬傷心淚，滴到重泉可得知。」（《甌北集》卷三）

【按】後甌北又曾撰《五哀詩》，《父執杭應龍先生》一首略曰：「及余得官歸，黃爐已長逝。生有涸鮒恩，死僅隻雞祭。疏窗一間屋，是我館餐地。短屏數行書，是公格言字。往蹟一追思，枕席淚尚漬。所幸有子孫，通家往來繼。雖嘗分薄少，百未酬一二。」（《甌北集》卷四〇）《簷曝雜記》卷二：「明年補諸生，遂不得不致力。後藉以取科第得官，皆應龍先生玉成之力也。及余得中書舍人以歸，而先生已不及見。余有詩哭之云：『我歸但有徐君墓，公在曾憐趙氏孤。』至今猶抱痛焉。」

贖回舊屋，稱貸修葺將傾圮之房舍，並買田十餘畝作養家用。

《舊譜》：「稍贖回舊屋，兼買田十餘畝作饘粥資。」

《敝廬將圮稍事修葺詩以落成》：「敝廬風雨久欹斜，稱貸聊完壁立家。魯府依然仍舊貫，于門詎敢望高車。逢迎略有三三徑，頃刻何須七七花。所慮債家來剝啄，尚無臺可避喧嘩。」「隙地何曾拓數弓，編茅早課索綯功。客途久厭三間廡，儒行原尊一畝宮。陋稱簞瓢居巷內，貧真樓閣造空中。只愁斷手無多日，又向天涯作轉蓬。」（《甌北集》卷三）

《晤黃季遊文學》：「素髮明於雪，窮經力尚堅。老真鄉祭酒，健比地行仙。世已輕前輩，吾猶及此賢。莫嗟身隱約，耆舊傳應編。」（《甌北集》卷三）

此外，《丹徒江村宗老采同邀食鮰魚》、《圌山為張世傑戰敗駐兵處》諸詩，均寫於此時。

【按】趙翼與「老真鄉祭酒」黃季遊攀談，去丹徒拜訪同宗老人趙采同，去圌山一帶觀覽，均與購置田畝一事有關。圌山，在江蘇丹徒縣東北六十里。濱江為險，宋韓世忠嘗守此以禦海道之兵。咸淳四年（1268），張世傑「與劉師勇諸將大出師焦山，令以十舟為方，碇江中，非有號令毋發碇，示以必死。元帥阿術載毅士以火矢攻之，世傑兵亂，無敢發碇，赴江死者萬餘人。大敗，奔圌山」（《宋史》卷四五一《張世傑傳》）。即此地。

鄉間漫步，睹景生情，對早年的一段戀情仍念念不忘。

《垂楊》：「垂楊依舊罨窗紗，簾幕無聲但日斜。小杜去猶非綠樹，前劉來已失桃花。紅綃枉自思公子，碧玉仍憐嫁小家。彈指鴻泥成往蹟，蕪菁香裏飯胡麻。」（《甌北集》卷三）

【按】揣其詩意，趙翼早年當有一段戀情經歷。「小杜去猶非綠樹」，杜牧

《歎花》（一作《悵詩》）詩曰：「自恨尋芳到已遲，往年曾見未開時。如今風擺花狼籍，綠葉成陰子滿枝。」（《全唐詩》卷五二四）《唐詩紀事》卷五六謂，「牧佐宣城幕，遊湖州，刺史崔君張水戲，使州人畢觀，令牧間行，閱奇麗得垂髫者十餘歲。後十四年，牧刺湖州，其人已嫁生子矣，乃悵而為詩」。詩用其意。「前劉」句，暗用劉禹錫《元和十一年自朗州召至京戲贈看花諸君子》「玄都觀裏桃千樹，盡是劉郎去後栽」（《全唐詩》卷三六五）詩意。「紅綃」，事出裴鉶《傳奇》「崑崙奴」。略謂，書生崔某，與某高官家姬紅綃女暗自相戀，不能成就，神思恍惚。家中崑崙奴磨勒訪知此事，乘夜色負崔生越重垣，潛入姬之臥室，使之得以相會。待生、姬杯酒盤桓後，又負二人飛越峻垣十餘重，歸崔氏齋，使其得為夫婦。（《太平廣記》卷一九四）明梁辰魚作《紅綃》雜劇，梅鼎祚有《崑崙奴》雜劇，均演其事。碧玉，《樂府詩集》卷四五《吳聲曲辭·碧玉歌》引《樂苑》：「碧玉歌者，宋汝南王所作也。碧玉，汝南王妾名。」又稱，「碧玉小家女」。後因稱貧家女為小家碧玉。「飯胡麻」，典出劉義慶《幽明錄》，謂剡縣劉晨、阮肇入天台山采藥，迷不得返，遇仙女，以胡麻飯、羊肉脯食之。所用典故，均與男女情事有關。《甌北集》卷一收有《一飯》，詩曰：「何許憐才意，青裙摘露葵。殆如分瀨女，食豈乞歌姬。蹟敢疑求牡，情逾烹伏雌。賤貧身易感，一飯報何時？」與該女子似有繾綣不捨之意。至嘉慶十一年（1806），趙翼寫有《禪心》一詩，稱：「禪心那復說相思，瞥起前塵尚作癡。最是五更殘夢醒，滿天風露峭涼時。」（《甌北集》卷四八）仍對這段往事追憶不已，夜不成寐。三年後（1809），已是八十三歲高齡的詩人仍無法忘記青年時那段戀情，於《感舊》一詩中寫道：「宋玉東鄰只隔牆，銷魂曾記月昏黃。禪心久作沾泥絮，瞥起前塵尚斷腸。」（《甌北集》卷五一）即使稍後所寫《擬閨怨》：「不怨別離久，惟期久愈親。常將舊時意，看取眼前人」（《甌北集》卷五一），亦似有當年那段情事的影子。晚年所感，與《垂楊》詩所稱「彈指鴻泥成往蹟」，恰可相互印證，足見相思情深。此事較少有著錄詳細述及，故考訂如上。

冬，為弟汝明娶妻。汝明時年二十五。

　　《舊譜》：「是冬，為弟汝明娶婦周氏。」

　　【按】甌北《哭舍弟汝明》略曰：「浪遊五六載，節縮持牡鑰。筆潤趙壹

囊，銖積陸賈橐。前年始南歸，團圞引康爵。薄田繞基買，矮屋連牆拓。兼爲汝娶婦，合卺瓦盆酌。非曰驟富豪，庶救舊蕭索。置酒老母前，相顧一笑噱。我也尋赴官，儵直入綸閣。」（《甌北集》卷五）

乾隆二十年乙亥（1755）　二十九歲

【時事】　正月，乾隆帝就署兩江總督尹繼善沽名釣譽事嚴加訓諭，略曰：「尹繼善現署督篆，伊前任兩江時一味沽名釣譽，以致該省吏治日漸廢弛，經鄂容安大加整頓，始克挽回頹風。今尹繼善若能遵守成規，不徇情面，不好名譽，諸事以實，乃爲不負任使；倘其務名舊習牢不可破，仍蹈前轍，致該省吏治仍復廢弛，恐尹繼善未必能任此咎也。」（《清通鑑》卷一一二）借雍正間查嗣庭案訓誡內外大臣，稱停止各類貢獻，以免僉邪好事之徒，如查嗣庭者流，將貢獻硯頭瓶、湖筆之事亦載入日記，構造浮言。二月，胡中藻《堅磨生詩鈔》案起。其時乾隆帝密諭廣東巡撫衛哲治：「汝將胡中藻任廣西學政時所出試題及與人倡和詩文並一切惡蹟，嚴行察出，速奏。稍有姑容，於汝身家性命有關。查出即行密封，差妥人馳驛送京，慎之、密之。」衛遂即將胡中藻詩文及所出試題密報，並稱胡「爲人辦事剛愎自用，詩文摭拾子書中怪僻之語，以自炫其新奇，並不歸於清醇雅正」。（《清代文字獄檔》上冊）三月，又密令協辦陝甘總督劉統勳，乘鄂昌去安西之機，「親往鄂昌撫署中，將其與胡中藻往來應酬之詩文、書信，嚴行搜查，並其與別人往來字蹟中有涉譏刺囑託者，亦一併搜查封固，差妥人馳驛送來」，「不可稍涉瞻徇，不可預露風聲」。提學張泰開，因曾爲胡氏所著《堅磨生詩鈔》作序、編次、刊刻，亦著在京親王總理大臣會同阿里衮嚴加訊究，務得實情。其時，上召大學士、九卿、翰林、詹事、科、道等諭曰：「我朝撫有方夏，於今百有餘年，列祖列宗深仁厚澤，漸洽區宇，薄海內外，共用昇平。凡爲臣子，自乃祖乃父以來食毛踐土，宜其胥識尊親大義。乃尙有出身科目、名列清華而鬼蜮爲心，於語言吟詠之間肆其悖逆詆訕怨望如胡中藻者，實非人類中所應有。其所刻詩題曰《堅磨生詩鈔》，『堅磨』出自魯《論》，孔子所稱『磨涅』，乃指佛胕而言，胡中藻以此自號是誠何心？從前查嗣庭、汪景祺、呂留良等詩文日記謗訕俳張，大逆不道，蒙我皇考申明大義，嚴加懲創，以正紀倫而維世道。數十年來，意謂中外臣民咸知警惕，而不意尙有此等鴟張猘吠之胡中藻，即檢閱查嗣庭等舊案，其悖逆之詞亦未有累牘

連篇至於如此之甚者。如其集內所云『一世無日月』，又曰『又降一世夏秋冬』，三代而下享國之久莫如漢、唐、宋、明，皆一再傳而多故。本朝定鼎以來，承平熙皡蓋遠過之，乃曰『又降一世』，是尚有人心者乎？又曰『一把心腸論濁清』，加『濁』字於國號之上，是何肺腑？至《謁羅池廟》詩，則曰『天非開清泰』，又曰『斯文欲被蠻』，滿洲俗稱漢人曰『蠻子』，漢人亦俗稱滿洲曰『達子』，此不過如鄉籍而言，即孟子所謂『東夷』、『西夷』是也，如以稱『蠻』為斯文之辱，則漢人稱滿洲曰『達子』者亦將有罪乎？再觀其『與一世爭在醜夷』之句益可見矣。又曰『相見請看都盎背，誰知生色屬喪人』，此非謂衃喪之人而何？又曰『南斗送我南，北斗送我北；南北斗中間，不能一黍闊』，又曰『再泛瀟湘朝北海，細看來歷是如何』，又曰『雖然北風好，難用可如何』，又曰『嶼雲揭北斗，怒竅生南風』，又曰『暫歇南風競』，兩兩以南北分提，重言反覆，意何所指？其《吾溪照景石》詩中用『周時穆天子，車馬走不停』及『武皇為失傾城色』兩典故，此與照景石有何關涉，特欲借題以寓其譏刺訕謗耳。至若『老佛如今無病病，朝門聞說不開開』之句尤為奇誕，朕每日聽政召見臣工，何乃有朝門不開之語？又曰『人間豈是無中氣』，此是何等語乎？其《和初雪元韻》則曰『白雪高難和，單辭贊莫加』，『單辭』出《尚書·呂刑》，於詠雪何涉？《進呈南巡》詩則曰『三才生後生今日』，天地人為三才，生於三才之後是為何物，其指斥之意可勝誅乎？又曰『天所照臨皆日月，地無道里計西東；諸公五嶽諸侯瀆，一百年來俯首同』，蓋謂岳瀆蒙羞俯首，無奈而已，謗訕顯然。又曰『亦天之子亦萊衣』，兩『亦』字悖慢已極。又曰『不為遊觀縱盜驪』，八駿人所常用，必用盜驪義何所取？又曰『一川水已快南巡』，下接云『周王孑彼因時邁』，蓋暗用昭王南征故事，謂朕不之覺耳。又曰『如今亦是塗山會，玉帛於方十倍多』，『亦是』二字與前兩『亦』字同意。其頌蠲免則曰『那是偏災今降雨，況如平日佛燃燈』，朕一聞災歉立加賑恤，何乃謂如佛燈之難覯耶？至如孝賢皇后之喪，乃有『並花已覺單無蒂』之句，孝賢皇后係朕藩邸時皇考世宗憲皇帝禮聘賢淑作配朕躬，正位中宮母儀天下者一十三年，然朕亦曷嘗令有干與朝政、驕縱外家之事？此誠可對天下後世者。至大事之後，朕恩顧飾終，然一切禮儀並無於《會典》之外有所增益。乃胡中藻與鄂昌往復酬詠，自謂『殊似晉人』，是已為王法所必誅。而其詩曰『其夫我父屬，妻皆母道之；女君君一體，焉得漠然為』，夫『君父』人之通稱，『君』應冠於『父』上，曰『父君』尚不可，而不過謂其父之類而已，可乎？帝后也，而直

斥曰『其夫』，曰『妻』，喪心病狂一至於此，是豈覆載所可容者乎？他如自桂林調回京師，則曰『得免我冠是出頭』。伊由翰林洊擢京堂，督學陝西，復調廣西，屢司文柄，其調取回京並非遷謫，乃以掛冠爲出頭，有是理乎？又有曰『一世璞誰完，吾身甑恐破』，又曰『若能自主張，除是脫繮鎖』，又曰『一世眩如鳥在笯』，又曰『虱官我曾慚』，又曰『天方省事應閒我』，又曰『直道恐難行』，又曰『世事於今怕捉風』，無非怨恨之語。《述懷》詩又曰，『瑣沙偷射蜮，讒舌狠張箕』；《賢良祠》詩又曰，『青蠅投昊肯容辭』，試問此時於朕前進讒言者誰乎？伊在鄂爾泰門下依草附木，而詩中乃有『記出西林第一門』之句，攀援門戶，恬不知恥。朕初見其進呈詩文，語多險僻，知其心術叵測，於命督學政時曾訓以論文取士宜崇平正，今見其詩中即有『下眼訓平夷』之句，『下眼』並無典據，蓋以爲垂照之義，亦可以爲識力卑下，亦可巧用雙關云耳。至其所出試題內，考經義有『乾三爻不像龍說』，乾卦六爻皆取象於龍，故象傳言『時乘六龍以御天』，如伊所言定三爻不在六龍之內耶？乾隆乃朕年號，龍與隆同音，其詆毀之意可見。又如『鳥獸不可與同群』、『狗彘食人食』、『牝雞無晨』等題，若謂出題欲避熟，經書不乏閒冷題目，乃必檢此等語句，意何所指？其種種悖逆不可悉數。十餘年來，在廷諸臣所和韻及進呈詩冊何止千萬首，其中字句之間亦偶有不知檢點者，朕俱置而不論，從未嘗以語言文字責人。若胡中藻之詩，措詞用意實非語言文字之罪可比，夫謗及朕躬猶可，謗及本朝則叛逆耳。朕見其詩已經數年，意謂必有明於大義之人待其參奏，而在廷諸臣及言官中並無一人參奏，足見相習成風，牢不可破。朕更不得不申我國法，正爾囂風，效皇考之誅查嗣庭矣。且內廷侍從曾列卿貳之張泰開，重師門而罔顧大義，爲之出資刊刻。至鄂昌身爲滿洲世僕，歷任巡撫，見此悖逆之作不但不知憤恨，且喪心與之唱和，引爲同調，其罪實不容誅。」（《清代文字獄檔》上冊）張廷玉本月卒。四月，大學士、九卿、翰、詹、科、道等題請，胡中藻違天叛道，應依大逆凌遲處死，家中親眷男十六歲以上者皆斬立決，張泰開以知情隱匿律斬立決。乾隆帝諭曰：「朕御極以來，從未嘗以語言文字罪人，在廷諸臣和進詩冊何止數千萬篇，其中字句謬戾亦所時有，朕皆不加指摘，何惡於胡中藻一人？實以其所刻《堅磨生詩》內連篇累牘，無非謗訕詆毀之詞，不惟謗及朕躬，且敢詆毀國家。本朝撫臨中夏百有餘年，凡天下臣民，自祖父以至孫子，世蒙教養深恩，而胡中藻逆倫悖叛乃至於此，其得罪於列祖列宗者至大！昔皇考於查嗣庭等案大示義正，意以狂誕之徒必應知所畏懼，而不謂尚有胡中

藻其人，自不得不申明憲典，以儆嚚頑。今大學士、九卿、翰、詹、科、道等公同確訊，屢經面對，僉請處以極刑，自屬按律定擬，朕意肆市已足示衆，胡中藻免其凌遲，著即行處斬，爲天下後世炯戒。胡中藻係鄂爾泰門生，文辭險怪人所共知，而鄂爾泰獨加讚賞，以致肆無忌憚，悖慢俳張，且於其姪鄂昌敘門誼、論杯酒，則鄂爾泰從前標榜之私，適以釀成惡逆耳。胡中藻依附師門，甘爲鷹犬，其詩中『讒舌青蠅』，據供實指張廷玉、張照二人，可見其門戶之見牢不可破，即張廷玉之用人亦未必不以鄂爾泰、胡中藻爲匪類也。鄂爾泰、張廷玉亦因遇皇考及朕之主不能大有爲耳，不然何事不可爲哉？大臣立朝，當以公忠體國爲心，若各存意見，則依附之小人遂至妄爲揣摩，群相附和，漸至判若水火，古來朋黨之弊悉由於此。鄂爾泰爲滿洲大臣，尤不應蹈此惡習。今伊侄鄂昌，即援引世誼親昵標榜，積習蔽錮，所關於世道人心者甚巨，使鄂爾泰此時尚在，必將伊革職重治其罪，爲大官植黨者戒。」（《清代文字獄檔》上冊）並稱：「胡中藻正法之後，或有黨惡好事之徒妄爲不平，造言誹謗，此等舞弄筆舌之事，所關於世道人心甚大，不可不嚴密訪拿。」（《清代文字獄檔》上冊）五月，令甘肅巡撫鄂昌（鄂爾泰從子）自盡。《清史稿》卷三三八《鄂昌傳》曰：「中藻故鄂爾泰門人，鄂昌與唱和。上命奪職，逮至京師下獄。大學士九卿會鞫，籍其家，得所著《塞上吟》，語怨望；又聞鄂容安從軍，輒云『奈何奈何』，上責以失滿洲踴躍行師舊俗。又得與大學士史貽直書稿，知貽直爲其子奕簪請託。上爲罷貽直，諭：『鄂昌負恩黨逆，罪當肆市。但尚能知罪，又於貽直請託狀直承無諱，朕得以明正官常，從寬賜自盡。』」六月，準噶爾平定，「諭曰：『兩路興師之舉，人心狃於久安。在廷諸臣，惟大學士傅恒與朕協心贊畫，斷在必行。著加恩再授一等公爵，以爲力矯積習，爲國任事者勸。』傅恒疏辭。諭曰：『大學士公傅恒以加賞公爵具折奏辭，情詞懇摯。及召見又復面陳再四，至於泣下，並稱金川之役叨封公爵已爲過分。觀其不自滿假，信出至誠，實將來可以永承恩遇之道。朕心轉爲嘉慰，俯允所請，用成厥志。所有平定金川及準噶爾奏捷兩次功績，著並於現封忠勇公敕內，以昭茂典，仍從優加等議敘。』部議加六級，後圖功臣百人像於紫光閣，以傅恒冠。御製贊曰：『世冑元臣，與國休戚。早年金川，亦建殊績。定策西師，惟汝予同。酇侯不戰，宜居首功。』」（《欽定八旗通志》卷一四四《人物志二十四》）帝欲南巡，諭略曰：「朕省方觀民，入境考績，惟期勤求實政，宣達群情，一切供頓，皆出內府，絲毫不以擾民。地方官毋得指名儲備，令衆商捐輸及扣各屬養

廉，察出定行嚴加究處。前者巡南省時，屢飭各督撫務從簡樸，而所至尙覺過於華飾，喧溷耳目。此次行宮及名勝憩遊之地，悉仍舊觀，但取灑掃潔除，毋得增一椽一瓦，毋陳設玩器。城市徑途，毋張燈演劇，踵事增華。巡覽所及，各督撫等果能綏輯井疆，康乂烝庶，俾人敦禮讓俗，慶豐寧，朕自深爲嘉悅。若其徒事華靡，致飾觀美，耗有用之財，侈無益之費，適以自滋咎戾，甚無取焉。各督撫及所屬官民人等，尙其善體朕心，以副朕觀風問俗行慶施惠之至意。」（《清朝通典》卷五六《禮·嘉六》）七月，傅恒充任《平定準噶爾方略》正總裁。八月，乾隆帝幸木蘭，行圍。（《清朝通典》卷五八《禮·軍一》）九月，阿睦爾撒納降而復叛，劉統勳舍巴里坤退駐哈密，爲帝切責。未幾，逮劉統勳來京，命方觀承往軍營辦理糧餉。本月，調汪由敦爲刑部尙書。十月，宥劉統勳、策楞，發軍營以司員效力。（《清史稿》卷一一《高宗紀》）

本年，浙江王又曾在南京晤安徽吳烺，以十詩題烺所編吳敬梓集，敍昨歲在揚晤敬梓及敬梓一夕暴卒事。又曾旅淮安，與程茂、程晉芳等會晤甘園。

浙江商盤調桂，赴鬱州任，作《昭平舊砲臺歌》。本年輯定所著《西清瑣語》。

安徽戴震因避仇入京，館直隸紀昀（曉嵐）、金匱秦蕙田家，昀爲刻《考工記圖》三卷。

直隸翁方綱以翰林官會審胡中藻文字獄。

安徽馬曰琯死，年六十八。

浙江全祖望死，年五十一。

武進莊宇逵（達甫）生。

安徽凌廷堪（次仲）在海州板浦生。

【本事】本年春，辭別故鄉親友，入京補官。

《舊譜》：「先生年二十九，入京補官。」

《將入都留別杏川白峰震峰諸同人》：「釣遊蹤蹟悵難分，攜手河梁對夕曛。貧爲一官拋好友，去猶㦬日飲諸君。歸期敢待成圍樹，浪蹟殊慚出岫雲。今雨長安縱征逐，共誰樽酒細論文？」（《甌北集》卷三）

【按】《簷曝雜記》卷二《杭應龍先生》：「有杭應龍先生，與先府君交最厚，憫余孤露，謂不治舉業，何以救貧，乃延余至家塾，課其幼子念屺，而使長君杏川、次君白峰拉余同課，二君久以舉業擅名者也。」杏川、白峰，皆杭應龍先生之子。又有《與杏川白峰廷宣震峰踏春醉歌》（《甌

北集》卷一）詩，知震峰亦爲其同年學友。

至鎮江，復遊覽金山寺，登塔遠眺以賦詩，晚宿禪房。

《登金山塔頂放歌》：「生不能把浮丘袂，拍洪崖肩，又不能隨列子御風行冷然。黃塵蹢躅日奔走，安得矯首凌雲煙？我過金山凡五度，昨歲始一登，又逼白日暮，不及憑高暢遐顧。今朝乃到浮玉之頂來，游目四矚心爲開。寥空飛鳥盡在下，青冥誰掃無纖埃。不知上距大羅天邊尚幾里，但覺繁星磊落可摘三兩枚。海門東去望不極，混茫一氣雪浪堆，此中即是瀛洲方丈兼蓬萊。尻爲車兮神爲馬，忽如山僧出定遊九垓，回視憑欄之我但肉胎。臨江下瞰復殊狀，塔身如臥江濤上。倘逢罡風獵獵吹我落，不免竟入魚腹葬。振衣忽長嘯，平生空負狂。五嶽未遊一，遇險心已惶。何以更向蓮花峰頭挽鐵索，天台山上度石梁？不見古開士，懸崖撒手凌蒼茫？浩歌未終日將夕，闍黎邀我飯香積。半龕夜借蒲團眠，滾滾濤聲撼枕席。腳力已盡興轉雄，題詩驚破蛟鼉宮。聽取天雞鳴時擬再上，要看五更日出扶桑紅。」（《甌北集》卷三）

《江上逢歸雁》：「幾點春雲雁北飛，首塗故與客相依。渡江一樣從南去，我是出門他是歸。」（《甌北集》卷三）

【按】《藝文類聚》卷九〇引《禮記》：「孟春之月，鴻雁來。又季秋之月，鴻雁來賓。」雁由南方飛回，一般在春分之後，亦即西歷三月下旬前後。由此推論，趙翼離家北上，或在農曆三月中旬。

經淮安，遊覽漂母祠。

《漂母祠》：「淮陰生平一知己，相國鄭侯而已矣。用之則必進其才，防之則必致其死。何物老嫗偏深沈，能於未遇相賞深。吾哀王孫豈望報，此語早激英雄心。布衣仗劍試軍職，寧但重瞳不相識？將壇未築官連教，劉季亦無此眼力。何況區區亭長妻，固宜蓐食私鹽虀。客來靃釜似丘嫂，飯後打鐘如闍黎。獨悲淮陰奇才古無偶，始終不脫婦女手。時來漂母憐釣魚，運去娥姁解烹狗。」（《甌北集》卷三）

【按】據《大清一統志》，漂母祠在山陽縣望雲門外，乾隆二十七年有御製題漂母祠詩。查愼行有《漂母祠》一詩，見《敬業堂詩集》卷九。

三月下旬，由陸路北上，抵達汶上。

《戲題汶上旅壁》：「征途日日轉勞薪，偶見夭桃始覺春。滿面黃塵投旅店，一群紅粉看詩人。梁炊久醒遊仙夢，花落難沾學佛身。爲語纏頭無長物，或將好句寫羅巾。」（《甌北集》卷三）

《曉行》：「野店餘殘柝，荒郊已展輪。曉星明似月，古堠立疑人。村暗猶無火，風微未起塵。擁衾三十里，味續黑甜淳。」（《甌北集》卷三）

【按】詩稱「偶見夭桃始覺春」，北方之桃花，一般在農曆三月十五日前後開放，此處稱「偶見」，故推斷其至汶上之時間，或在三月下旬。由詩中「滿面黃塵」、「荒郊展輪」等語句看，當為走旱路。

至阜城（在今河北阜城縣東），賦詩以吟詠史事。

《阜城詠古》略謂：「驅車曉過阜城路，偶翻逸史徵典故。當年曾出兩僞朝，楚齊先後建國步。」（《甌北集》卷三）

【按】宋岳珂《桯史》卷七《楚齊僞冊》謂：「靖康元年，金人陷京師。明年，太宰張邦昌僭帝位。是歲邦昌伏誅。又三年，盡陷中原地。殿中侍御史劉豫復僭帝位。九年，豫就執北去。」趙翼詩就此而生發。

經白溝河。

《白溝河為遼宋分界處》：「十六燕雲迴畫疆，高秋士馬各邊防。遂分中土方輿外，此亦前人臥榻旁。事去千年無壁壘，時清一水有橋梁。只餘史冊交兵蹟，剩比鴻溝記戰場。」（《甌北集》卷三）

【按】白溝河，《讀史方輿紀要》卷八：「白溝河，亦曰巨馬河，亦曰界河。其上流合淶、易諸水，自易州而東，經保定府新城、雄縣間，至順天府霸州城北，又東至通州武清縣直沽口，合衛河以入海。」

至涿州，行經樓桑村。

《樓桑村》：「桑蓋童童已古丘，英雄氣尚亙千秋。敵彊終造三分國，士少能臣第一流。長阪安行真大度，益州詭取亦陰謀。獨憐故里終拋棄，不及歌風沛上游。」（《甌北集》卷三）

《曉起》：「茅店荒雞叫可憎，起來半醒半懵騰。分明一段勞人畫，馬齧殘芻鼠瞰燈。」（《甌北集》卷三）

【按】樓桑村，蜀漢昭烈帝劉備故里，在今河北涿縣西南十五里。《三國志》卷三二《蜀書二・先主傳第二》曰：「先主姓劉，諱備，字玄德，涿郡涿縣人。……少孤，與母販履織席為業。舍東南角籬上有桑樹生高五丈餘，遙望見童童如小車蓋，往來者皆怪此樹非凡，或謂當出貴人。《漢晉春秋》曰：涿人李定云：『此家必出貴人。』先主少時，與宗中諸小兒於樹下戲，言：『吾必當乘此羽葆蓋車。』」

入京，仍居汪由敦府第。六月，補授內閣中書。與邵齊熊、賀五瑞、李

汪度諸人交好。

《舊譜》：「六月，補授內閣中書，每三日一入直。與同年邵耐亭齊熊、賀舫荾五瑞、李寶幢汪度諸公同直，頗極友朋酬唱之樂。」

《平定準噶爾鐃歌》：「皇威遠播狄鞮長，數月神兵定朔方。特與輿圖開絕軌，祁連山外總周疆。」「兩路分兵擣漠中，聞聲誰不敏關通。王師到處無攻戰，閒掛天山百石弓。」「馬前隊隊乞降人，臺琖酮漿拜路塵。幕府聽宣天語訖，齊聲說作太平民。」「追奔連夕走驂驔，渾脫爭泅水蔚藍。今夜伊犁河北去，眞看北斗在天南。」「前哨銜枚去斫營，格根山下虜宵驚。虎頭番將渾身膽，廿騎催他一萬兵。」「縛得單于絕塞開，累朝故事遍繙來。直從頡利成擒後，千古邊功又一回。」「哀鸞酬庸錫上尊，還聞優賞遍軍門。陰山六月天方雪，一日齊歌挾纊溫。」「尺一才頒大雨行，爭傳解澤潤寰瀛。那知聖主斟元化，手挽長河爲洗兵。」「突兀穹碑勒上庠，龜趺螭首拱天章。橋門舊有岐陽鼓，籀篆從今不敢光。」「塞垣不日整軍還，壯士長歌入漢關。笑把赫連刀自洗，翻嫌未帶血花斑。」（《甌北集》卷四）

【按】邵齊熊（1724～1800），初名炳，字方虎，號耐亭，晚號松阿，江蘇昭文人。邵韡三子。乾隆十二年（1747）舉人，官內閣中書。熟於史事，持論嚴正。所爲詩「萬竹綠如海，一峰青到天」，被譽爲意新筆奇，有《隱几山房文集》（七卷）。其兄弟五人，俱有詩名。事見《國朝耆獻類徵初編》、《湖海詩人小傳》等。

賀五瑞，字舫荾，《樞垣記略》卷一八謂：「賀五瑞，字輯菴（按，題爲『舫』），江蘇丹陽人。乾隆進士。二十四年七月由內閣中書入直。」《樞垣題名》：「賀五瑞，江南丹陽人，乾隆二十四年七月由內閣中書充補。」當即此人。

李汪度，字寶幢，仁和人。乾隆二十二年丁丑（1757）進士，曾任翰林庶吉士、編修等職，乾隆三十九年（1774）以庶子出任提督湖南學院，四十二年（1777）回朝，擢侍讀學士。《揚州畫舫錄》卷一〇：「李汪度，字寶幢，浙江仁和人。工詩古文辭，以孝友世其家，官翰林學士，終養歸里。甲辰間南巡，時迎鑾揚州上方寺前童莊道旁，特邀異數。」事又見《清秘述聞》卷一六、《兩浙輶軒錄》卷三四。與蔣士銓、翁方綱、張五典有交，見《忠雅堂文集》卷二四、《復初齋詩集》卷二五、《荷塘詩集》卷七。

與陳世倌、劉穆菴、汪幼泉諸人有交。

《奉賀大學士海昌陳公移居賜第》：「槐廳賜近五雲旁，新築沙堤一道長。恰似移家光化里，不須治第集賢坊。舫齋畫靜名花燦，書局風清古墨香。身任棟梁公已久，故應佚老有華堂。」「後樂情懷老未刪，肯徒晏坐愛蕭閒。循牆影里人三命，廣廈胸中士萬間。方傲處堂嬉燕雀，豈須隨地有溪山。緣知仰屋思匡贊，報國逾催兩鬢斑。」（《甌北集》卷四）

《劉穆菴侍讀見余近作枉贈佳章依韻奉答》：「與君一別兩年過，譽我何當溢美多。少不如人將老大，才原有限況蹉跎。瑜淮橘恐根將變，弔刿藤慚墨枉磨。出手詩篇蕪陋甚，豈堪研北費吟哦。」「寓齋迴憶共論文，風雨聯床到夜分。得句亟催連夕賀，每談必過舊時聞。螢身不照須彌頂，鳥蹟終疑嶼嶁雲。筆陣舌鋒堪一笑，魯連終未卻秦軍。」「枉將辛苦學妃豨，閉戶窮經願每違。漫擬莊嚴千佛塔，尚慚補綴百家衣。鞭長難護揚雄瓿，綆短方思董子帷。旅邸喜仍鄰近在，可容鑿壁借餘輝？」（《甌北集》卷四）

《汪幼泉民部新闢書室招飲索賦》：「一龕新搆讀書堂，人海中間倐可藏。塵尾蕭閒王謝物，䀹眉古雅宋元裝。書成側理千鈞力，捧出隃麋百和香。風趣似君真不俗，韋經家學味原長。」「旅邸相依歲幾更，更無形蹟間交情。披帷一笑人斯在，看竹頻來主不迎。拇陣轟催浮白捲，手編精校殺青成。應添此地聯床話，我本通門老弟兄。」（《甌北集》卷四）

【按】詩既稱「大學士海昌陳公」，此陳公當為陳世倌。據《清史稿》卷三〇三《陳世倌傳》，世倌字秉之，浙江海寧人，詵子，康熙四十一年（1702）進士，改庶吉士，累遷侍讀學士。擢內閣學士。出為山東巡撫。乾隆二年（1737）由倉場侍郎遷工部尚書。六年，授文淵閣大學士。又據《清史稿》卷一七四《大學士年表》，陳世倌自乾隆六年至二十三年期間，除乾隆十四、十五兩年外，均充任文淵閣大學士。海昌，即海寧之古稱。三國時吳置海昌，在今海寧縣南二十里。劉穆菴，即劉統勳次子墂，見本譜乾隆十四年考述。汪幼泉，《汪幼泉民部新闢書室招飲索賦》詩既以「通門老弟兄」相稱，又於「手編精校殺青成」句下注曰：「時方編司空師籍。」司空，即汪由敦，以其曾任工部尚書，故稱。又，《簷曝雜記》卷二《大臣身後邀恩之例》謂：「及師歿，長君郎中承沆本蔭官，既扶柩歸，奉恩綸葬祭如禮。歲庚辰服闋，赴京補官，而病歿於揚州。」據此推斷，汪幼泉當為汪由敦之子汪承沆。錢陳群《誥封光祿大夫太子太傅

吏部尚書贈太子太師諡文端汪公墓誌銘》謂:「子三,長承沆,戶部郎中;承霈、承霌,皆太學生。女二:長適內閣中書吳恩詔,次許查承裕。孫一,本中。孫女三。」(《香樹齋詩文集》文集卷二五《墓誌銘二》)民部即戶部,因承沆任戶部郎中,故稱。幼泉,或是其號。父號松泉居士,因以幼泉爲號。《(道光)休寧縣志》卷一一謂「汪承沆」:「上溪口人,戶部郎中。以胞弟承霈,貤贈光祿大夫、刑部右侍郎。」「字勗齋,以父由敦廕主事,任刑部。遷戶部,陞郎中,京察記名以道員用。」

冬,觀雜耍於市井。

《觀雜耍二首》之一《幻戲》:「飛舄作鳧石成羊,褰驢摺疊收巾箱。古來僊人往往弄狡獪,豈知能事乃竟出駔儈。祼而向客露裲襠,此中安得復壁藏。妙手空空向空撮,斯須現出般般活。膽瓶風暖花霏香,甆碗泉清魚喽沫。或設肴核飣盤匜,巨棗如瓜藕如雪。觀者不知何處來,傳有鬼運如輿儓。問渠擅此驅使百靈訣,何不搬取銅山奪金穴?竊鈎應可積滿籯,胠橐不須持寸鐵。答言此技貽自漢左慈,非己所有莫致之。乃知雖具神仙彈指術,只供寒乞餬口資。之二《象聲》:「春山晝眉一兩聲,間關百囀多新鶯。枝頭凍雀啅曉晴,呢喃燕語圓而輕。復有格磔無數鳴,聞者疑入深山行。豈知乃出三寸不爛舌,頓使庭齋變岩穴。忽焉荒雞膈膞亂柝喧,深閨夢醒翠被溫。猥媟不防耳屬垣,但見滿堂坐客悄然靜聽俱無言。神哉技乃至乎此,信有繪聲工繪水。偃師之舞優孟衣,不遇以目遇以耳。得錢歸去矜擅場,沽酒不惜傾其囊。笑語妻兒吾舌在,何必彈絲吹竹調宮商。」(《甌北集》卷四)

乾隆二十一年丙子(1756)　三十歲

【時事】 正月,常熟朱思藻《弔時》文案發。朱思藻讀書未成,麤知文意,貧困無聊。上年九月,本地陡遇風災,米價昂貴,遂於十七、十八兩日,將《四書》語,湊集成文,題爲《弔時》,中有「暴君、汙吏、長君、逢君及有王者起,猶解倒懸等語」,被斥爲大肆誹謗,狂悖不法。兩江總督尹繼善、江蘇巡撫莊有恭奏稱,「朱思藻應請旨即行正法。張世美雖非同謀,但不行出首,仍敢抄傳,殊干法紀,應枷號兩個月,重責四十板。周金寶、張振聲,聽從抄寫,應各枷號一個月,重責三十板」。(《清代文字獄檔》下冊)又,德州生員楊淮震獻舊書案審結。起先,德州生員楊淮震,「於丙辰科鄉試,曾列薦卷。因三

場違試不中，懊恨成癡，時發時止，鄉黨呼爲瘋子，不與往來。乾隆七、八年間，有直隸棗彊縣已故民人魏傑，在德州出賣舊書，淮震因買《史記》等書熟識，偶見有抄寫舊書一本，上有火炮諸方，遂自爲罕見奇書，亦將貨物抵換，收藏在家，妄冀獻書錄功，得有寸進」（《清代文字獄檔》下冊）。事爲山東學政謝溶生訪知，具文上奏。山東河道總督兼署山東巡撫白鍾山，密同謝溶生等審結此案，「照生員不許一言建白違者黜革」例，革去功名，又照「縱橫之徒，假以上書，巧言令色、希求進用者律仗一百，折責四十板」。（《清代文字獄檔》下冊）阿桂之父阿克敦卒。《清史稿》卷三○三「本傳」曰：「阿克敦居刑部十餘年，平恕易簡，未嘗有所瞻顧。一日，阿桂侍。阿克敦曰：『朝廷用汝爲刑官，治獄宜如何？』阿桂曰：『行法必當其罪，罪一分與一分法，罪十分與十分法。』阿克敦怒，索杖，阿桂惶恐求教。阿克敦曰：『如汝言，天下無完人矣！罪十分，治之五六，已不能堪，而可盡耶？且一分罪尚足問耶？』阿桂長刑部，屢舉以告僚屬云。」三月，乾隆帝至曲阜，謁先師孔子廟。翌日，釋奠禮成，謁孔林、少昊陵、周公廟。四月，命尚書阿里衮在軍機處行走。五月，調汪由敦爲工部尚書，劉統勳爲刑部尚書。八月十七日，乾隆帝奉皇太后巡幸木蘭行圍。九月二十五日，行圍結束，回駐避暑山莊。閏九月十九日，還京師。十月，劉統勳署河道總督，授尹繼善兩江總督兼管河務。十一月，以汪由敦署吏部尚書。

本年，丹徒王文治隨使節到琉球，與曾留學中國的琉球大臣鄭秉哲會，秉哲伴遊奧山，作紀事詩，秋還。

嘉定錢大昕至熱河，與直隸紀昀等同任《熱河志》修纂工作。

安徽戴震在北京，主高郵王氏家塾，教王念孫。

山東盧見曾在揚州編刊《雅雨堂叢書》。

浙江韓錫胙在山東德州掌教，與常熟許朝定交，爲選定《紅橋詩集》。

旗籍唐英死，年七十五。

吳縣張宗蒼死，年七十一。

江西蔣士銓乘舟往京，「過安慶，母失足踏空艙，創甚。過揚州，舵樓失火，幾焚死。至東阿，打冰渡河，士銓與母皆溺焉，幾死，幸救出，投窯穴得生」（《清容居士行年錄》）。

無錫顧光旭兼戶部觀審處行走，理八旗田產、房屋、戶口之類事。（《響泉年譜》）

【本事】元日早朝後，即輪值內閣。

《元日早朝即輪值內閣》：「三千鵷鷺集初寅，肅聽鳴鞭拜舞勻。玉燭星雲三殿曉，珠杓雨露九天春。笙墩響入和風度，旗傘光涵旭日新。朝罷獨趨輪值地，早欣發筆寫恩綸。」「紛紛冠蓋出東華，獨直深嚴靜不嘩。廣樂遙聞三部伎，御香猶繞五雲車。筆端詩句珠爲唾，天上樓臺玉作家。心蹟雙清誰得比？風流應付畫家叉。」（《甌北集》卷四）

【按】內閣中書，據《清朝文獻通考》卷七九《職官三・內閣》：「中書，滿洲七十人，蒙古十六人，漢軍八人，漢人三十人。貼寫中書，滿洲四十人，蒙古六人。中書科中書舍人，滿洲二人，漢人四人。」《清史稿》卷一一四《職官志一・內閣》：「中書撰擬、翻譯。」《舊譜》：上年「六月，補授內閣中書，每三日一入直。」

初二日，大雪，賦詩，索賀舫荐、錢敦堂同和。

《初二日大雪寓齋夜坐有懷耐亭用東坡韻兼索同直賀舫荐錢敦堂同和》：「把酒方期候月纖，忽看雪挾朔風嚴。臥袁門外無今雨，歌郢場中有昔鹽。頗稱清言霏玉屑，何當白戰比風簷。素心偏隔過從蹟，歎息鴻泥指爪尖。」「紙窗岑寂自塗鴉，未駕西郊觳觫車。影傍宵孤燈不穗，夢經寒壓筆無花。閒輸灞岸騎驢客，遠憶江村賣酒家。白戰詩成慚未好，諸君莫惜手同叉。」（《甌北集》卷四）

【按】錢大經（1726～1763），字虞惇，號敦堂，浙江平湖人。乾隆二十二年丁丑科進士。光緒《平湖縣志》有傳。（《清代人物生卒年表》）《兩浙輶軒續錄》卷七謂：「錢大經，字虞惇，號敦堂，平湖人。乾隆丁丑進士，官翰林院編修，著《槐蔭堂稿》。《石瀨山房詩話》：太史在薇垣久，高宗稔知其才，丁丑臚唱日召見讀卷大臣，上曰：『今科榜內錢大經頗有學問。』時虞山相國拆卷至第五，上問是誰，奏曰：『是錢大經。』上問：『錢某不能鼎甲耶？』奏曰：『是科善書者多，不能鼎甲。』上曰：『錢某甚有名，朕曾覽過他詩文。』及庚辰會試，特派爲同考官。閣臣奏錢大經尚未散館，庶吉士向無分房之例。上曰：『可。』即授編修職。是科分校得鎮洋畢尚書卷，上臨軒問畢沅出何人房，大臣奏稱是錢大經所取。上曰：『大經本可鼎甲，所取定不謬，遂擢第一。』其眷注優渥如此。」唐起鳳（字羽豐，號九峰，平湖人，乾隆丙辰舉人。著《九峰詩鈔》）有《贈錢虞惇大經》詩，曰：「嶄然頭角識錢郎，珠玉風神錦繡腸。門掩陶

園書味樂，夢回陳榻筆花香。陳、陶皆錢子讀書處。一終曲奏靈妃瑟，萬選青來學士囊。咫尺天衢雲路近，碧梧深處有鸞翔。」（《兩浙輶軒續錄》卷六）武進亦有錢大經，字愷存，非此人。

與王露仲有交。

《戲贈王露仲舍人》：「年少才名迥絕倫，況如騎省好風神。孟陽甚欲同車去，只恐招他擲瓦人。」（《甌北集》卷四）

【按】王露仲，乃王大鶴之字。《清秘述聞》卷七：「編修王大鶴，字露仲，順天通州人，丁丑進士。」《畿輔通志》卷二二八《人物》：「王大鶴，字子野，通州人。博通經史，爲文務根柢，矩矱先正。乾隆二十二年進士，改庶吉士，授編修。典四川、雲南、湖南鄉試。督河南學政，選詹事府詹事，日講起居注官。卒年七十有一。」張五典《志別詩存二十四首》之《王庶子露仲》詩曰：「直道生平無愧辭，意存矜愼是眞知。將軍忠孝餘文采，時刪定總戎任公舉遺集。任筆還兼沈約詩。」（《荷塘詩集》卷一二）《清代人物生卒年表》據《乾隆二十二年丁丑科會試同年齒錄》謂其生於雍正九年（1731），卒年不詳。今據《畿輔通志》，其卒年應爲嘉慶六年（1801）。另，朱珪《知足齋詩集》卷第一六編年爲「辛酉下」（即嘉慶六年，1801），收有《挽王露仲庶子》二首，謂：「今春相見尙依遲，憐我顚危不自持。豈厭喧卑先羽化，驚聞風雨折瓊枝。七旬已老誰長健，六識難超且暫離。登岸生天憑慧業，漫尋熟路感交歧。」「同生挨攬共韶春，與了肩差僅四旬。君辛亥二月十四日生。我病君來聽雨舊，君歸我獨感秋新。林泉勇退耽頤志，陶白音希況絕塵。最是親交稱久約，刀圭敢詡憖遺身。」集中列於此詩之前的一首詩爲《得三曾孫香林二十一日》，中謂「阿三生菊月」，菊月，爲農曆九月，可知王大鶴或歿於本月。朱珪另有《喜王露仲庶子枉顧話舊》一詩，略謂：「與君同辛亥，荏苒七十年。憶初識君時，玉樹開瓊田。申之以婚媾，我妹早棄捐。及君脫囊穎，薇省登瀛壖。同直承華地，典學崧嶽天。養志遂高蹈，遺榮不慕膻。園林發嘯詠，陔華譜笙簓。」（《知足齋詩集》卷第一五）亦可參看。王大鶴與祝德麟交往較爲密切，見《悅親樓詩集》卷六、卷九、卷一五、卷一六、卷一七、卷二〇。

和袁枚詩。

《次韻酬袁子才見寄之作》：「早脫朝衫作野樵，雲煙滿塢養心苗。才名

未肯將官換，好句還應仗福消。技有鼻傷非郢斲，音無肉味是虞韶。何當一訪隨園去，鴻爪雙雙蹟互標。」（《甌北集》卷四）

【按】《小倉山房詩集》丙子，未見袁枚原作。

春，顧襄臣秀才自天津來京，過訪甌北。

《顧襄臣秀才自津門過訪》：「百里津門碧水隈，相思常擬棹沿洄。故人恰共春風到，冷官惟餘舊雨來。童律文章慚退筆，僧僚燈火記深杯。與君異姓爲昆弟，一握能無笑口開？」（《甌北集》卷四）

【按】顧襄臣，生平事蹟不詳。然據《甌北集》卷二《赴津門》詩，「譬如投秦客，變易姓名走」及上引詩「與君異姓爲昆弟，一握能無笑口開」小注「記庚午春天津試事」來看，似冒顧姓兩試北闈，皆偕襄臣同往。查禮《得顧襄臣書並詩次韻以答》詩曰：「薄宦天涯老鬢絲，垂髫交每感相離。數行書說當年事，一首詩傳近日思。我愧竟虛三徑計，君才必遇九重知。漫言沽上題襟會，落落晨星哭澹亢。謂心谷先兄。」（《銅鼓書堂遺稿》卷二三）未知所詠與此係一人否？

與邵耐亭齊熊來往甚密，關係深摯，時出郊遠足。

《贈耐亭》：「長安名士多於竹，征逐名場車擊轂。嗟我迂拙百不交，獨愛虞山邵老六。邵君才望不可當，眾鳥叢中一立鵠。頭龍季虎耀門第，百賦千詩森卷軸。蓮花如面更風流，不枉人間六郎目。我才鹵莽不適用，塵羹塗飯漫撈漉。兔園數冊村學究，牛角一編老耕牧。勞薪斷軫音帶焦，退筆作花穎愁禿。較量事事不相敵，高下豈但山與谷。一朝忽作莫逆交，儤直省垣日相熟。不嫌牛驥同櫪槽，旋更蛆蜣共頭足。偶論文藝輒移晷，每和詩句必累幅。三日一面猶嫌疏，中間時復共一宿。同床直欲禁各夢，噴飯何妨笑捧腹。舌本時吐成瀾翻，哀旗欲藏無壁復。屈指生平素心幾，不得不推此君獨。籲嗟呼！人生得一好朋友，茲事亦關命宮福。平時所居寡所諧，只把古人對面讀。呼之不出招不來，掩卷蒼茫時一哭。無端投契得佳士，從此人間有追逐。且糴太倉米五升，更覓滄州酒一斛。時赴邵老同襟期，倚醉高吟聲撼屋。」（《甌北集》卷四）

《同耐亭郊行》：「草綠裙腰到禊辰，相邀勝侶去尋春。波空有影凌羅襪，塵軟無聲碾畫輪。柳絮前身原蕩子，桃花對面有佳人。誰知衰衰長安陌，著此蕭閒兩角巾。」（《甌北集》卷四）

【按】趙翼與邵氏弟兄多有交往，與齊熊弟齊然（字光辰，號闇谷）亦關

係甚篤。《蕉軒隨錄》卷一〇《烹魚雅趣》：「邵暗谷太守夫人善烹鱘鰉魚頭。張瘦銅中翰與趙雲松觀察半夜買魚，排闥喧呼。太守夫婦已寢，聞聲出視，不得已屬夫人起而治庖。魚熟命酒，東方明矣。三人爲之笑樂。中翰有句云：『昔年邵七同街住，半夜打門索煮魚。』想見前輩風流灑脫。」寄寓汪氏園，賦詩以抒懷。

《園居七首》之一曰：「少小愛林泉，願深力未遂。必待買山錢，始樂仲長志。自顧此腐儒，爲期恐猶未。掲來尚書塢，一龕得高寄。平池涵碧虛，層巒聳蒼翠。主人方勤勞，瀑直承明地。晨出暮始歸，弗暇享清閟。一笑落吾手，客乃居主位。似乎造園時，已預爲我置。蠶績蟹有匡，古原有此事。」之七曰：「今我所居堂，昔之藏嬌院。有客戲語余，惜哉今不見。笑謂客何愚，代序去若箭。使其猶在時，紅顏亦已變。皤然春夢婆，君將唾其面。否則嬋娟姿，慣恃黨家宴。見此窮措大，亦豈有餘戀。不如即目前，行樂隨所便。名花與異書，十倍美人豔。」（《甌北集》卷四）

【按】由本詩可見當時生活之境況。又，《金魚》（《甌北集》卷四）詩「凡魚無不愁遭烹，爾獨以色榮其生」，「爾魚且勿誇得地，毋乃專憑色取媚。爾不見蛟龍豈以鱗甲奇，出能爲國甘霖施。斯須慰滿蒼生望，旱苗枯卉皆華滋。不然碧海遊汗漫，詎肯供人作戲玩」，借物言志，自相砥礪，似頗多言外之意。

裘曰修新葺樓居，趙翼賦詩賀之。

《裘少宰師寓園新葺樓居奉題二絕句》：「層簷高敞欲凌虛，鄴架圖籤杜庫書。共說先生有仙骨，故應天半結樓居。」「結構居然萬斛舟，錯疑思曼陸居遊。南風六月濃陰裏，四面松濤作海流。」（《甌北集》卷四）

此時另有《題百體壽詩》、《題畫》（《甌北集》卷四）諸詩。

【按】乾隆二十年，裘曰修因將胡中藻詩集案漏言於鄉人，交部嚴察，幾議革職。「尋命授右中允。十一月，遷侍講。十二月，授吏部右侍郎」（《清代七百名人傳·裘曰修》）吏部尚書爲百官之長，稱太宰。侍郎爲少宰，故此處「裘少宰」當指裘曰修。又，于敏中《誥授光祿大夫太子少傅經筵講官南書房供奉工部尚書兼管順天府尹事諡文達裘公曰修墓誌銘》稱，曰修「體貌清臞，神彩奕奕。居位三十餘年，以文學侍值內廷，綜理部務，隨帶書局，兼司撰著；寅入酉歸，尚與賓從賦詩弈棋，談諧娓娓，至夜分弗倦」（《碑傳集》卷三三）。與詩「共說先生有仙骨」亦相符。

夏，選入軍機處行走。

《舊譜》：「是年夏，選入軍機處行走。時西陲用兵，軍報旁午，凡漢字諭旨及議奏軍需事件，悉先生具草，頃刻千百言，無不中窾會。」

《軍機夜直》：「鱗鱗鴛瓦露華生，夜直深嚴聽漏聲。地接星河雙闕迥，職供文字一官清。螢箋書罷三更燭，神索風傳萬里兵。所愧才非船下水，班聯虛忝侍承明。」「清切方知聖主勞，手批軍報夜濡毫。錦囊有策兵機密，金匱無書廟算高。樂府伶聽朱鷺鼓，尚方早賜紫貂袍。書生眊筆慚何補，不抵沙場斫賊刀。」（《甌北集》卷五）

【按】《清史列傳・趙翼傳》：「入直軍機處，進奉文字，多出其手。」汪由敦《甌北初集序》：「余筆墨填委時，間亦屬具草。初猶逡跧跰才，不就繩檢，繼乃益肆力於古。嘗見其閱前人集，一過輒不復省視，然其中真氣息、真境地已無不洞燭底蘊。間出一語評騭，輒如鐵鑄，覆按之，卒無以易也。以是所見愈擴，每數日輒獲一進境，昔人所云『三日刮目』，殆無以過之。已而官中書舍人，入直樞要，詔命奏箚，援筆立就，無不中窾會，余深倚其伕助。然君不自以為能，退直之下，益沈思旁訊，以古作者自期。嘗一月中作古文三十餘篇，篇各仿一家，示余，余為指其派系所自，生輒以為不謬，每相視而笑。」（《松泉集》卷九）

下直，同畢秋帆沅、王漱田日杏乘馬車遊西郊檀柘寺等名勝。

《下直同漱田秋帆諸人郊行即事》：「油碧車輕度軟紅，看花喜有素心同。一春晴雨常參半，三月寒暄最適中。芹沼泥融銜燕子，柳塘水漫浴鳧翁。清遊不在彈章例，莫便驚他御史驄。」「雨過青圻淨麴塵，出郊人馬共欣欣。班輪隻日餘雙日，春已三分過二分。蝶趁衣香芳草路，鴉銜祭肉夕陽墳。郊行景色真堪畫，只少擔瓶一老軍。」（《甌北集》卷五）

《遊檀柘寺》：「蓮漏聲中轉六時，山房春靜日遲遲。龍妝老叟時聽講，鶴被僧人每借騎。礙石竹多旁出筍，交柯樹似寄生枝。何當結夏來趺坐，清簟無塵一局棋。」「紅塵斷處有煙蘿，澗水溪雲另作窩。佳境每難題句好，名山偏是住僧多。幾雙蠟屐懷遙集，一領藍衫唱采和。棕拂蒲團閒省記，前身似作此頭陀。」（《甌北集》卷五）

《題美人春睡圖》詩，亦寫於此時。

【按】王日杏，程晉芳《四死事傳》曰：「王日杏，字丹宸，號漱田，無錫人。祖雲錦，康熙丙戌廷試進士第一，改翰林院修撰，提督陝西學政。

父諱興洛。君幼時，讀書上口即倍誦。既長，善書法，於魏晉以降墨蹟石刻無不臨摹，輒畢肖。又嫺習時藝，慨然有用世志。乾隆癸酉舉於鄉，甲戌考取內閣中書，行走軍機處。每扈從行圍，遇公事旁午，坐馬上盤一膝，置紙膝上，信筆作小楷疾如飛，而工秀獨絕，同輩中嗟歎以為莫能及。有官中書者見機要大臣，跽一足請事，君見而怒罵曰：『子非人！壞朝廷綱紀，吾不能與子共事。』遂告之大學士陳文勤公逐之。蓋數十年前，士大夫以禮自持，於君猶見前輩風采云。君性耐繁劇，退食之暇，輒以文筆書畫自娛，生平未嘗見倦色。屢擢戶部郎中，出知銅仁府，明法善斷，人稱之『王青天』。公事罣誤，降調。抵京時，大學士溫公辦理緬甸，將往滇南，聞君至，請與偕行。奉旨再授內閣中書，仍辦軍機事。由滇之蜀，進討金川，佐謀畫，著有勤績。木果木之變，君方引眾南，有紅衣賊立高壘，飛片石，正中君額以死。事聞，贈授光祿寺少卿。」（《碑傳集》卷一二一）李心衡《金川瑣記》：「王曰杏字丹宸，癸酉舉人。授內閣中書，入直軍機處，歷遷戶部郎中。出守貴州大定府，緣事鐫職。復起為刑部主事，入直如故。三十六年從西軍入川，與趙文哲同在幕府，軍潰，格賊死之，贈光祿寺少卿。」

畢沅，字纕蘅，一字秋帆，江蘇鎮洋人。幼穎悟，從長洲沈德潛、惠棟遊，學業益深邃。乾隆十八年，中順天鄉試。又二年，補內閣中書，直軍機處。甌北與其結好於此時。乾隆二十五年，以一甲第一人進士及第，授翰林院修撰，後先後陞擢翰林院侍讀，署陝西巡撫、河南巡撫、湖廣總督、兵部尚書等職。為人「篤於朋舊，愛才下士，老友如中書吳泰來、侍讀嚴長明、編修程晉芳諸人，招致幕府，流連文酒，名流翕集，望若登仙。學士邵晉涵、編修洪亮吉、山東兗沂道孫星衍，咸以博學工文，前後受知門下，情誼周摯，其餘藉獎借以成名者甚多」（王昶《兵部尚書都察院右都御使湖廣總督贈太子太保畢公沅神道碑》，《碑傳集》卷七三）。

檀柘寺，疑即潭柘寺。富察敦崇《燕京歲時記》「潭柘寺」曰：「寺在渾河石景山西栗園莊北，去京八十餘里。每至三月，自初一日起，開廟半月，香火甚繁。廟在萬山中，九峰環抱，中有流泉，蜿蜒門外而沒。有銀杏樹者，俗曰帝王樹，高十餘丈，闊數十圍，實千百年物也。其餘玉蘭修竹、松柏菩提等，亦皆數百年物，誠勝境也。」

八月中旬，扈從木蘭。

《舊譜》：「秋獮從木蘭，戎帳中無几案，則伏地起草，文不加點，大學士傅文忠公深倚之。先生治事之暇，出其餘力又沾溉數人。文端公應奉文字既以屬先生，其他隨駕諸大臣和御製詩亦多乞先生代草，頗藉潤筆資以給。」

《扈從木蘭途次雜詩》：「少小生江湖，未嘗習騎射。一官忝樞曹，秋獮得扈駕。結束服袴褶，經營具鞍靶。跨馬出巖關，百里爭一瀉。時還亂流渡，或馳峻阪下。藉草爲重茵，列帳作廣廈。居然幽并兒，據鞍忽自詫。」「峨峨南天門，岩岩古北口。一髮通番落，岡巒互環紐。當其扼隘處，兩馬不容偶。胡爲明中葉，往往敵騎踩。瓦剌僅餘孽，朵顏亦小丑。篳篥時一鳴，空壁輒反走。當時諸將帥，守關者誰某？我朝溥德威，地盡九垓九。保塞諸蕃戎，弭帖如畜狗。方供使臂指，寧煩顧腋肘？在德不在險，古語良不朽。」「言入木蘭道，極目無人煙。鴻蒙闢不盡，留此太古天。萬山互盤紆，重重相鉤連。不知幾千里，疑到天盡邊。我行蒼翠中，恍覺非人間。遙岩發高雲，幽壑鳴流泉。誰信區脫地，清景爾許妍。聞昔本戎落，處處列幕氈。輸誠徒游牧，獻作周陸圓。山川眞面目，遂乃現其全。山靈如有知，應慶遭際緣。」「午正趣安營，慢城宮殿肅。斯須城外地，萬帳一齊矗。寧復審嚮背，亦莫計橫縮。紛錯如犬牙，歷亂若蠻簇。其間往來處，百折路回復。黃昏退直歸，言尋氈廬宿。軿輻纏鞅絆，橫斜臥車轂。偶然迷失道，一迷恐不復。盲人騎瞎馬，竟夕歎躑躅。」「安營無常所，一夕輒一徙。堪笑擇地者，盡力爭尺咫。似欲作世業，永以貽孫子。輜重未及來，爭先占基址。立幟標四陲，務欲恢疆紀。畫地成鴻溝，分界嚴彼此。忽有後來人，闖入欲棲止。驚如寇入邊，憤如師摩壘。奮身起相抗，攘臂誓相死。同壞爲仇讎，必逐然後已。日暮就帳宿，臥席暖方始。又欲爭前途，棄之若敝屣。安肯爲少留，連夜拔帳起。」「車轂循軌行，駝馬銜尾渡。雖有千萬隊，按程可畢赴。胡爲各爭先，凌躐奪前路。每當徑最狹，趨之尤若騖。豈知勢所限，一束無不住。嗟此阻窒時，譬噎當急吐。又莫肯稍退，寧可使兩誤。靮絆亂糾結，輪蹄競盤互。相守瞠目視，相嚷沸脣呼。可憐先到者，躊躇屢回顧。輜重不得來，行李安所措？日哺未具炊，夜深猶坐露。本爲貪便捷，誰知轉遲暮。欲速則不達，此理竟孰悟。」「隨營有行市，居奇者何人？車駝捆載來，物以罕見珍。一日長一價，炊餅如錢輪。酒瓶屢加水，菜把須論緡。就中只牛肉，價值差平均。曰無轉輸費，驅而殺其身。嗟我雖老饕，睹此忍入脣。藜羹脫粟飯，聊以度夕晨。僮僕竊

訕笑，聞之不敢嗔。」「巍巍達巴漢，其高不可計。百折到其巔，自辰巳及未。
萬馬氣一喘，彌天作雲沸。捫星仰歇息，迥立蒼霄際。卻望四山齊，翻如在
平地。平地所來處，窪作溝渠細。步移輒換形，境變乃易位。適從山下觀，
山凸而上銳。今來山上觀，地凹忽下墜。一凹一凸間，生我顛倒智。」「冰蠶
不知夏，夏蟲難語冰。豈知一日間，四時之氣併。五更起蓐食，抗手寒凌兢。
鼻息結在鬚，滿口生冰稜。日出漸回暖，吳綿正相仍。不覺亭午來，歊陽當
空蒸。隔幕炙我背，力透布兩層。少焉夕陽下，復趣寒衣增。始知乾坤大，
氣候各異徵。書生坐燈窗，寒燠詎足憑。冬裘而夏葛，界限徒硜硜。」「熱河
形勝區，鬱鬱壯宮殿。風雨所和會，諸番入朝便。豈惟眾蒙古，從獵歲叨宴。
邇來覿遠夷，先後集重趼。天馬大宛徠，名刀大食獻。皆從萬里外，來自效
屏翰。皇哉大一統，方軌眞莫限。時會當郅隆，盛事成習慣。試與披往籍，
何代無邊患？遠戍疲踐更，長征困傳箭。乃知今所遭，實千載僅見。」「言遇
廣仁嶺，是夕天微茫。雪片大於掌，打我兩頰旁。少焉天將曙，清風生虛涼。
曉色與雪迸，晃漾疑月光。層巒疊巘間，積素相低昂。登高一遐眺，自顧驚
以惶。朗朗行玉山，此豈我敢當。得非化爲仙，上清從玉皇。路過瓊瑤島，
身騎白鳳凰。」（《甌北集》卷五）

《出古北口》：「鎖鑰憑天險，因山戍壘成。千盤蛇陣勢，十萬馬蹄聲。
隘比函關扼，危如劍閣行。時清無警備，不用怯長征。」（《甌北集》卷五）

《青石梁》：「鑿翠開馳道，摩雲有石梁。路需梯設級，山似劍排鈀。絕
塞射雕手，深林餧虎倀。憑高攬形勝，秋色正蒼蒼。」（《甌北集》卷五）

《登畢爾哈爾巴齊達巴罕》：「清晨緣麓上，到頂已斜曛。回看下方雨，
卻迷來處雲。路如蛇不斷，人似蟻成群。小憩盤陀石，勞深覺易欣。」（《甌
北集》卷五）

《山行》：「青山紅葉晚秋天，溪壑生平得少緣。老樹自燒根出火，斷崖
被齧石穿泉。境難留處惟題句，人未來時或有仙。歸語妻孥莫相勞，此行也
勝刈溪船。」（《甌北集》卷五）

《山田》、《木蘭》、《擬秋獮應制》（《甌北集》卷五）諸詩亦寫於此時。

【按】蔣士銓《甌北集序》：「每歲秋扈從出塞，戎帳中無几案，則伏地起
草，頃刻千百言，文不加點。」《簷曝雜記》卷一《木蘭物產》：「木蘭在
熱河東北三百餘里，本蒙古地，康熙中近邊諸蒙古獻出，以供聖祖秋獮。
今每歲行圍，大約至巴顏溝即轉而南，不復北矣。巴顏，蒙古語謂富也，

其地最多鹿，故云。山多童，惟興安嶺稍有樹。全惕莊爲熱河總管，嘗奉旨采木於木蘭，謂余云：『巴顏溝之北多大木，伐之從羊腸河流出。熱河宮殿材皆取給於此。』有落葉松，蓋氣益寒，則松葉亦落矣。木蘭出蘑菇最佳。每秋獮駐營後，土益肥，故所產尤美。俗呼銀盤蘑菇，取其形似，非也，蓋營盤之訛爲銀盤耳。地有鼠，土疏而墳，一鼠在土中穿突，土輒高起如塚。余初入木蘭，見遍地皆塚，疑此中無人居，何得有此？後在戎帳中，日將暮，坐褥前尺許地漸墳起，詫爲異事。袁愚谷謂：『勿怪，此有鼠在其下也。』明早再入視，則高尺許如塚矣，然後知向所見皆鼠宅也。野雞味最鮮。初在草中，爲人馬所驚，輒飛起，然飛只在兩山間，不能越山而過。力竭則撲而下，入草中尚能沖十餘丈，過此則以首伏叢薄，不見人，即自以爲人不見矣。俯而拾之，尚活。數十錢即買得，故可煮湯以待雞之至也。凡水陸之味，無有過此者。土人云：『木蘭中多榛松子，野雞食之，故肉尤美』云。」《清朝文獻通考》卷一四〇《王禮考十六》：「國語謂之木蘭，今即爲圍場之通稱矣。凡圍場之名曰塔里牙圖、曰永安莽喀、曰巴顏喀喇、曰威遜格爾、曰溫都爾華、曰額爾滾果、曰巴顏布林哈蘇臺、曰巴顏溝、曰岳樂、曰朱勒、曰巴顏木墩、曰得爾吉、曰達顏得爾吉、曰必圖舍里、曰阿濟格鳩、曰多們、曰厄勒素西那、曰額倫索活圖、曰庫爾圖察罕、曰西拉得布僧、曰厄爾吉圖察罕、曰永安拜色欽、曰巴顏圖庫馬、曰鄂爾吉呼哈達、曰永安拜、曰英圖、曰哈里牙拉、曰喀拉馬拉喀、曰赤老圖得爾吉色欽、曰明安阿巴圖、曰得勒格楞歸鄂博、曰孟魁色欽、曰巴顏托羅海、曰布克、曰漢特木爾、曰庫庫哈達、曰愛里色欽、曰喀喇楚古素、曰克勒、曰古爾板西那、曰察罕箚布、曰西那腦海、曰噶海圖、曰布歸圖、曰莫爾根烏里雅素臺、曰胡魯蘇臺、曰巴拉圖、曰色拉、曰紮喀烏里雅素臺、曰都呼代、曰哈達圖紮布、曰土門索各圖、曰們都阿魯、曰坡賴、曰莫爾根精奇尼、曰古爾板古爾板、曰森吉圖、曰布都里、曰朱爾噶代、曰哈朗歸、曰和來果爾、曰搜吉、曰空果勒鄂博、曰阿魯布魯克、曰巴顏莽喀、曰沙爾當、曰圖爾根衣紮爾，凡六十餘所。」餘見本譜乾隆六年「時事」。

閏九月中旬，由避暑山莊回京，接家中書信，知弟汝明病故，悲慟萬分。

《哭舍弟汝明》：「于役在塞垣，池塘夢頻霝。到京接家書，頓欲喪魂魄。初疑信未眞，覆視耗已確。嗚呼弟遽死，慘變良可愕。嗟我兄弟四，幼孤渺

無托。弱冠我授徒，館穀僅升龠。可憐叔與季，待哺似雛雀。惟汝年差長，勞瘁不得卻。家貧難讀書，去雜傭保作。宵眠獨逮衣，晨躓不借屬。負擔腫到背，奔波胝生腳。芻因牧羊供，鞭以叱犍著。沒髁深淖旋，卷舌淒風嚼。悲哉同氣中，茶苦汝尤劇。我時雖客授，近不越城郭。爲攜季弟偕，教讀課研削。無何予季殤，已痛一個弱。爰賦遠遊篇，求祿向京洛。汝年正二十，奉母守寂寞。惜別勢益孤，居窮境彌惡。雖寄賣文錢，遲速不可度。矜莊揢門戶，黽勉措藜藿。身如一足夔，跛躇成獨躍。客中每念及，汗浹顏面怍。浪遊五六載，節縮持牡鑰。筆潤趙壹囊，銖積陸賈橐。前年始南歸，團圞引康爵。薄田繞基買，矮屋連牆拓。兼爲汝娶婦，合巹瓦盆酌。非曰驟富豪，庶救舊蕭索。置酒老母前，相顧一笑噱。我也尋赴官，僄直入綸閣。還擬儲薄俸，爲汝生產擴。少游守墓懷，何點樓山約。庶幾室苟完，足以老巖壑。孰知遽無祿，早掩一丘貉。回憶孤露時，飄搖燕巢幕。今幸比齊民，稍識有生樂。並此不獲享，賦命抑何薄。身後況無兒，嫠婦奉烝袀。此亦未了事，不瞑目應矐。更愁倚閭人，鬢已霜雪矐。垂老翻哭子，精神益銷鑠。籲嗟乎我生，胡爲罹此虐。悲來中夜起，百感亂糾錯。兄弟廿餘年，虛作常棣萼。生罕同枕被，死未視湯藥。骨肉有如此，曾何異隔膜。旅館一穗燈，嚴更數聲柝。題詩寫哀痛，筆與淚俱落。」（《甌北集》卷五）

【按】《西蓋趙氏宗譜》：「汝明，行二，字明玉，雍正八年庚戌五月初十日子時生，乾隆二十一年丙子九月初十日辰時卒，年二十七。配周氏。」《舊譜》將汝明之死，繫於二十二年丁丑，謂「弟汝明歿於家」，既與詩之編年不符，亦與「宗譜」迥異，顯誤。甌北返京師，不會早於閏九月十九日，得知汝明病逝之噩耗，當在一月之後，故心情極爲悲痛，「頓欲喪魂魄」。

十月，尹繼善入覲，傅恒囑趙翼代作詩相謔。

《尹望山制府入覲，春和相公屬余代作詩相謔，公將行，賦此解嘲》：「草檄陳琳半爲人，少年口孽積來頻。辮香自向公前懺，菩薩低眉本不嗔。」（《甌北集》卷五）

【按】據《清代七百名人傳·尹繼善》載，本年三月，奉旨覆審浙江按察使富勒渾劾巡撫鄂樂舜勒派商銀案，所劾實，仍坐富勒渾以誣告加等罪上奏。尹繼善所擬悖謬，詔革職留任。十月，實授兩江總督，命紫禁城內騎馬。尹繼善入覲，當在本年十月。又據袁枚《文華殿大學士尹文端

繼善神道碑》：「俗傳公貌類佛，而不喜佛法。聞人才後進，則傾衿推轂，提訓孳孳。每公餘，一卷一燈，如老諸生，寒暑勿輟。詩成，喜人唫聽，至頓挫處，手爲拍張，或半字未安，必嚴改乃已。以故清詞麗句，雖專門名家自愧不如。」（《碑傳集》卷二七）詩中謂「菩薩低眉本不嗔」，蓋指其貌類佛而待人和善。

為王麓臺畫冊題詩。

《題王麓臺畫冊》（十二首）之一曰：「淺草如梳綠鬢絲，輕藍初渲隔年枝。杖藜獨步溪橋晚，人在東風二月時。」之七曰：「一抹閒雲澹遠空，扁舟容與靜無風。滄江不改春潮綠，已有霜楓一葉紅。」（《甌北集》卷五）

【按】王麓臺，即王原祁。原祁（1642～1715），字茂京，號麓臺，太倉人。太常寺少卿王時敏（字遜之，號煙客）之孫。康熙九年進士，授任縣知縣，行取給事中，尋改中允，直南書房，累擢戶部侍郎。歷官有聲。康熙帝右文，時而怡情翰墨，常召入便殿，從容奏對。或於御前染翰，上憑几觀之，不覺移晷，命鑒定內府名蹟，充書畫總裁，萬壽盛典總裁，恩禮特異。繪畫學元人黃公望，有「形神俱得」之譽。事見《清史稿》卷五○四《藝術傳·王時敏傳附》。

乾隆二十二年丁丑（1757）　三十一歲

【時事】　正月，乾隆帝奉皇太后南巡至江南，閱視河工。先至江南宿遷順河集，改水路南行。二月間，至揚州，駐蹕天寧寺行宮。《揚州畫舫錄》卷七《城南錄》曰：天寧寺行宮在高旻寺旁。「今上南巡，先駐是地。次日方入城至平山堂。御製詩有紆棹平山路句。詩注云：自高旻寺行宮策馬度郡，至天寧行宮，易湖船，歸亦仍之，以馬便於船，且百姓得以近光，謂此。蓋丁丑以前皆駐蹕是地，天寧寺僅一過而已。迨天寧寺增建行宮，自是由崇家灣抵揚。先駐天寧行宮，次駐高旻行宮」。至蘇州，巡視織造機房。至嘉興，於府後教場閱兵。又二十日後，至杭州，遣官祭禹陵。回鑾至江寧，親詣明太祖陵致祭。至徐州，閱視黃河形勢，指授方略，尚書劉統勳受命督修徐州北岸石工。又至山東，親詣闕里、岱廟行禮。三月，雲貴總督恆文等婪索屬吏案發。「恆文與雲南巡撫郭一裕議製金爐上貢，恆文令屬吏市金，減其值，吏民怨咨。一裕乃疏劾恆文貪污敗檢，列款以上。上命刑部尚書劉統勳會貴州巡撫定長即訊，得恆文令屬

吏市金減金值，及巡察營伍縱僕婪索諸事，逮送京師。上責恒文：『爲大臣，以進獻爲名，私飽己橐，簠簋不飭，負恩罪大。』遣侍衛三泰、紥拉豐阿乘傳就恒文所至，宣諭賜自盡」（《清史稿》卷三三九《恒文傳》）。四月，河南夏邑生員段昌緒圈點「吳三桂僞檄」案發，論斬。康熙間，吳三桂叛，傳有檄文流布於夏邑。乾隆時，司存成、司淑信昆仲得之，以示段昌緒，昌緒加評而圈點之。高宗南巡，民人劉元德以縣令不職、賑恤不周等情申述，並供稱乃昌緒指使。有司於昌緒臥室起出檄文，窮治之，乃斬昌緒，並置司氏昆仲於重典。（《清稗類鈔》第三冊）五月，賜浙江嘉善蔡以臺、江南松江府上海縣曹錫寶、江西南昌縣彭元瑞、江西廣信府鉛山縣蔣士銓、江南通州方汝謙、浙江仁和李汪度等二百餘人進士及第，出身有差。是科會試，劉統勳爲正考官，全德、王英等爲副考官。六月，彭家屏以私藏明末野史獲罪。彭家屏原任江西布政使，移雲南，再移江蘇，以病乞罷，家居。《清史稿》卷三三八《彭家屏傳》謂：段昌緒案發，帝令直隸總督方觀承覆按，「召家屏詣京師，問其家有無三桂傳鈔檄及他禁書。家屏言有明季野史數種，未嘗檢閱，上責其辭遁，命奪職下刑部，使侍衛三泰按驗。家屏子傳笏慮得罪，焚其書，命逮昌緒、傳笏下刑部，誅昌緒，家屏、傳笏亦坐斬，籍其家，分田予貧民。圖爾炳阿又以家屏族譜上，譜號大彭統記，御名皆直書不缺筆。上益怒，責家屏狂悖無君，即獄中賜自盡。秋讞，刑部入傳笏情實，上以子爲父隱，貸其死。上既譴家屏等，召圖爾炳阿還京師，逮（孫）默下刑部，命觀音保以通判知夏邑。手詔戒敕，謂：『刁頑既除，良懦可憫。當善爲撫綏，毋俾災民失所也。』」七月，帝奉皇太后巡幸木蘭，兩月餘，始回京。十一月，大學士蔣廷錫之子、山東巡撫蔣洲團緣侵虧庫銀，勒派通省彌補被正法。十二月，茶陵生員陳安兆著有《大學疑斷》諸書案發。湖南巡撫富勒渾稱，陳安兆性情怪癖，自著《大學疑斷》、《中庸理事斷》、《癡情拾餘》各一部，「書內雖俱無悖逆之處，然理解荒謬、言詞俚鄙且敢評駁朱注，更多尊崇謝濟世之語。其爲狂妄詭僻已無疑義」（《清代文字獄檔》上冊），應嚴加懲究。並擬對茶陵州學正羅德忠、衡州府學教授潘世曉、華容縣訓導羅連才等或爲其作序，或存留其書籍者，逐一參革。乾隆帝認爲，此書雖「不無違背朱注」，但「不過村學究」淺薄之語，間有牢騷，亦爲「淺學人掉弄筆墨陋習」，並不一定是「謗訕國家，肆詆朝政，如胡中藻之比」。所作本「不足稱爲著述，於此加以吹求，轉無以服其心」。因命此案「無容再行辦理」。（《清代文字獄檔》上冊）

本年，宜興儲祕書至北京，以所作《緦石齋詩》贄錢維城。

嘉定錢大昕任事翰林院，收碑版，始作金石文跋。

江西蔣士銓入翰林院，作《歲暮行》長詩訴貧。

安徽戴震南還，在揚州與華亭沈大成定交，爲山東盧見曾纂《金山志》一小冊。

【本事】正月初一，趙翼同顧北墅雲入直，宿禁中。賦詩，索陳玉亭輝祖、王漱田日杏、畢秋帆沅諸人和韻。

《元日同顧北墅舍人值宿禁中，邀申拂珊京兆、劉荊川侍御、陳玉亭員外、馮魯岩、王漱田、梅秋埃、賀舫菴、畢秋帆諸舍人和韻》：「絳殿叨隨待漏班，朝元留宿五雲間。春從天上來尤早，官在年初事最閒。玉琯音聞仙樂奏，金盤饌出御廚頒。不因儤直深嚴地，酬應何由謝往還。」（《甌北集》卷五）

【按】顧雲，字伯顧，號北墅，如皋人。乾隆甲子（1744）舉人，甲戌（1754）中書，歷任吏部文選考功司員外郎。著有《貯清軒怡園詩集》。（《淮海英靈集》戊集卷三）陸燿有《送顧北墅員外序》，見《切問齋集》卷七。程晉芳有《顧北墅前輩招飲即席賦贈二首》、《和北墅前輩看菊之什即次原韻》，見《勉行堂詩集》卷一五；又，《題顧員外北墅趺坐讀書圖，時將南歸》，見《勉行堂詩集》卷一六。蔣士銓有《三里樓邸居圖爲同年顧北墅雲吏部作》，見《忠雅堂文集》卷八。阮葵生有《九日顧北墅招集，次趙損之韻》，見《七錄齋詩鈔》卷一〇。王昶有《題顧舍人北墅雲秋夜讀書圖》，見《春融堂集》卷七。王鳴盛有《題顧吏部北墅草堂圖》，見《西莊始存稿》卷一六。

申拂珊，名甫（1706～1778），字及甫，號笏山，先出池陽，遷揚州。乾隆元年（1736）舉鴻詞，不第。七年，授中書舍人，累官侍讀，刑部郎中。十八年（1753）授順天府丞，二十八年（1763）授光祿寺卿，改大理寺卿，遷左副都御使。四十三年卒，年七十三。有《笏山詩集》。王昶《春融堂集》卷五六收有《都察院左副都御使申君墓誌銘》。《國朝耆獻類徵初編》、《國朝詩人徵略初編》等，亦收有其小傳。另，阮元《廣陵詩事》，亦曾記載：「丙辰鴻博，申笏山副憲（甫）爲浙江總督無錫嵇相公（曾筠）所舉，庚辰嘗會同徵於京師華亭王相公舊邸之錫壽堂。」（卷七）又謂：「申笏山早歲久客浙江衢州西安縣。」有《題明衢州瞿太守趙

姬墓》詩。笏山還賦有「難留塞北花，易盡江南雪。我本廣陵人，飄零正愁絕」詩。（卷一〇）有《笏山詩集》（乾隆刻本，十卷）傳世。甌北詩中「拂珊」，即此人。時申氏任順天府丞，當稱「少京兆」，此以「京兆」稱之。

劉荊川，即劉湘。《清秘述聞》卷六：「四川考官，御史劉湘，字荊川，順天涿州人，戊辰進士。」《國朝御史題名》：「（乾隆十九年）劉湘，號荊川，順天涿州人。乾隆戊辰進士，由戶部員外郎考選江南道御史，轉戶科給事中，禮科掌印。」《樞垣記略》卷一八：「劉湘，字蘭階，直隸涿州人。乾隆戊辰進士，二十年十二月由江南道御史入直，官至禮科給事中。」《（民國）涿縣志》第六編「人物・孝義」：「劉湘字荊川，幼穎慧。年十三，為州學生，旋以選拔入成均。時鄂盧亭為大司成，甚器重之。乾隆戊辰，與弟洵同登進士，授戶部主事，遷員外郎。丙子，典四川鄉試。歷戶、禮兩科給事中，視學河南。丁父憂，訃至，號呼擗踴，泣下皆血，乃於苫塊間作《七哀詩》，辭意酸楚，不可卒讀。旋里，未幾，竟以過哀致疾而卒，年三十有九。」

陳玉亭，即陳輝祖。輝祖（？～1783），玉亭或係其字，湖南祁陽人。「兩廣總督大受子也。以蔭生授戶部員外郎，遷郎中。外授河南陳州知府。累遷閩浙總督，兼領浙江巡撫。亶望獄起，輝祖弟嚴祖為甘肅知縣，獄辭連染。上以輝祖當知狀，詰之，不敢言，詔嚴切，乃具陳平日實有所聞，懼嚴祖且得罪，隱忍未聞上，因請罪。降三品頂戴留任。時安徽巡撫閔鶚元亦坐其弟鵷元，與輝祖同譴。既，布政使盛柱疏言檢校亶望家入官物與原冊有異同，命大學士阿桂按治，具得輝祖隱匿私易狀，論斬。上曰：『輝祖罪固無可逭，然與亶望較，終不同。傳謂：「與其有聚斂之臣，寧有盜臣。」輝祖盜臣耳。亦命改監候。』四十七年，浙江巡撫福崧奏桐鄉民因徵漕聚眾闖縣庭，輝祖寬其罪，次年乃復閱。閩浙總督富勒渾奏兩省諸州縣虧倉穀，福建水師提督黃仕簡奏臺灣民互鬥，於是上罪輝祖牟利營私，兩省庶政皆廢弛貽誤，罪無異亶望，賜自裁」（《清史稿》卷三三九《王亶望傳附》）。另，《簷曝雜記》卷四《湖南祝由科》：「湖南有祝由科，能以符咒治病。余與陳玉亭同直軍機時皆少年，暇輒手搏相戲。玉亭有力，握余手輒痛不可忍，余受侮屢矣。一日在郊園直舍，余憤甚欲報之，取破凳一桄，語玉亭：『吾閉目相擊，觸余桄而傷，

非余罪也。』余意閉目，則玉亭必不敢冒險來犯，而玉亭又意冒險來，余必不敢以栀擊也。忽聞栀端掯一聲，驚視，則玉亭已血滿面，將斃矣。蓋栀著唇間也。急以湯灌之，始蘇，呼車送入城。是日下直，余急騎馬往視玉亭，而馬忽跳躍，亦跌余死，半刻方醒。及明日見玉亭，玉亭故無恙。後其家人語余奴子，始知余之跌，即玉亭所爲。」

馮魯岩（1721〜1801），即馮光熊，字太占，號魯岩，浙江嘉興人。撰有《黔楚苗變憶略》、《緬甸紀略》等。《清史稿》卷三五八《馮光熊傳》曰：「乾隆十二年舉人，考授中書，充軍機章京。累擢戶部郎中。三十二年，從明瑞赴雲南，授鹽驛道，母憂歸，坐失察屬吏科派，奪職。服闋，以員外郎起用，仍官戶部，直軍機，遷郎中。從尚書福隆安赴金川軍，授廣西右江道，署按察使兼鹽驛道。歷江西按察使、甘肅布政使。四十九年，石峰堡回民作亂，籌畫戰守，儲設餉需具備。以前江西巡撫郝碩迫索屬吏事覺，同官多獲譴，光熊亦緣坐奪官，留營效力。事平，用福康安薦，起爲安徽按察使。洊擢湖南巡撫，調山西。時議河東鹽課改歸地丁，光熊疏言：『河東鹽行山、陝、河南三省，商力積疲，易商加價，俱無所濟。若課歸地丁，聽民販運，無官課雜費、兵役盤詰、關津留難，較爲便宜。山西州縣半領引行鹽，半食土鹽、蒙古鹽，仍納引稅。其間或引多而地丁少，或引少而地丁多，徵之三省皆然。請將課額四十八萬餘兩，通計均攤。』允之。五十七年，上幸五臺，各疆吏先後奏陳，自鹽課改革後，價頓減落，民便安之。詔嘉光熊調劑得宜，賜花翎、黃馬褂，署工部侍郎。未幾，授貴州巡撫，調雲南。五十九年，署雲南總督。明年，大塘苗石柳鄧叛擾銅仁，光熊赴松桃防禦，以思州田壩坪、鎮遠四十八溪、思南大坪密邇楚苗，且扼銅仁後路，分兵屯守。苗匪急攻松桃、正大，不得逞。旋赴銅仁治餉需，偕總督福康安治軍設防，規畫稱旨，命留貴州巡撫任。嘉慶二年，事平，奏請銅仁、正大改建石城，以資捍衛，從之。會仲苗又起，偕總督勒保督率鎮將，聯合滇、黔、楚、粵諸軍剿撫，事具《勒保傳》。光熊分檄將吏，解歸化圍，肅清播東、播西兩路，降安順、廣順所屬苗寨。仲苗平，偕勒保奏上善後四事，請隨征武舉、武生及鄉勇，就近補充弁兵餘丁，給難民棲止、牛具費用，儲糧備兵民就食，清釐田畝，靖苗、漢之爭。自軍興以來，凡所措置，多邀嘉許。勒保移師入川，善後專任光熊。三年春，復疏請申禁漢民典買

苗田，及重債盤剝，驅役苗佃；禁客民差役居攝苗寨；酌裁把事土舍亭長，定夫徭工價，以利窮苗；酌設苗弁，以資管束，悉報可。五年，詔光熊治理有聲，年近八旬，召授兵部侍郎，尋擢左都御史。六年，卒。上念前勞，賜祭一壇。」事還見崔熙泰（代）《逸在山人文稿》二等書。（《清代人物生卒年表》）王昶《使楚叢譚》載曰：辛亥（1791）正月「十五日，馮魯彥撫君同司道諸君攜酒肴並樂部過寓齋小集，時浦太圻案審畢」。

王漱田，即王日杏，見本譜乾隆二十一年考述。

梅秋竢，即梅立本。立本（？～1767），字秋竢，號望園，江蘇上元人。事見梅曾亮《柏梘山房文集》八。（《清代人物生卒年表》）《清秘述聞》卷一二：「梅立本，字秋竢，江南宣城人。乾隆丁丑進士，三十年以編修任。」

賀舫菴，見本譜乾隆二十年考述。

畢秋帆，見本譜乾隆二十一年考述。

上元節前後，直西郊圓明園，晚觀西廠煙火。

《西廠觀煙火》：「晚直郊園月未斜，昇平樂事覽繁華。九邊塵靜平安火，上苑春催頃刻花。跋浪魚龍煙是海，劈空雷電炮爲車。歸途尚有餘光照，一路林巒映紫霞。」（《甌北集》卷五）

【按】《帝京歲時紀勝・上元》謂：「十四至十六日，朝服三天，慶賀上元佳節，是以冠蓋蹁躚，繡衣絡繹。而城市張燈，自十三日至十六日四永夕，金吾不禁。懸燈勝處，則正陽門之東月城下、打磨廠、西河沿、廊房巷，大柵欄爲最。至百戲之雅馴者，莫如南十番。其餘裝演大頭和尚，扮稻秧歌，九曲黃花燈，打十不閒，盤杠子，跑竹馬，擊太平神鼓，車中弦管，木架詼諧，細米結作鼇山，煙炮攢成殿閣，冰水澆燈，簇火燒判者，又不可勝計也。」又，同書「煙火」亦稱：「煙火花炮之制，京師極盡工巧。有錦盒一具內裝成數出故事者，人物象生，翎毛花草，曲盡粧顏之妙。其爆竹有雙響震天雷、升高三級浪等名色。其不響不起盤旋地上者曰地老鼠，水中者曰水老鼠。又有霸王鞭、竹節花、泥笛花、金盆撈月、疊落金錢，種類紛繁，難以悉舉。至於小兒頑戲者，曰小黃煙。其街頭車推擔負者，當面放大梨花、千丈菊；又曰：『滴滴金，梨花香，買到家中哄姑娘。』統之曰煙火。勳戚富有之家，於元夕集百巧爲一架，

次第傳爇，通宵爲樂。」《人海記》「西苑煙火」曾描述道：「西苑張燈，
自正月十四日夜起，至十六日夜止。癸未上元前二日，有旨：查升、查
愼行、汪灝，自明日爲始，連夕俱至西廠看放煙火。至十四日夜酉刻，
內侍一人導余輩三人，自小南門入，沿河北行里許，經勤政樓下，穿網
城，西渡板橋，寬數百畝，壞平如削。當樓之正面，設燈棚一架，高起
六丈餘。稍南爲不夜城，中列黃河九曲燈，縛秫稭作坊巷胡同，徑衕回
復，往往入而易迷。燈之數不知其幾，每一燈旁植一旗，五采間錯：日
初落，數千百燈一時先燃。其北列柵，方廣約五六里，散植煙火數百架。
黃昏，上御樓，西向坐。先放高架煙火，謂之合子，最奇者爲千葉蓮花
合子。既畢，人氣尤靜。須臾，橋東爆竹發藥線，從隔河起，飛星一道，
倒曳有聲，倏上倏下，列入柵中，縱橫馳突。食頃，火光遠近齊著，如
蟄雷奮地，飛電掣空。此時月色天光，俱爲煙氣所蔽，觀者神移目眩，
震撼動搖，不能自主。移時，煙焰盡消，而九曲黃河燈猶熒熒如繁星也。
內官舞龍燈者，至樓前侍候，余輩乃出宮，漏下二鼓矣。十五、十六兩
夜皆然。其後歲以爲常。」據此，趙翼「晚直郊園」，當在上元節之時。
然而，至於何日，尚難確定。圓明園，在今北京西郊海澱附近，爲清代
帝王遊覽、辦公之處。詩稱「晚直郊園」，當指此處。《簷曝雜記》卷一
《煙火》：「上元夕，西廠舞燈、放煙火最盛。清晨先於圓明園宮門列煙
火數十架，藥線徐引燃，成界畫欄杆五色。每架將完，中復燒出寶塔樓
閣之類，並有籠鴿及喜鵲數十在盒中乘火飛出者。未、申之交，駕至西
廠。先有八旗騙馬諸戲：或一足立鞍凳而馳者；或兩足立馬背而馳者；
或扳馬鞍步行而並馬馳者；或兩人對面馳來，各在馬上騰身互換者；或
甲騰出，乙在馬上戴甲於首而馳者，曲盡馬上之奇。日既夕，則樓前舞
燈者三千人列隊焉，口唱《太平歌》，各執彩燈，循環進止，各依其綴兆，
一轉旋則三千人排成一『太』字，再轉成『平』字，以次作『萬』、『歲』
字，又以次合成『太平萬歲』字，所謂『太平萬歲字當中』也。舞罷，
則煙火大發，其聲如雷霆，火光燭半空，但見千萬紅魚奮迅跳躍於雲海
內，極天下之奇觀矣」，即敘其事。
二月，會試落榜，仍直軍機處。
得一錢姓能詩之僕，賦詩稱譽之。

　　《新得一僕，錢姓，頗能詩，書以譽之》凡四首，其一曰：「人間何地不

生才，小史錢郎解別裁。紅藥階前掌書記，看他欲並郤方回。」其四曰：「執經問字辨縱橫，講授依然弟子情。他日歸田倘扶醉，舁輿煩汝當門生。」（《甌北集》卷五）

夏六月，作《食田雞戲作》、《偶閱元人吳贊甫集中有齋中雜詩戲次如韻》諸詩。

【按】田雞，即青蛙。蛙能食用，當在農曆六、七月間，故詩繫於此時。

七月初，聞外舅劉鳴鶴訃，悲慟難抑，賦詩以哭之。

《哭午岩先生》：「耆舊凋殘痛若何，閩天南望淚潛沱。功名步似緣橦進，著述身常對墨磨。宿望漫推名士重，壯心猶傍老年多。劇憐甥館人遙隔，執紼無從助輓歌。」（《甌北集》卷五）

【按】《江蘇藝文志·常州卷》，僅稱劉鳴鶴乾隆元年（1736）舉人，未注其生卒年。據此，劉鳴鶴當卒於本年夏日。若三十歲中舉，至本年也不過五十多歲。詩稱「閩天南望」，知其此時尚遊幕閩中。詩謂：「劇憐甥館」，明言午岩乃是其婦翁。《孟子·萬章下》：「舜尚見帝，帝館甥於貳室。」古時稱妻父為外舅。「甥館」，本為女婿在丈人家住的房屋，後借為女婿之代稱。午岩，當為鳴鶴先生之別號。本月中旬，趙翼扈從木蘭秋獮，聞婦翁噩耗，當在離京之前。故將午岩病亡事繫於七月初。因迫於吏事，不得親往靈前祭拜，執子婿之禮，故有「執紼無從助輓歌」之說。「執紼」，《禮記·曲禮上》：「助葬必執紼。」《禮記·檀弓》又曰：「弔於葬者必執引，若從柩及壙，皆執紼。」「執紼」，意即送葬。

七月十八日，帝木蘭秋獮。甌北隨同諸將吏扈從塞外。

此時，賦有《南天門》、《山塢》、《行圍即景》諸詩。

《南天門》：「峽束青冥上，嚴扃構沇寥。天惟通一線，星可摘三宵。路鑿鉗椎苦，峰排劍戟驕。控臨戎索大，拱衛帝京遙。狹僅容單騎，驅難並兩鑣。地形愁倒馬，風力怵盤雕。險葉泥封谷，危如棧架橋。時清無戍壘，岩迥有僧僚。卷幔霏空翠，炊廚拾斷樵。鐘魚聞上界，沆瀣吸中宵。雲族漫為海，山支湧似潮。平生登覽興，我欲馭輪飆。」（《甌北集》卷五）可知其路途跋涉之情狀。

《行圍即景·虎槍》：「白褂朱纓虎槍客，手執長槍尋白額。長林豐草何處尋，幸其出沒有常蹟。入山偵視得其處，乃伏叢薄密伺隙。數人山後驅虎來，虎亦驚走向藪澤。伏者挺槍當其衝，人虎此時共一厄。注目槍尖不看虎，

但看槍尖一片白。知是虎膺非虎脊，舉槍便刺不更擇。虎哮而起死相格，人虎空中互跳躑。斯須攢刺虎不支，拗怒賁恨洞胸膈。馱歸獻獲帷宮前，臊氣薰蒸血狼籍。中涓傳旨催賜金，孔雀修翎長一尺。亦有身手遭虎傷，重者肢體輕膚革。籲嗟此獸誰不畏，乃獨以虎為職役。職虎遂與虎爭命，足徵國家威令赫。豈徒力過斬蛟勇，實乃心比當熊赤。以死奉職不敢辭，此意真堪使赴敵。」（《甌北集》卷五）

《行圍即景·相撲》：「黃幄高張傳布庫，數十白衣白於鷺。衣才及尻露褌襠，千條線縫十層布。不持寸鐵以手搏，手如鐵煅足鐵鑄。班分左右以耦進，桓桓勁敵猝相遇。未敢輕身便陷堅，各自迴旋健踏步。注目審勢睫不交，握拳作力筋盡露。伺隙忽為疊陣沖，搗虛又過夾寨固。明修暗度詭道攻，聲東擊西多方誤。少焉肉薄緊交紐，要決雌雄肯相顧。翻身側入若擘鷂，拗肩急避似脫兔。垂勝或敗弱或彊，頃刻利鈍難逆睹。忽然得間乘便利，拉脅摧胸倏已僕。勝者跪飲酒一巵，不勝者愧不敢怒。由來角抵古所傳，百戲中獨近戎務。技逾蹴毬煉腳力，事異拔河供玩具。國家重此有深意，所以習勞裕平素。君不見教坊子弟也隨行，經月不陳默相妒。」（《甌北集》卷五）

《行圍即景·跳駝》：「明駝身高八九尺，人欲騎之駝屈膝。是誰捷足矜跳騰，曲踴能向駝身越？如丸脫彈決而起，如水經搏躍而出。翩然騫過駝背來，不著駝毛一毫忽。自起至落二丈餘，到地植立仍不蹶。老駝不解人何故，似騎非騎歊非歊。但見背上雙梟飄，捷於猿猱健於鶻。越河跳澗只橫跨，度索緣橦尚踏實。此獨絲髮無所憑，自向空中逞跳擲。海上漫傳著翅人，軍前已掩拔距卒。緣棧定覺履險平，攀堞會見先登疾。得非曾住深山中，日從劍仙學煉骨？旁觀咋舌咸歎詫，駝背有峰高突兀。昔聞超海今超山，怪事應補諾皋闕。」（《甌北集》卷五）

《行圍即景·馳馬》：「生長戎番事畜牧，騎射精能擅所獨。詐馬筵前獻技來，不睹身彊睹馳逐。結束鞍轡拴鞦絆，要使兩足膠馬腹。距營廿里按隊排，屹立不動力預蓄。忽聞營中炮一聲，齊著先鞭鬥誰速。平蕪草淺無纖塵，四蹄如風雙耳竹。可憐此人與此馬，並作一軀但異肉。線蛇迅掣閃電光，餓鴟連叫離弦鏃。不及兩刻已到營，訊然而止若槁木。賜之斗酒一臠肩，下鞍拜受神何肅。噫嘻乎！戎騎自古利馳突，中國所以每被蹙。昔以此技窺邊陲，今以此技效臣僕。足知盛朝德威大，鞭撻四裔無不服。莫漫誇他縶控嫻，正是廟謨馭熟。（《甌北集》卷五）

《行圍即景‧套駒》:「兒駒三歲未受羈,不知身要爲人騎。跳梁川谷齕原野,狂嘶憨走如驕兒。驅來營前不鞍轡,掉尾呼群共遊戲。旁看他馬困秋韉,自以蕭閒矜得意。誰何健者番少年,手持長竿不持鞭。竿頭有繩作圈套,可以絡馬使就牽。別乘一騎入其隊,兒駒見之欲驚潰。一竿早繫駒首來,舍所乘馬跨其背。可憐此駒那肯繫,愕跳而起如人立。如人直立人轉橫,人驫而騎勢眞急。兩足夾無奕上鈎,一身簸若箕前粒。左旋右折上下掀,短衣亂翻露袴褶。握鬃伏鬣何晏然,銜勒早向駒口穿。才穿便覺氣降伏,馴帖隨人爲轉旋。由來此物供人走,教馴非誇好身手。驟施不嫌令太速,利導貴因性固有。」(《甌北集》卷五)

【按】《簷曝雜記》卷一曾詳載行圍見聞。

《木蘭殺虎》:「上較獵木蘭,如聞有虎,以必得爲期。初出塞,過青石梁,至地名兩間房者,其地最多虎。虎槍人例須進一二虎,其職役也。乾隆二十二年秋,余扈從木蘭。一日停圍,上賜宴蒙古諸王。方演劇,而蒙古兩王相耳語。上瞥見,趣問之,兩王奏云:『適有奴子來報,奴等營中白晝有虎來搏馬,是以相語。』(蒙古王隨駕,另駐營在大營數里外)上立命止樂,騎而出,侍衛倉猝隨,虎槍人聞之,疾馳始及,探得虎窩僅兩小虎在。上命一侍衛取以來,方舉手,小虎忽作勢,侍衛稍陝輸,上立褫其翎頂。適有小蒙古突出,攫一虎挾入左腋,又攫一虎挾入右腋。上大喜,即以所褫侍衛翎頂予之。其時虎父已遠,惟虎母戀其子,猶在前山回顧。虎槍人盡力追之,歷重巘,騰絕澗。上勒馬待,至日將酉始得虎歸。虎槍人被傷者三人,一最重,賞孔雀翎一枝、銀二百兩,其二人各銀百兩。虎已死,用橐駝負而歸,列於幔城,自頭至尻長八九尺,毛已淺紅色,蹄麤至三四圍,蓋虎中之最大者。」

《跳駝撩腳雜戲》:「未至木蘭之前,途次每到行宮,上輒坐宮門外較射。射畢,有跳駝、布庫諸戲,皆以習武事也。跳駝者,牽駝高八尺以上者立於庭,捷足者在駝旁,忽躍起越駝背而過,到地仍直立不僕,亦絕技也。布庫,亦謂之撩腳,本徒手相搏,而專賭腳力,勝敗以僕地爲定。其人皆白布短衫,窄袖,而領及襟率用布七八層密縫之,使堅韌不可碎。初則兩兩作勢,各欲俟隙取勝;繼則互相扭結,以足相掠,稍一失即拉然僕矣。既僕,則斂手退,勝者跪飲一卮而去。」

此外還有《蒙古詐馬戲》,以上恰可補詩歌追敘所不足。

同畢秋帆沅、蔣漁邨雍植遊朝陽門外東嶽廟。

《同畢秋帆、蔣漁邨遊朝陽門外東嶽廟》：「幽尋偶趁退朝餘，岱嶽宮高展謁初。白晝陰森神鬼氣，丹楹宏麗帝王居。牛頭像記名卿塑，螭首碑留學士書。愧我無才作霖雨，敢談膚寸布空虛。」（《甌北集》卷五）

【按】蔣雍植（1720～1770），字秦樹，號漁邨，又號待園，安徽休寧人。（《清代人物生卒年表》）《清秘述聞》卷一六：「編修蔣雍植，字秦樹，江南歙縣人，辛巳進士。」《樞垣記略》卷一八：「蔣雍植，字秦樹，安徽懷寧人。乾隆二十年正月由內閣中書入直，復中辛巳進士，官至翰林院編修。」《蒲褐山房詩話》：「蔣雍植，字秦樹，號漁村，懷寧人。乾隆十六年召試賜舉人，二十六年成進士，官編修。」曾從陳亦韓遊。年二十一，以選拔生爲黃叔琳（字昆圃，號研北）所賞識，試取八旗教習。乾隆十六年（1751），乾隆帝南巡召試，名在第一。與錢大昕等同日賜舉人，授中書。乾隆二十六年（1761）禮闈，爲朱筠分校所得士，以二甲第一名選庶常，授總辦《平定準噶爾方略》。事見朱筠《編修蔣君墓誌銘》（《笥河文集》卷一二）、楊鍾羲《雪橋詩話》等。錢大昕有《祭蔣秦樹編修文》，見《潛研堂集》文集卷五〇，亦可參看。

東嶽廟，讓廉《京都風俗志》：「三月十五日起，朝陽門外東嶽廟日日士女拈香供獻，放生、還願等諸善事。」「蓋此廟水陸諸天神像最全，故酬神最易。」富察敦崇《燕京歲時記・東嶽廟》：「東嶽廟乃元延祐中建，以祀東嶽天齊仁聖帝。前明正統中，益拓其宇，兩廊設七十二司，後設帝妃行宮。本朝康熙三十七年，居民不戒而毀於火，特頒內帑修之，閱三歲而落成。殿閣廊廡，視舊加飭。乾隆二十六年復加修葺，規制益崇。故至今祇謁東陵時，必於此拈香用膳焉。」《帝京歲時紀勝》亦有載述。

十月，同年方汝謙進士及第欲南歸，爲其《歸舟圖》賦詩。

《同年方牧園成進士將南回，以歸舟圖索題，爲賦四絕句》：「成名何事又遲留，旅食長安忽過秋。十月潞河冰欲合，爲君點筆賦歸舟。」「船到三山又引回，莫從塵土羨蓬萊。君看上洞神仙侶，也有思凡謫下來。」「登第仍憐需次行，檣旗猶未有官名。兩回第二題魁處，寫作頭銜也自榮。」「中流擊楫果爭先，席帽來看畫繢旋。晚飯柁樓聊快意，不須夜讀運租船。」（《甌北集》卷五）

【按】方牧園，即方汝謙（1724～1775）。《清人別集總目》、《清詩紀事》未收。汝謙，字敬承，號牧園。或謂字牧園，一作牧原。江蘇通州（今江蘇南通）人。乾隆庚午（1750）順天鄉試南元，丁丑（1757）會試第二，知山東寧陽、館陶、江西高安縣。著有《白雲山樵自刪詩》一卷。（《江蘇藝文志‧南通卷》）《淮海英靈集》戊集卷二：「方汝謙，字牧園，一字牧原，通州人。乾隆庚午順天鄉試南元，丁丑會試第二。知山東寧陽、館陶、江西高安縣。著有《白雲山樵自刪詩》一卷。」戴文燈有《送方明府汝謙宰高安》詩，曰：「八年小別鬢毛斑，人海君歸我就閒。往日求仙飄弱水，一行作吏看廬山。春絲秋穀良非易，畫棟朱簾近可攀。料得揮弦清詠後，西江詩派更從刪。」（《靜退齋集》卷八）

與汪經耘存寬同居一房舍，時而聯吟共酌。

《與汪經耘編修同寓》：「論交真有古人風，旅邸相依蚷蟨同。四傑才甘王勃後，三間廨讓士衡東。聯吟不用詩筒遞，劇飲常教酒盞空。從此應添對床話，一燈頻為兩人紅。」（《甌北集》卷五）

另賦有《題王摩詰渡水羅漢圖》（《甌北集》卷五）詩。

【按】汪經耘，《清秘述聞》卷七：「廣西考官，編修汪存寬，字經耘，江南休寧人，甲戌進士。」《國朝御史題名》：「（乾隆三十九年）汪存寬，字經耘，號香泉，安徽休寧縣人。乾隆甲戌進士。由翰林院編修考選河南道御史轉工科給事中。」《（道光）休寧縣志》卷九：「汪存寬，字經耘，上溪口人，晉微孫。」曾受教於金姓，見金姓《登舟三日雜書紀事四首》（《靜廉齋詩集》卷一六）。又與金兆燕有交。金氏著有《送汪經耘入都應試序》（《棕亭駢體文鈔》卷二）、《謝汪經耘示漢未央宮前殿瓦硯啟》（《棕亭駢體文鈔》卷五）、《謝汪經耘贈爵秩新書並京韡啟》（《棕亭駢體文鈔》卷五）等，敘及二人交往。德保亦有《至廣平清暉書院贈掌教汪經耘編修並示院中諸生》詩，曰：「平干列畿南，漢唐號雄鎮。滏陽水西來，萬畝沾餘潤。清絕城東隅，講舍闢宏峻。窗草映芊綿，池魚樂於牣。汪君木天彥，坊表式後進。問字列菜芭，琢雕成瑜瑾。息遊上南樓，潭月心相印。我從校士餘，良晤袪鄙吝。班班二三子，文鋒快遊刃。終歲坐春風，疑義資旁訊。我亦舊諸生，輶軒市奇駿。分此教育權，勗哉惟克慎。」（《樂賢堂詩鈔》卷中）

歲暮，休假日，與劉蘭陔、章習之、顧北墅、王漱田、陳玉亭諸人讌集

梨園小部。

《歲暮劉蘭陔刑曹竹軒中翰招同章習之吏部暨北墅、漱田、玉亭諸同人讌集黎園小部，縱飲追歡，即席有作》：「休沐相招歲晚天，斜街宵集騎聯翩。早煩掃雪三三徑，來趁消寒九九筵。劇孟賓朋遊俠慣，岑參兄弟好奇傳。沉沉漏鼓留髡處，風景真令裂老顛。」「急管繁弦總樂方，梨園小隊簇新妝。憑他檀末都盧戲，演出人間傀儡場。曼睩波橫燈影炫，纖腰風蕩舞衣香。冰霜簾外寒如許，誰識春先此地藏。」「腐儒風味本孤清，竿木逢場也有情。絲竹中年人易老，冰霜暮景歲將更。肉屏筵上修眉史，拇陣燈前戰酒兵。沉醉莫辭殘燭跋，蝦蟆梆亂又參橫。」（《甌北集》卷五）

【按】劉蘭陔，阮葵生《寄劉蘭陔即題其畫卷》詩曰：「兩年紅旃指星沙，目送衡陽雁字斜。風貌蕭疏傳畫手，江山管領屬詩家。護輪草暖春行部，臥閣花深晚放衙。我亦三湘舊遊客，披圖還夢洞庭查。」（《七錄齋詩鈔》卷一〇）詩中所寫，或即此人。

章習之，即章寶傳。字習之，號硯屏，著《蘆江詩存》。（《兩浙輶軒錄》卷二四）《清秘述聞》卷一五：「宗人府主事章寶傳，字習之，浙江歸安人，壬戌進士。」後由宗人府主事入直，官至鴻臚寺少卿。（《樞垣記略》卷一八）《吳興詩話》卷七：「章黃門寶傳，字習之，號硯屏，祐菴子。壬戌進士，由中書歷吏部郎中，改御史，轉禮科給事。父子同垣，皆止是職。閔晴岩集有同舟出都倡和詩：『經義有誰堪作僕，詩名原自不論官。蝸同莊叟憐渠鬥，鶴異羊公任客觀。』時給事成進士，未用，故云。趙耘菘翼冬夜燕習之前輩宅詩云：『選舞徵歌集畫堂，消寒共作少年狂。酒推大戶先沖陣，詩讓名家獨擅場。照座玉山裴叔則，勸杯金縷杜秋娘。殘冬常厭更籌緩，今夜如何夜不長。』」

竹軒，應為劉秉恬。劉秉恬（1735～1800），字德引，號竹軒，山西洪洞人。乾隆二十一年舉人。二十六年明通榜授內閣中書，充軍機處章京，再遷郎中。三十二年，考選福建道御史，轉吏科給事中。官雲貴總督、兵部侍郎。有《竹軒詩集》、《公餘集》、《述職吟》等。《國朝御史題名》：「（乾隆三十二年）劉秉恬，號竹軒，山西洪洞縣人。乾隆丙子舉人。由吏部郎中考選福建道御史，轉吏科給事中，歷升倉場總督、四川總督、雲南巡撫。」《樞垣記略》卷一八謂：「劉秉恬，字竹軒，山西洪洞人。乾隆二十四年七月由內閣中書入直，官至四川總督。」《湖海詩傳》卷二

○：「劉秉恬，字德引，號竹軒，洪洞人。乾隆二十一年舉人。官至倉場侍郎。」

秉恬妻思慧，為大興才女胡愼儀女，亦工詩。《天咫偶聞》卷七：「大興才女胡愼儀、胡愼容姊妹，皆以詩名。愼儀尤善，早寡，未幾，子亦卒，遂受聘為閨閣師，歷四十年，女弟子至二十餘人，晚號鑒湖散人。著有《石蘭詩鈔》。其女名思慧，字睿之，為侍郎劉秉恬室，詩亦能傳家學，著《繡餘吟》。」王昶《題山陰閨秀駱琴風繡餘學吟本姓胡名愼儀》：「秋河庭院蔚藍天，甲帳羅襦駐鳳軺。錄曲紋窗清似水，玉㿾香膩擘瑤箋。」「苧蘿濃翠接眉棱，門第清華本駱丞。梅嶺煙霞珠浦月，江山點染入溪藤。先是從其尊人幕遊越中江右。」「綠淨流傳絕妙詞，許德音。西泠才藻藝林知。方芷齋。南樓近刻菩華玉，徐若冰。大雅扶輪屬總持。」「不將檀畫鬥濃妝，經卷書簽滿石床。退直歸來同寫韻，分明仙侶是劉綱。」（《春融堂集》卷九）

顧北墅，即顧雲，見本譜本年考述。

王漱田，即王日杏，見本譜乾隆二十一年考述。

陳玉亭，即陳輝祖，見本譜本年考述。

寄俸金為弟汝霖娶妻。

《舊譜》：「先生節縮俸金，寄歸，為弟汝霖娶婦杭氏。」

【按】《西蓋趙氏宗譜》：「汝霖，行三，字麟玉，國子監生。雍正十一年癸丑七月二十一日辰時生。乾隆五十一年丙午十月二十九日卒，年五十四。葬張墅祖塋。配杭氏，旌表孝子世榮孫女。乾隆二年丁巳十二月二十一日生，乾隆四十一年丙申五月二十四日卒，合葬癸山丁向。繼配毛氏，乾隆十年乙丑六月初三日寅時生，嘉慶三年戊午卒，葬西蓋祖塋。子二，長廷賢，杭孺人出，次廷雄，毛孺人出。女一，適邑庠生薛雲梯。」

乾隆二十三年戊寅（1758）　三十二歲

【時事】　春正月，回部和卓木叛，詔以雅爾哈善為靖逆將軍，率師征討。（《清鑑綱目》、《清史稿·高宗紀》）《皇朝武功紀勝》卷二：「二十三年春，以兆惠、富德尚剿洗厄魯特餘孽，乃用雅爾哈善為靖逆將軍。」正月二十二日，吏部尚書汪由敦卒。上親臨賜奠，贈太子太師，謚文端，「由敦篤內行，記誦尤淹

博，文章典重有體。內直幾三十年，以恭謹受上知。乾隆間，大臣初入直軍機處，上以日所製詩用丹筆作草，或口授令移錄，謂之『詩片』。久無誤，乃使撰擬論旨。由敦能彊識，當上意。上出謁陵及巡幸必從，入承旨，耳受心識，出即傳寫，不遺一字。其卒也，論稱其『老誠端恪，敏慎安詳，學問淵深，文辭雅正』，並賦詩悼之。又以由敦善書，命館臣排次上石，曰時晴齋法帖。上賦《懷舊詩》，列五詞臣中，稱其書比張照云」（《清史稿》卷三〇二《汪由敦傳》）。未幾，以劉統勳爲吏部尚書，調秦蕙田爲刑部尚書，以嵇璜爲工部尚書。（《清史稿》卷一二《高宗本紀三》）。三月，御試翰林詹事等官，擢王鳴盛等三員爲一等，餘升黜有差。（《清史稿》卷一二《高宗本紀三》）。七月十六日，乾隆帝奉皇太后由京啓程，巡幸木蘭。至八月下旬始還京師。是月，雅爾哈善與和卓木戰於庫車。和卓木遁去，雅爾哈善被奪職。十月，兆惠軍至葉爾羌，被圍困黑水營，死傷慘重。（《皇朝武功紀勝》卷二）「黑水營之圍，孤軍陷萬里外，凡三月得全師以出，誠千古未有之奇事也。將軍兆惠既深入葉爾羌，賊眾我寡，且馬力疲不能衝殺，乃占一村寨，掘濠築壘自守，即所謂黑水營也。所掘濠既淺，壘亦甚低，賊可步入，遂日夜來攻，而我兵處危地，皆死中求生，故殺賊甚力。賊懼我兵致死，欲以不戰收全功，別築一壘於濠外，爲長圍守之，如梁唐所謂夾城者，意我兵食盡，當自斃也。而營中掘得窖粟數百石，稍賴以濟。賊又決水灌營，我兵泄之於下流，其水轉資我汲飲。已而，隨處掘井皆得水。又所占地林木甚多，薪以供爨常不乏。賊以鳥槍擊我，其鉛子著枝葉間，每砍一樹輒得數升，反用以擊賊。惟拒守既久，糧日乏，僅瘦駝羸馬亦將盡。各兵每乘間出掠回人充食。或有夫婦同掠至者。殺其夫，即令妻煮之，夜則薦枕席。明日夫肉盡，又殺此婦以食。被殺者皆默然無聲，聽烹割而已。某公性最嗇，會除夕，明公瑞、常公鈞等皆至其帳聚語，屈指軍糧，過十日皆鬼籙矣。某公慨然謂：『吾出肅州時有送酒肴者，所餘餛飩，今尙貯皮袋中。』呼奴取出，供一啖。時絕糧久，皆大喜過望。既飽而去，則私相謂曰：『某公亦不留此，事可知矣。』不覺泣下，蓋自十月初旬被圍，至此已將百日，無復生還望也。而上已預調兵在途，富將軍、舒參贊率以進援，果毅阿公又以駝馬至，遂轉戰而入。兆將軍亦破壘而出，兩軍相遇，乃振旅歸。」（《簷曝雜記》卷一《黑水營之圍》）。十一月，太倉州所轄崇明縣向化鎮，有佃戶抗租、燒房，聚眾拒捕，毆傷兵丁之事。弘曆命兩江總督尹繼善、江蘇巡撫陳弘謀等嚴行究治。

　　本年，正月十二日，胡天遊（字稚威，號雲持，山陰人。雍正己酉副榜貢生，乾隆丙辰舉博學鴻詞，著《石笥山房文集》、《詩詞集》）卒。朱仕琇撰《傳略》曰：「方天遊者，本姓胡，一名騄，字稚威。浙江山陰人。少好奇任氣，有異才，於書無所不窺。乾隆初舉博學鴻儒，天遊以鄉副貢應詔，主任尙書蘭枝家。四方文士雲集，每稠人廣座，天遊輒數千言，落紙如飛，文成奧博，見者嗟服。天遊於文工四六偶儷，得唐燕、許二公之遺。詩亦雄健有氣。《一統志》成，當進御，鄂、張相國屬表於齊檢討召南，檢討因推天遊。鄂相國驚歎其文，欲招之。檢討曰：『天遊奇士，豈可招耶。』卒不至。其任氣不肯輕下如是。居京師十餘年，名日以盛，忌日以深。歲辛未，舉經明行修，卒爲忌者中傷而罷。蓋天遊負才名三十餘年，兩舉鄉貢，皆抑爲副，再膺特薦，卒不遇，而天遊亦已老矣。嘗與田侍郎懋有舊，田家居山西，因往依之，卒於蒲州，年六十三。」陶元藻《鳧亭詩話》：「雲持胸有卷軸，而筆又足以達之，弱冠時爲文過於典贍，猶有士衡才多之病。及抵京師後，蘊釀愈深，全以灝氣流行，蒼莽無涯涘。嘗自謂所作，當在儲畫山、方望溪、李穆堂三人之上。第恃才嫚罵，人多惡之。余在周青崖齋頭，見其詩鈔一本，計一百五十餘首，五言偪似少陵，五古純乎漢、魏，惟絕句非所長耳。此皆越風所未載者。余曾勸其付梓行世，雲持笑曰：『未能餬八口，何暇鐫五言。』蓋自傷其貧也。」（《兩浙輶軒錄》卷二二）

　　五月，吳派學人惠棟卒，棟（1697～1758），士奇（號半農人）之次子，字定宇，一字松崖，自幼篤志嚮學，家有藏書，日夜講誦，自經史、諸子、百家、雜說及釋、道二藏，靡不穿穴。「終年課徒自給，甑塵常滿，處之坦如。雅愛典籍，得一善本，傾囊弗惜。或借讀手鈔，校勘精審，於古書之眞僞，了然若辨黑白。乾隆十五年，詔舉經明行修之士。兩江總督文端公尹繼善、文襄公黃廷桂交章論薦，有博通經史、學有淵源之語，會大學士九卿索所著書，未及進而罷歸。然先生於兩公，非有半面識也」（《國朝漢學師承記》卷二）。爲學尊信漢儒故訓，推演古義，針砭俗說。著有《九經古義》、《後漢書補注》、《周易本義辨證》、《太上感應篇注》、《山海經訓纂》、《九曜齋筆記》、《松崖筆記》、《松崖文鈔》、《易漢學》、《古文尙書考》、《左傳補注》等多種。（《國朝漢學師承記》卷二）

　　通州方汝謙（牧原）作《東平行》，反映三年來山東道上連續所見的洪災、冰雹、奇疫三變。

南匯吳省欽循運河北上，作《上閘》、《下閘》詩，述當時船民引舟過閘，以性命與急流相搏的險狀。

山陽程晉芳作《賣花唱》、《張樂謠》、《田家賽神》、《空倉雀》等樂府二十章。

安徽姚鼐在揚州，始識程晉芳。

山東盧見曾在揚州刻所輯《國朝山左詩鈔》六十卷。

安徽金兆燕入盧見曾幕，所著《旗亭記》傳奇有成稿。

青浦王昶旅揚州，連觀《桃花扇》、《長生殿》、《西廂記》、《紅梨記》諸劇，作《觀劇六絕》。

宜興儲祕書於元日冒雪渡太湖，經浙入閩，作紀行十六截。

武進劉星煒以盧見曾約，在揚州安定書院掌教，南京嚴長明、丹徒鮑之鍾等從學。

江西蔣士銓以套曲題宜興陳氏所藏陳其年《填詞圖》。

無錫顧光旭題補山東主事，秋七月，隨駕幸木蘭。（《響泉年譜》）

山陽阮葵生客彭城，以二十截評論二十家詩。

浙江陸建客彭城，作《登雲龍山》詩。

【本事】正月，得食由燉煌運至之哈密瓜。

【按】甌北《哈密瓜》（《甌北集》卷六）詩稱，「甘瓜來自燉煌西，重氈裹壓明駝蹄」，知當時哈密瓜之運輸，是用駱駝馱歸，且用毛氈包裹，以防壓破。又曰：「惜哉到京已冬節，切處先愁寶刀折。僅堪杯酒佐解酲，未得巾絺效消熱。潤肺雖同咽清露，戰牙不免嚼寒雪。」冬節，一般指冬季，也可指冬至。因已是正月，故此處當為前者。據此，指瓜已凍，其堅如石，故有「嚼寒雪」、「寶刀折」之語。且緣此瓜過於冰冷，故僅用於佐酒解酲。當時食哈密瓜之情狀，蓋見於此。

二月間，移居椿樹胡同。

《舊譜》：「是春文端公歿，先生始另僦邸舍以居。」

《移寓椿樹胡同》：「頻年書劍客平津，宣武坊今僦屋新。喜有園林教作主，敢誇門戶不依人。貰春尚未偕荊婦。祭竈仍先請比鄰。莫笑腐儒傢具少，牙籤也自壓雙輪。」「十笏林巒樹影斜，芳鄰更妙按紅牙。來聽北里新翻曲，到及東風滿院花。詩社分題馳檄促，酒杯留客隔牆賒。書齋別有新妝點，粉壁名箋爛似霞。」「時晴扁額墨光浮，猶是尚書手筆留。人物百年思老輩，主

賓十載感前遊。名歸青史無瑕指，地過黃罏有淚流。門館重來陳蹟在，豈勝華屋愴西州。」(《甌北集》卷六)

【按】《簷曝雜記》卷二《汪文端公》：「汪文端公詩、古文之學最深，當時館閣後進群奉爲韓、歐，上亦深識其老於文學。歿後，上以詩哭公，有云：『贊治嘗資理，論文每契神。』公之所以結主知者可想已。余自乾隆十五年冬客公第，至二十三年公歿，凡八九年。」汪由敦歿於正月二十二日，其善後事料理完畢，也當在二月上旬，故將甌北移居之事繫於本月。又，椿樹胡同。時京師以此爲地名者頗多。一在西直門大街之北一帶，與秀才胡同、井兒胡同毗鄰。(《燕都叢考》)一在西草廠、永光寺一帶，約在琉璃廠西南部。《燕都叢考》「外二區各街市」謂：「自南柳巷而西曰當鋪胡同，又西曰東椿樹胡同，又西之東西胡同曰小椿樹胡同，曰椿樹上頭條，椿樹上二條、下二條，曰椿樹上三條、下三條，中間曰西椿樹胡同。再南即西草廠胡同。由椿樹下二條而西曰永光寺西街，再西曰八寶衚，西達於宣武門大街。」《藤陰雜記》卷九：「椿樹三條胡同，汪文端公寓，以所藏『快雪時晴』帖顏齋，曰『時晴』。公後賜第東城，申拂珊副憲甫接住，賦詩。沈雲椒初和詩云：『花底春風敞數楹，清華水石舊知名。簾陰虛受池光合，琴響疏傳竹韻併。高唱登壇凌白雪，小齋數典紀時晴。結廬豈必尋邱壑，早有雲煙拂袖迎。』」同書卷四又稱：「汪文端公第在東城十三條胡同，有『黼黻宣勤』、『六曲持衡』賜額。己巳，參知政事；旋降侍郎，復入樞廷，官躋冢宰。嘗於麗景軒中，以『首夏猶清和』分韻讌集。戊寅，卒於位。御駕臨喪，飾終優渥，極人臣之榮遇。」陳宗蕃辨析曰：「公後賜第東城，椿樹胡同乃文端先時之寓居。」(《燕都叢考》)可知，所謂椿樹胡同，即指汪氏初居之椿樹三條胡同。甌北云「宣武坊今僦屋新」，因此處距宣武門不遠，故稱。

三月中旬，妻劉氏奉母丁氏夫人來京就養。弟婦周氏偕來。

《舊譜》：「迎太恭人及劉恭人至京，弟婦周亦偕來。」

《家母攜賤累至京》：「輕軒到及日高春，軟腳筵開席幾重。白首人緣嘗薄祿，黃虀飯久累司饔。一番官樣奴僮演，滿室鄉音笑語喁。最是老親從不飲，今宵也醉酒杯濃。」「十載糟糠耐食貧，到來瘦面帶艱辛。君眞椎髻持門婦，我少金釵別院人。鄉味紛攜盆盎滿，衣裝略具綺羅新。相期早佩宜男草，

看取明年產石麟。」「話到團圞又黯然，參軍新婦向隅偏。望雲才喜扳輿侍，聽雨重懷對榻眠。牧豕公孫窮餓日，負薪翁子仳離年。鴒原無限傷心事，椵觸燈前暗淚漣。」（《甌北集》卷六）

【按】趙翼《亡室劉孺人傳》：「戊寅春，始奉吾母來就養京師。」（《西蓋趙氏宗譜・藝文外編》）又，《悼亡》詩曰：「扁舟才到暮春中，淒絕秋閨罷女紅。」（《甌北集》卷六）明言暮春始至京，南朝梁丘遲《與陳伯之書》謂：「暮春三月，江南草長。」暮春，一般是指農曆三月。

七月初五，弟婦周氏來京才數月，病卒。

【按】《西蓋趙氏宗譜》：汝明「配周氏，乾隆二十三年七月初五日卒」。

七月十六日，帝木蘭秋獮。甌北辭京師，扈從出塞。

《舊譜》：「是秋，又扈從出塞。」

《再出古北口》：「紫塞秋風緊，凌寒踏曉霜。潦餘沙盡白，關外柳先黃。飲馬長城窟，呼鷹古戰場。平生登覽興，敢惜鬢毛蒼。」（《甌北集》卷六）

【按】古北口，又叫虎北口，在今北京密雲縣東北，為長城險口之一。

七月二十二日，至熱河行宮。至八月初，臨近帝萬壽節，遂張樂大宴十日。

《木蘭較獵恭紀》（八首）其一曰：「祭貙令肅正新涼，路指周陛較獵場。夜火千屯山氣紫，秋風萬騎塞塵黃。清時邊備無傳警，絕徼軍威正撤防。自為昇平勤肄武，豈徒芬麗侈長楊。」其二曰：「行闕嵯峨倚翠屏，名王俱入宴彤廷。嘗新螯蟹勝淮白，奏捷頭鵝有海青。酒醉瓊漿清暑殿，香霏金粟廣寒庭。欲知湛露恩深處，墩管鈞天十日聽。」（《甌北集》卷六）

【按】《簷曝雜記》卷一《蒙古詐馬戲》：「上每歲行圍，非特使旗兵肄武習勞，實以駕馭諸蒙古，使之畏威懷德，弭首帖伏而不敢生心也。上至熱河，近邊諸蒙古王公例來迎謁。秋八月萬壽節，行宮演大戲十日，蒙古王公皆入宴，兼賜蟒緞諸物。行圍兵一千三百名，皆蒙古也。每行圍，質明趨事。其王公侍上左右，聽指揮惟謹。十餘圍後，必諏日進宴，上親臨之。是日，設大蒙古包作正殿，旁列四蒙古包以款隨駕之王公大臣。奏樂多弦索，極可聽。又陳布庫、詐馬諸戲。布庫不如御前人，而詐馬乃其長技也。其法：驅生駒之未羈靮者千百群，令善騎者持長竿，竿頭有繩作圈絡，突入駒隊中，駒方驚，而持竿者已繩繫駒首，舍己馬跨駒背以絡絡之，駒弗肯受，輒跳躍作人立，而羈騎者夾以兩足終不下，須

與已絡首而駒即帖伏矣。此皆蒙古戲，以供睿賞者也。歲歲如此，不特上下情相浹，且馴而習之於驅策之中，意至深遠也。又喀爾喀四大部，地最遠，每歲則以一部來入覲。上雖歲歲出塞，而其部須四年一覲。若間歲一出，則其入覲須八年矣。此又馭喀爾喀之長計也。」

　　查慎行《人海記》「口外行宮」：「口外避暑行宮，皇上取樸素之義，命曰山莊。自兩間房起，次鞍子嶺，次黃甲營，次樺榆溝，次喀喇火屯，一名皇姑莊，其地與蒙古四子部落相近。次唐山營。凡九處。宮殿之制，繪閣如一。惟喀喇火屯地形寬衍，溪山尤勝。行宮之後，復創苑囿。黃甲營向係腰站，殿宇無多，駐蹕，歲不過一宿而已。」

八月十六日，往木蘭行圍。

【按】《木蘭較獵恭紀》「璈管鈞天十日聽」句下注曰：「過中秋即入木蘭。」本組詩對此次木蘭行圍，曾詳細載述，一二首已錄，自第三首以下諸詩曰：「啟蹕旌麾肅隊齊，舌人添譯玉關西。轡調八駿皆宛馬，刀帶千牛有霅奚。霜信遲猶留嫩草，潦痕退已少輕泥。木蘭好片清秋景，黃葉青山百鳥啼。」「千三百騎布圍成，番部籤來歲踐更。拂鞚鞭追飛兔影，鳴髇箭作餓鴟聲。烽煙前代防邊地，裘褐中朝保塞兵。最是獲禽頒賞處，滿營膜拜頌恩榮。」「三驅卓午正晴暉，黃傘從容下翠微。魚麗已看排疊陣，鹿奔猶想突重圍。俄驚雨血塗山赭，或有風翎帶箭飛。行樂不忘娛聖母，看城早設在林霏。」「哨鹿三更帳殿開，隨行數騎盡銜枚。地如深入於菟窟，物有相招鷺雉媒。獲雋呼燈山外火，割鮮行酒馬前杯。相如何用憂銜橜，天子曾經殺虎來。」「十丈穹廬朵殿圓，名王選食啟瓊筵。佩刀親薙茸茸草，箏柱齊摳切切弦。花映猩紅名十八，饌來熊白路三千。笑他一個呼韓侍，可及熙朝萬部聯。」「獵罷歸程馬首東，諸蕃曉送繡旗紅。路分塞外龍堆雪，秋入關南雁陣風。黍熟市低沽酒價，犁閒人課索綯功。宸遊別有欣然處，繡甸年年慶屢豐。」（《甌北集》卷六）《人海記》「帳殿帳房」：「行圍駐蹕之所，擇地勢平衍者，刈草剗土，測景向正南，中立帳殿，外設幔城，以黃布為之，開東西南三門。幔城外，四面又設網城一重，羽林周廬，環繞網城之外，相去率百餘步。惟內廷扈從詞臣，設帳房於南門三十步內，以便不時宣喚也。」

扈從木蘭途次，以詩才為上書房行走兼管正白旗滿洲副都統觀保所識賞。

【按】《甌北集》卷四○《五哀詩‧故都察院左都御史觀補亭公》曰:「古有愛才者,說士甘於肉。非博宏獎名,實出嗜好篤。吾師總憲公,素無一面熟。偶從甥館處,見我詩數幅。遂枉車騎臨,不使前顏歜。自茲得從遊,往往趁休沐。扈蹕爲選駒,獵場過奔鹿。辛巳試禮闈,公握衡文軸。摸索在暗中,竟得李方叔。自詫一斑管,不迷五色目。金門旋對策,已占蓬頂獨。神山風引回,猶列鼎三足。迴翔清閒地,無由脫穎速。公方領詞館,典策輒見屬。進御例奏名,得邀乙覽燭。此段援引意,暗中寓推轂。計典況居最,頌詞更選錄。井底青雲梯,謂可霄漢蹴。邊郡忽出守,永辭木天屋。負公期望殷,詩筆換吏牘。才有文字長,命無公卿福。公旋騎箕尾,我亦返耕牧。迢迢憶絳帷,未奠芻一束。作詩記恩私,長歌以當哭。」本詩「獵場過奔鹿」句下註曰:「每歲秋出塞大獮,特爲余選良騎。」「暗中寓推轂」句後註云:「翰林撰文,例書姓名進御,故公屢命余屬草。」足見對甌北照拂有加。另,「不使前顏歜」句下自注曰:「公於令婿溫宮詹處見拙詩,遂枉駕見訪」,此爲二人結緣之契機。詩未注明二人結識之確切時間,姑繫於此次木蘭秋獮途次。又,《簷曝雜記》卷二《觀總憲愛才》:「總憲觀公保最愛才,余初不相識也。扈從木蘭,有宮詹溫君屬余代和御製詩數首,溫即公婿也。公與溫皆扈從,公見溫詩,詢知爲余作,即令溫致慇懃。明年再扈從,公先過余邸,以捉刀諉誶,自是公應制之作皆以相屬。後余入翰林,公爲掌院,派撰文,定京察一等,皆公力也。前輩留意人材,不遺葑菲如此。」

　　觀保,《清史稿》無傳。據《欽定八旗通志》卷一六三《人物志四十三‧觀保》:「觀保,內務府正白旗滿洲人。姓索綽絡,乾隆二年進士,改庶吉士。」「二十六年三月,充會試副考官。」「二十七年五月,調吏部侍郎兼翰林院掌院學士。閏五月,教習庶吉士。八月,充順天鄉試副考官。二十八年,以吏部侍郎管理兵部侍郎。」「三十三年四月,兼署禮部尚書。因其管理官學,國子監圖書遺失,帝切責之,曰:『觀保自用爲部院大臣,兼管旗務,二十餘年,於各任內應辦之事從未見其認眞經理,虛有其表,毫無實際,非國家得用之人,何必令其徒曠職守,著革任,仍在上書房行走。』十二月,署左都御史,充經筵講官。三十五年五月,諭曰:「八阿哥並未具奏入城,觀保以阿哥師傅,不行勸阻,甚屬非是,著革職。」八月,授左都御史,仍帶革職留任,充順天鄉試副考官。三

十六年三月，充會試副考官。五月，充國史館副總裁。三十七年二月，上御經筵，觀保進退失次，不能終講。命革去頂帶，從寬留任。」三十九年，又以交結內監、探聽記載論罪。四十一年卒。然《甌北集》卷二一《哭座主觀總憲補亭先生》，卻繫此詩於乾隆三十九年甲午（1774）夏，顯然與《欽定八旗通志》「本傳」所載不符，或編輯詩集時記憶有誤。此據《欽定八旗通志》，將觀保之卒年，繫於乾隆四十一年丙申（1776）六月。觀保著有《補亭詩稿》。《欽定八旗通志》卷一二〇《藝文志》謂：「保，字補亭，正白旗滿洲人，姓索綽羅氏。乾隆丁巳進士，官至左都御史，詩有鈔本，藏伊子內務府郎中觀豫家。」

九月中旬，聞友人杭白峰病逝，詩以哭之。

《哭白峰之訃》：「惡耗驚聞淚滿巾，里閈征逐最情親。十年遊蹟成前夢，四海知心幾故人。白馬素車來未果，只雞斗酒語如新。寢門爲位能無慟，痛定重疑信未眞。」「傳家節孝澤宜償，研削燈窗志激昂。元凱生平書有癖，次公意氣醒而狂。筆堪塚瘞知多少，墨與人磨互短長。一第未邀知不瞑，重泉應尚吐光芒。」「惠連宿草幾經春，忍聽荒阡又斷珉。何事壯夫皆未老，卻看故鬼又添新。十年竟哭君三世，五友先亡此兩人。子立自嗟頻送死，淒然顧影獨傷神。」「兩家衡宇故依然，回首何堪憶往年。某水某邱遊釣地，一觴一詠豔陽天。塗鴉紙在痕難滅，烹鯉書來字尚鮮。他日歸田思舊事，酒罏何限淚如鉛。」「世緣草草百年終，差喜青箱未付空。葛帔孤兒能蠟鳳，箭笄嫠婦矢丸熊。魂歸黃土聞應慰，眼在蒼天報必公。車笠故交吾未死，忍看肥瘠路人同。」（《甌北集》卷六）

【按】《甌北集》將此詩繫於《悼亡》之前，故《哭白峰之訃》一首，當寫於由木蘭圍場返回熱河避暑山莊時。《清通鑑》乾隆二十三年，「八月十六日奉皇太后進哨木蘭行圍，九月十三日還駐避暑山莊。十六日奉皇太后自避暑山莊回鑾。」據此知甌北在此處曾停留三天，故有可能得知杭白峰之死訊，有「痛定重疑信未眞」之語。

九月二十二日回京師。時，其妻劉氏病亡，時年三十八。未久，或有勸其續弦者。甌北亡妻之痛深切，顧念舊情，婉拒之。

《舊譜》：「弟婦及劉恭人相繼歿於京邸。先生歸之日，劉恭人已屬纊矣。」

《悼亡》：「扁舟才到暮春中，淒絕秋閨罷女紅。千里赴京如送死，十年爲婦正奇窮。瓦燈猶照空床簟，緦帳誰扶削杖桐？正是薊門搖落後，淚和殘

葉灑西風。」「塞垣于役苦分離，奔赴仍憐片刻遲。生不並頭頻遠別，死留一面作長辭。巫呼不應君眞逝，欲語無窮我未知。最是彌留情更慘，一聲聲問客歸期。」「百分絕少一分償，只道將來日正長。多病尚辭賒藥餌，新婚便典嫁衣裳。頻年癡想登高第，半載窮奢食太倉。信有人間論薄命，擬呼日者再推詳。」「前塵歷歷總堪思，閨閣曾無燕笑期。鴻案風存儒氣味，牛衣語帶俠鬚眉。深宵機杼衰親飯，荒歲樵蘇巧婦炊。一病那能不長逝，久知力盡命如絲。」「急景俄驚逼歲闌，殘冬隨例作消寒。老親摒擋迎年酒，弱女經營餞臘盤。爆竹聲中虛暖熱，燭花影裏獨盤桓。劇憐蕭寺冰霜夜，冷骨孤眠七尺棺。」「獨夜鰥魚淚暗彈，豈無人勸續新歡。魂歸環佩看應痛，貧覺糟糠替倍難。手澤尚存衣線補，心香不共篆煙殘。他年塚上相思樹，連理終應向爾蟠。」（《甌北集》卷六）

【按】趙翼《亡室劉孺人傳》：「孺人姓劉氏，吾邑人，父午岩先生，諱鳴鶴，故名宿，嘗以諸生兩膺博學宏詞、經明行修之薦。孺人年二十七，歸於余。余時爲諸生，家赤貧，來歸未逾月，奩具悉入質庫。孺人與吾母紡織以佐日用，時或過午不舉火，機聲猶軋軋也。余客京師，一母兩弟，皆倚孺人事育。孺人雖嘗居母家，而顧慮家計尤切。余修羊所入寄歸，孺人常節縮以應家之有無，即吾女欲置一衣，亦靳不輕予，曰：『而祖母及兩叔，方需此度日也。』時母家門第方盛，孺人弟欽，成進士，服官閩中，勢隆隆起。孺人以貧家婦依棲其間，既內顧家累，而外又恥以寒陋作可憐狀，左支右捂，甘苦自茹，有不堪爲人道者。越五六年，余考授中書舍人以歸，始稍有寧宇。而余弟汝明方娶婦，敝廬數椽就圮，復有事修葺。孺人則爲余經紀伙助，雖饎爨之事，皆躬自任之。事甫竣，余復入京補官，會歲大祲，孺人減衣縮食，以庇食指。已而余弟汝明不幸即世，孺人殯葬之。復爲余季弟汝霖娶婦。一年間婚喪連舉，勞瘁備至。戊寅春，始奉吾母來就養京師，薄俸所入，齏鹽鹾足自給，可無甚拮据爲矣。而孺人旋病，浸尋遂不起，是歲九月二十二日也，年三十有八。統計孺人歸於余垂十二年，所處無一非艱窘日。及來京邸，稍可自佚，而遽以死。命也夫！余又屢客於外，十二年中夫婦相聚者，實不過一二年。其病也，余方扈從塞外，及請急歸，已屬纊，不得握手一訣矣。婢子語余曰，臨歿之前一日，頻問而主歸未，答以明日當至。孺人不言神傷，黯然淚下，蓋自知不及待矣。嗚呼！此意尤可悲也。」（《西蓋趙

氏宗譜・藝文外編》）同譜又謂，趙翼「配劉氏，邑廩生，保舉博學宏詞經明行修諱鳴鶴女，康熙六十年辛丑（1721）生，乾隆二十三年戊寅（1758）九月二十二日卒，年三十八」。又，甌北《悼亡》詩稱：「塞垣于役苦分離，奔赴仍憐片刻遲」，知甌北返京時，劉氏剛剛咽氣。又據《亡室劉孺人傳》「及請急歸，已屬纊，不得握手一訣矣」，「屬纊」，《禮記・喪大禮》：「疾病，男女改服。屬纊以俟絕氣。」鄭玄注曰：「纊，今之新錦，易動搖，置鼻之上以爲候。」亦可證甌北抵家時，劉氏剛咽氣。故將甌北返京抵家時間，繫於本日。

十月間，另僦醋張胡同新居，有狐狸襲擾。

《新僦宅有小樓可憩而多狐祟，詩以禳之》：「漫憑狡獪擾幽廬，禍福靈氛早告予。山鬼豈知經歲事，傖人浪說好樓居。開堂笑汝禪仍野，媚竈慚吾術已疎。談《易》倘如王輔嗣，未妨來對一窗虛。」（《甌北集》卷六）

【按】《簷曝雜記》卷二《狐祟》：「京師多狐祟，每占高樓空屋，然不爲害，故皆稱爲狐仙。余嘗客尹文端第。其廳事後即大樓，樓下眷屬所居，樓之上久爲狐宅，人不處也。嘗與公子慶玉同立院中，日尚未暮，忽有泥丸如彈者拋屋而下，凡十數丸。余拾其一仰投之，建瓴之屋宜即拋下矣，乃若有接於空中者，不復下，亦一奇也。余僦屋醋張衙同，其屋已數月無人居。初入之夕，睡既熟，忽夢魘，若有物壓於胸腹者，力掙良久始得脫。時月明如晝，見有物如黑犬者從窗格中出。明日視窗紙，絕無穿破處。先母命余夕以二雞卵、一杯酒設於案，默祝焉。詰朝，卵、酒俱如故，而其物不復至。」

醋張胡同，在廣安門大街南，法源寺北，宣武門外。《燕都叢考》「外四區各街市」謂：「自教子胡同而東，曰兩磚兒胡同。中間橫胡同曰醋章胡同，《順天府志》作醋張胡同。」

賦長詩《汪文端師歿已數月，每欲一述哀情，卒卒未暇也。輙直樞曹，閒居無事，甫得和淚漬墨，以詩哭之，凡一千字》，追念汪由敦師。

《汪文端師歿已數月，每欲一述哀情，卒卒未暇也。輙直樞曹，閒居無事，甫得和淚漬墨，以詩哭之，凡一千字》略謂：「豈曾潘鬢老，共謂旭書顛。輙直歸西掖，投閒類左邊。崔羅貧宦味，蠹簡腐儒饘。仰屋重探學，扃門自省愆。叢編勤獺祭，殘卷剔蝸涎。澒落官雖退，摩挲腹尚便。書成揚子瓵，調絕伯牙弦。慧業空期佛，凡胎孰識仙。贋珍乾鼠璞，魔噪野狐禪。虛焰方

熏灼，遙源肯泝沿。蒙頭聊瑟縮，貴耳任轟闐。彌憶援垂手，頻傷企及肩」（《甌北集》卷六）所敍亦有牢騷不平之意。

為忌者蜚語中傷，調離軍機處，傅恒告誡甌北暫時隱忍，勿作賈豎之爭。甌北仍入直內閣。

《舊譜》：「傅文忠公以先生積勞久，欲擢為部曹。先生志在入詞垣，乃力辭。已而為同事中諸忌者造蜚語中傷，遂出軍機，仍直內閣。」

《出軍機仍直內閣》：「樞府頻年愧素餐，重來省掖分廳安。就閒我喜還初地，愛熱人看似左官。紅藥豔仍翻釦砌，紫薇高已過雕闌。抄詩院吏先相笑，依舊渠來主坫壇。」「敢說揮毫筆有神，齗窗客已暗生嗔。卻憑覆雨翻雲手，還得吟風弄月身。宛委穴探多秘笈，香嚴室掃絕纖塵。閉門自有陳編在，不對今人對古人。」「最憶秋山木葉飛，每隨羽獵著征衣。碧天過雁風排陣，紫塞呼鷹雪打圍。往蹟已看成斷夢，少年所愧息勞機。只應歲歲清霜候，筋骨猶思試馬肥。」「虛煩存問遍公卿，畫餅真慚浪得名。詔誥已歸陽子烈，詩文猶說黨懷英。曉趨龍尾無箋奏，夜寫蠅頭有課程。腕脫抄胥何足道，留將彩筆詠昇平。」（《甌北集》卷六）

【按】《出軍機仍直內閣》詩「齗窗客已暗生嗔」句後註曰：「同客有不悅者」，即指「造蜚語中傷」之「忌者」。又，《甌北集》卷四○《五哀詩·故相國贈郡王傅文忠公》略曰：「段操鞭學士，絳灌惡賈生。古來王侯貴，蟻視寒儒輕。傅公起怯薛，璿霄佐昇平。讀書雖不多，胸有千古橫。會選西樞屬，余亦備品評。顏狀既鄙野，言語兼荒傖。同官共目笑，公獨鑒樸誠。試以著作才，一揮七製成。遂邀愛逾等，青睞超群英。朱提贈十流，豐貂輝冠緌。眷深起眾忌，媒孽設險坑。公默燭其誣，但戒賈豎爭。輒直未一載，仍聽神索聲。及余入詞苑，已非公所臨。猶於黼座旁，時時說賤名。」足見傅恒對甌北之關愛之情。

冬夜，與諸同人共飲章習之宅。

《冬夜同人宴章習之前輩宅》：「選舞徵歌集畫堂，消寒共作少年狂。酒推大戶先沖陣，詩讓名家獨擅場。照座玉山裝叔則，勸杯金縷杜秋娘。殘冬常厭更籌緩，今夜如何夜不長。」（《甌北集》卷六）

緣蔣心餘士銓紹介，得與秀才張吟薌塤結識。

《贈張吟薌秀才》：「閒居苦岑寂，兀坐想好友。宦冷既寡交，地僻更罕偶。昨來蔣吉士，笑我目封蔀。去此不數武，有客屹材藪。舍近輒圖遠，曷

怪星在罶。我聞喜欲狂，徑造一握手。果然愜心期，爽氣溢戶牖。遂從索行卷，篇什蔚瓊玖。自笑眞荒傖，無目似水母。比鄰有斯人，乃不識誰某。攜歸重展玩，其才實富有。兩冊花間詞，奪席屯田柳。清音獨繭絲，豔態百花酒。幽芬嗅露蘭，脆味嚼雪藕。有時鐵撥弦，迸落鮫珠剖。忽吹煙竹笛，老龍變爲叟。讀之惟恐盡，長吟欲其久。每到得意時，浮白輒一斗。嗚呼書生眼，動輒慕不朽。自非才分殊，事詎可幸取。滔滔世運壇，如波日東走。何限魁傑流，滅沒濡其首。序點甫揚觶，十已去八九。君也殆庶幾，生才定非苟。緊余懶廢學，胸膈俗氣糾。譬若白頭嫗，自顧傷老醜。一朝見麗人，歎羨不容口。又如道子畫，不能自運拇。忽觀舞劍勢，其氣乃抖擻。寓齋喜咫尺，相距不盈畝。步屢好屢過，倉琅會頻叩。吉士固可人，近不在腋肘。自今數晨夕，與君作吟耦。清談未妨諧，白戰我甘負。」（《甌北集》卷六）

【按】蔣士銓有《張吟薌堨秀才至京喜爲長歌》一詩，曰：「三十初度泊姑胥，無屋卻借官船居。醉掃虎丘石壁書，虎氣入筆驚閶闔。昏黑歸船墜江底，手挽舵牙腳踏魚。躍水立船送君去，寒藻掛面裘袴濡。天明君來繞臥榻，我悔未摘龍頷珠。枯腸飲河覺少潤，睥睨震澤如溝渠。別來彈指忽五載，中間尺素頗不疎。聞君獻賦官未除，但有賢婦憐相如。藥煙縷縷橫綺疏，垂死病中憶心餘。我方事母棲田廬，夜夢鬼伯促登輿。延我上座吏睢盱，約以多至鞭魅魖。我叱冥官鬼蝟縮，覺告我母母涕洳。母禮北斗攘帝車，神力挽救乃活予。買船奉母載妻孥，浮江涉海憂患殊，火焚水溺與母俱。出入生死剩皮骨，神鬼賊害天公扶。一官閉門謝走趨，六經分壞手自鉏。有時飲酒說忠孝，古人滿卷眞吾徒。奴出買藥報君至，病步造門執子袪。語言雜碎齒舌僬，問對不給聊相於。引燈看面各憔悴，死去復見敢厭臛。別後新詩累篇帙，覽之若佩瓊瑤琚。文詞智慧少年技，愼勿過巧齊公輸。滿眼華筵樂歌舞，公等聰明我獨愚。此身不死敢弭謗，貧病未足困我軀。道人有鄰道不孤，友子無異黃友蘇。蕭齋但可數來止，共作雅頌歌黃虞。」（《忠雅堂詩集》卷七）

張堨（1731～1789），字商言，號瘦銅，又號吟薌。《湖海詩傳》卷二九：「張堨，字商言，吳縣人。乾隆三十年舉人，官內閣中書。有《熱河》、《西征》、《南歸》諸集。」有《竹葉菴文集》三十三卷（乾隆五十一年刻本）傳世，內附《林屋詞》七卷。與蔣士銓、趙翼、嚴多友、戴震、孔繼涵等均有交。曾受業於金德瑛（號檜門），文爲其所識賞，置第

一。沈德潛稱其詞「穠而不膩，鮮而不靡，巧而不佻，曲而不晦，長調亦間入蘇、辛諸公，而裴回容與、溫麗芊綿，終歸周、柳。」（《碧簫詞序》）

　　蔣士銓（1725～1785），字心餘，一字苕生，號清容。江西鉛山人。「父堅，有奇節獨行，嘗遊澤州，縛君馬背，行千餘里。甫四歲，母鍾太宜人即屈竹絲作波磔教之認字。君天稟英絕，有覽輒記，握筆如天馬怒馳，超塵絕蹟。丁卯舉於鄉，甲戌考授中書，丁丑成進士，入翰林，散館第一，授編修，充武英殿纂修，分校順天鄉試，居官八年，乞假養母，僑寓金陵。大府聘為蕺山、崇文、安定書院山長，君意灑然有終焉之志。會少宰彭公元瑞召見，天子問蔣某何在，彭以渠母老對。及太宜人薨，君感上恩，入都，京察一等，引見，以御史用。旋患風痺，還南昌二年，年六十一卒」（袁枚《翰林院編修候補御史蔣公墓誌銘》，《小倉山房文集》卷二五）。詩與袁枚、趙翼齊名，稱「乾隆三大家」。著有《忠雅堂集》、《藏園九種曲》（又稱《紅雪樓九種曲》）等。

本年，尚作有《題湯肖山道服小照》、《夜直》、《題粵東百歲翁劉作菴宛在亭圖》、《恭和御製幻花八詠元韻》、《題柳如是小像》、《題蘗菴僧遺像》（《甌北集》卷六）諸詩。

【按】劉作菴，劉清。盧文弨「戊寅」所作《贈中憲大夫鄉飲大賓作菴劉公墓誌銘》謂：「乾隆八年，予始晤香山劉舍人於外家張鳳麓先生所。先生前以學士典學粵東，舍人所首拔士也。學士門下士予不盡識，獨識舍人，愛其淳厚、退讓有古君子風，因以知其稟承於家先生作菴公者有素。舍人歸里後越十有二年，而舍人之子有官比部於京師者，相見亟詢其大父、父皆無恙，為之喜甚。是時，作菴公年九十有九，越明年百歲，例得以建坊，請大吏以聞。朝之貴人重公名德、壽考，亦相率為詩文以壽，而公乃即於是年捐館舍，是為乾隆二十有一年二月二十日也。舍人將免喪，復來京師，盡輯諸公前所為壽言什襲之以歸，見公之生平可徵信者如此。歸即將營葬事，求文以納諸幽，於是以狀來請。予交公之子，又交公之孫，雖不文，義其可辭？案狀：公姓劉氏，諱清，字泳斯，作菴其號。先世在宋時，從彭城遷香山之德慶鄉，傳至公十七世。父長祚，母方氏，生公八歲而孤，母守志，翼公於成，居貧，藉女紅以得食。及公少長，痛其母之劬也，乃慨然棄舉子業以治生，家漸饒。母乃顧公而

泣曰：『而父夙嘗學，不幸蚤世不顯。余年廿八，稱未亡人，流離荼苦，常恨不即從而父於地下，不圖及見今日，然乃父之志其尚不止於是。』公聞之，長號失聲，因是課舍人兄弟頗嚴，延名師以教之。至今子若孫皆讀書守禮爲儒者，起而仕宦，皆有聲。公好行利濟事，邑南木橋久不治，公易以石。西有岐江，設義渡，便往來者。歲饑，出私穀千石佐賑，常爲邑人倡。有佃死，孤弱嫠，失田無以活，遂弗易，佃租入不足，一不問，其他施濟多類此。晚年以家廟未立，居常怏怏。及告成，舉祀事，扶杖詣廟，肅衣冠載拜，乃大喜。邑中歲兩舉鄉飲酒禮，公常爲大賓。以子貴，勅封修職郎，晉文林郎。又以孫起鯤貴，復貤贈中憲大夫。娶徐氏，贈恭人。先公十年卒。子二人，長錦金，華縣丞；次濤，辛酉科選拔貢生，內府中書科中書舍人，誥封中憲大夫。女二人，李英光、鄭燕，其婿也。孫十人，孫女五人。曾孫十六人，曾孫女十一人。元孫二人，元孫女一人。」（《抱經堂文集》卷三四）

乾隆二十四年己卯（1759）　三十三歲

【時事】　正月初，兩淮鹽商捐銀一百萬兩，乾隆帝命交陝甘總督黃廷桂以備軍需、屯田撥用。此後，浙商及長蘆、山東鹽商稱欲捐銀，二三十萬兩不等。十七日，大學士、管陝甘總督、忠勤伯黃廷桂在涼州病卒。黃廷桂（1691～1759），字丹崖，漢軍鑲紅旗人。康熙四十九年，由監生襲曾祖憲章所遺雲騎尉世職，又以三等侍衛參領。雍正間，授直隸宣化鎮總兵，擢四川提督。乾隆初，補鑾儀使，改天津鎮總兵、古北口提督。在甘肅巡撫任，曾疏奏恤孤貧、瘞枯骨，勸輸社倉，清查監獄，開渠灌田及教民種樹、紡織各事，均得旨嘉獎。十二年署陝甘總督，未久，授兩江總督。又調陝甘總督，晉武英殿大學士兼管總督事。西陲用兵，命駐肅州督辦軍需。二十二年正月，一次解送出口馬 27500 餘，駝 4200 餘，供巴里坤軍前調用。其雖未自歷行陣，而督辦一切軍需，俱無貽誤。乾隆帝於二十二年、二十三年曾兩次各賞銀一萬兩。患病期間，又命額附福隆安帶御醫往診視。卒後，又賞銀一萬兩。此等恩寵，在清代大臣中殊不多見。（《欽定八旗通志》卷二〇五《人物志八十五》）以吳達善爲陝甘總督。蔣溥補東閣大學士，仍管戶部尚書，劉統勳爲協辦大學士。授李侍堯兩廣總督。四月，禁織造貢精巧絺繡。五月，英吉利商船赴寧波貿易，浙江

巡撫莊有恭奏卻之。諭李侍堯傳集外商，示以禁約。七月，帝奉皇太后幸木蘭行圍，時布魯特使臣車里克齊等先後入貢，皆令其觀圍。(《清朝通典》卷五八)十一月，以平定回部，帝率諸王大臣詣皇太后壽康宮慶賀。御太和殿受朝賀，頒詔中外，覃恩有差。(《清史稿》卷一二《高宗紀》)十二月，副都御使孫灝以巡幸索約爾濟之事進諫，遭帝嚴斥，諭曰：「孫灝奏請停止明年巡幸索約爾濟一折，朕初閱其詞，以爲無知，罔識事體，付之不問而已。繼思孫灝此奏，其所關於本朝家法及我滿洲風俗人心者甚大，有不得不明白宣諭者」，「聖祖仁皇帝《實錄》，有天下雖太平，武備斷不可廢，如滿洲身歷行間，隨圍行獵，素習勤苦，故能服勞，若漢人則不能矣，雖由風土不同，亦由平日好自安逸所致之。諭恭讀之餘，凜然悚惕，豈敢一日忘之。今孫灝折內，以爲索約爾濟地在京師直北，遠與俄羅斯接界，一似輕車前往，不無意外之慮者，此語尤爲笑柄。今額駙色布騰巴爾珠爾及喀爾沁貝子呼圖靈、阿紮拉豐阿俱在朕前，試問索約爾濟非即伊等之部落家室耶？伊等非國家教養之子孫臣僕耶？以伊等恭勤望幸，迎請猶恐不及，而謂有意外之慮，當亦夢囈所不應出此者矣！折內又稱，索約爾濟非江浙勝地可觀等語，其言更爲荒誕。且南巡之舉，豈僅爲山水觀覽之娛？上年朕臨徐、邳、淮、泗沮洳之地，爲之相視求瘼，疏泄修防，次第興舉，今歲農事倍收，孫灝獨不聞之乎？且果如孫灝所言，南方爲勝賞之地，則索約爾濟之習勞練武所爲，固勝於彼，益不可中止矣。至稱隨從侍衛官員人等，長途費重，生計艱難，則從前皇祖時獮狩之典，歲率二、三舉行，彼時大臣中或有外來之助，至於侍衛兵丁何嘗不以爲苦？然正所以教之節用知艱也。且今預借俸餉，額外賞給，較昔實厚，豈至苦累轉甚於前者？若如孫灝之意，將使旗人盡忘淳樸服勤之舊俗，而惟漸染漢人陋習，人人頹廢自安，文既不文，武亦不武，如此而後快於孫灝之心，則其心爲何心乎？至近年來，朕每秋獮木蘭，恭奉聖母皇太后安輿，竊念聖躬或致勞勩，懇請駐蹕山莊，猶未蒙慈允，且屢垂懿訓示以大義，謂祖制不可少違，安逸不可少圖，惟恐朕之稍有廢弛，此亦諸王大臣所共知者。而孫灝顧以長途往返，藉詞緣飾，謂足聳動眾聽耶？孫灝以上書房行走之員，而識見舛謬害事如此，若侍諸皇子教讀，耳濡目染，豈獨貽誤養正之功而已哉？副都御史職佐風紀，斷非謬妄之人所可濫竽，孫灝著以三品京堂改用，將此旨通行曉諭知之。」(《清朝通典》卷五八《禮·軍一》)

本年，甘泉黃文暘、崇明何忠相、丹陽彭澧等在南京結秦淮大會。

浙江袁枚據葛祖亮所述河南彊項吏魯亮儕事，作《書魯亮儕》文。

江西蔣士銓作《癭老友記》，寫一遊食悽惶，窮死無葬的老儒。

安徽戴震至北京，見青浦王昶，爲作《鄭學齋記》。

浙江盧文弨在江陰暨陽書院講學。

嘉定錢大昕典山東試，出京，作《過河間城外，居民有種棉花者》詩。

青浦王昶寓北京楊梅竹斜街梁氏齋中，作《青乳齋記》，記京居生活喧囂狀。

武進錢維城、直隸翁方綱同典江西試，過徐州訪蘇軾題字，方綱作紀事詩。

秋，顧光旭奉命充順天鄉試同考官，得栗元等十四人。（《響泉年譜》）

陽湖洪亮吉從常州府附生董舒（獻策）受《春秋左傳》，並學作制舉文。作詩數十篇及《斥釋氏文》一篇。與布衣楊毓舒交最密，暇即唱酬往還。（《洪北江先生年譜》）

武進趙懷玉（憶孫），「年十一二，始學爲詩」（《亦有生齋集》自序）

【本事】正月，嘗與賀舫菴同遊文信國祠，並賦詩憑弔宋貞臣文天祥及明末李邦華諸前賢。

《過文信國祠同舫菴作，末章兼弔李文水》：「鬚眉正氣凜千秋，丞相祠堂久尚留。南渡河山難復楚，北來俘虜豈朝周？出師未捷悲移鼎，視死如歸笑射鉤。何事黃冠樽俎語，平添野史汙名流。」「三百餘年養士恩，故應末造澤猶存。半生聱牙勤王散，一代科名死事尊。滿地白翎人換世，空山朱喝客招魂。笑他北去留承旨，也是南朝一狀元。」「戰罷空坑力不支，拼將赤族殉時危。死堅獄吏囚三載，生享門人祭一卮。血碧肯汙新贈諡，汗青終照舊題詩。如何一本梅花發，分半南枝半北枝。」「就縊神前手掩關，又傳文水繼文山。故知曠世心相感，恰好同鄉躅再攀。地本表忠眞死所，志同殉節肯生還？傳芭曲裏神弦緊，廟祀應增配食班。」（《甌北集》卷七）

【按】《藤陰雜記》卷五：「二忠祠在鮮魚口，吉水人祀文信國、李忠肅邦華。忠肅甲申殉節於吉安會館，即此。《舊聞考》稱在城內文信國祠，未確。柴市一祠，未聞作吉安會館。此祠又名懷忠會館、丞相祠堂。邊華泉聯句：『花外子規燕市月，柳邊精衛浙江潮。』趙甌北翼《謁祠四首》詩注亦云：『李公殉節公祠下。』」或謂信國祠在柴市，當在內城。（《燕都叢考‧外一區各街市》）

雖為內閣中書，然吃食或不繼，生計仍甚艱難。

　　【按】《偶題》詩謂：「風雨寥蕭晝掩廬，一編吟到夜窗虛。廚娘莫聒瓶無粟，我已修成乞米書。」（《甌北集》卷七）一家數口，吃食支用較多，生計仍較艱窘。《苦熱》詩曰：「繫我苦熱坐煩鬱，寓齋數椽地又窄。渾身忽遭入甕煅，束手慘受烹鼎厄。白汗翻漿浹胸背，赤疿成粟遍膚革。」（《甌北集》卷七）知住房之逼仄。

與文士張廉船舟交往，以詩勸誡，「莫將年少賭時名」。亦與張吟薌塤時相唱和。

　　《贈張廉船上舍即用其柬心餘韻》：「海內生才亦有涯，珠光今見吐靈蛇。傳家故有科名樹，搖筆能開頃刻花。五尺量身猶不滿，十行過目已無差。問君何許文心麗，莫是曾分乞巧瓜？」「生來才子便多情，騷怨無端語不平。摩詰詞華關夙世，牧之春恨透三生。人如花竹秀而野，我愧文章老更成。還與論心千載上，莫將年少賭時名。」（《甌北集》卷七）

　　《次吟薌韻》：「人海囂聲不可聞，閒留我輩靜論文。老鯤欲娶梅為婦，好友應同竹號君。蹟訏乍交成舊雨，情於小別感停雲。雀羅門巷殷勤掃，佇待西窗話夕曛。」「倚聲絕藝似珠圓，鏤月裁雲過百篇。花影得名張子野，井泉到處柳屯田。傳來曲部人爭寫，唱入旗亭妓最妍。笑我聲牙難入律，銅琵琶上撥皮弦。」（《甌北集》卷七）

　　另有《題吟薌夢遊竹葉菴圖》（《甌北集》卷七）等。

　　【按】張舟，字廉船，鉛山人，乃蔣士銓友人張紹渠（字素村，鉛山人。乾隆十年進士，授編修，擢御史，出為保定知府）之次子。有詩才，著有《鷦南集》。《鉛山縣志》卷一五「人物」有傳。《江西詩徵》補遺卷一《國朝》：「舟，字廉船，紹渠子。自號木頭老子。」與蔣士銓、凌廷堪有交，見《忠雅堂文集》卷七、卷一四，《校禮堂詩集》卷一二。

夏日，尋芳郊野。

　　《郊外散步》：「幽尋步林樾，淺草道旁斜。不為無人看，臨風也作花。」「古樹圓如傘，綠陰了不暑。無人領此清，黃鵬坐交語。」（《甌北集》卷七）

遊愍忠寺，賦詩感懷。

　　《愍忠寺石壇相傳唐太宗征高麗回瘞戰骨處》：「古寺重簷閣，平臺五尺墩。征東功已渺，恤下蹟猶存。貞觀方開國，高麗失奉藩。六師爰出塞，萬乘自攻垣。斬獲軍雖振，傷亡士亦繁。歸途收葬慘，御筆祭文尊。不凜佳兵

戒，徒矜掩骼恩。一區開作壍，萬骨聚爲屯。豈乏功臣狗，兼多君子猿。忠
皆兵死鬼，哀到國殤魂。碎或如蛇蛻，殘猶帶犢褌。生無半面識，死比併頭
婚。畚鍤填泥築，虆梩帶雨掀。結蒲工不暇，裹革例難援。聊免群烏啄，差
無餓虎蹲。首丘終未遂，京觀詎同論。想見繙經座，曾招翦紙幡。歸隨遼鶴
蹟，啼有蜀鵑痕。陰陣空中嘯，靈旗夜半翻。血風臨穴臭，磷火滿壇昏。邱
貉屍難認，沙蟲命總冤。異鄉悲瘞旅，故國羨歸元。幸托空王近，能拯新鬼
煩。叩鐘開魘夢，施食慰饑飧。喚醒沈冥路，來皈清淨門。枯骸滋法雨，厲
氣散朝暾。事往今千載，詩成紀片言：由來戰爭地，枉死遍郊原。」（《甌北
集》卷七）

【按】愍忠寺，《讀史方輿紀要》卷一一一謂：「愍忠閣，府西南十五里。唐
太宗征遼陽，憫忠義陣亡之士，建此閣，後爲愍忠寺。明朝改名觀音閣。
又延壽寺，亦在府西南舊燕京城內。宋靖康二年，金斡離不劫上皇，自
青城由滑州至燕山，館於延壽寺，繼又刼上皇及帝后居愍忠寺，即此。」
《藤陰雜記》卷八曾引甌北本詩。

作《同北墅漱田觀西洋樂器》（《甌北集》卷七）長詩。

【按】《簷曝雜記》卷二《西洋千里鏡及樂器》：「天主堂在宣武門內，欽
天監正西洋人劉松齡、高愼思等所居也。堂之爲屋圓而穹，如城門洞，
而明爽異常。所供天主如美少年，名邪穌，彼中聖人也。像繪於壁而突
出，似離立不著壁者。堂之旁有觀星臺，列架以貯千里鏡。鏡以木爲筒，
長七八尺。中空之而嵌以玻璃，有一層者、兩層者、三層者。余嘗登其
臺以鏡視天，赤日中亦見星斗。視城外，則玉泉山寶塔近在咫尺間，磚
縫亦歷歷可數。而玻璃之單層者，所照山河人物皆正，兩層者悉倒，三
層者則又正矣。有樓爲作樂之所。一虯髯者坐而鼓琴，則笙、簫、磬、
笛、鍾、鼓、鐃、鐲之聲無一不備。其法，設木架於樓，架之上懸鉛管
數十，下垂不及樓板寸許。樓板兩層，板有縫，與各管孔相對。一人在
東南隅，鼓嘴以作氣。氣在夾板中盡趨於鉛管下之縫，由縫直達於管。
管各有一銅絲繫於琴弦。虯髯者撥弦，則各絲自抽頓其管中之關捩而發
響矣。鉛管大小不同，中各有竅竇，以象諸樂之聲，故一人鼓琴而眾管
齊鳴，百樂無不備，真奇巧也。又有樂鐘，並不煩人挑撥，而按時自鳴，
亦備諸樂之聲，尤爲巧絕。」

劉松齡（1703～1774），字喬年，「本名 Augustin Ferdinand von

Hallerstein，斯洛文尼亞人。乾隆初年來到中國，在欽天監任職 30 餘年（其間任監副 3 年，監正 28 年，三品職銜）」。「其於乾隆四年（1739）到達北京，即進入欽天監。乾隆八年（1743）補授欽天監監副，所做第一件大事，就是協助監正戴進賢（Ignatius Koegler）修訂南懷仁（Ferdnand Verbiest）在康熙十三年編纂的天文學專著《靈臺儀象志》。乾隆十七年告成，由乾隆皇帝定名爲《儀象考成》。此書附有 3083 顆星的星表，其中原載舊星 1319 顆，新增星 1614 顆，近南極星 150 顆。包含中國觀測和西方觀測兩方面的成果，非常準確。乾隆二十二年出版後，曾引起西歐學術界的重視，爲上橋（Tsuchihashi）和謝瓦利埃（Chevalier）譯成法文。隨後劉松齡又主持設計和製造天球儀。乾隆十一年（1746）任監正。十九年製成「機衡撫辰儀」，陳設於京師古觀象臺上（至今仍在）。劉松齡不但是一位天文學者，而且擅長地理輿圖之學。1749 年曾踏勘繪製過木蘭地圖，平定準噶爾以後，在西北地圖繪製中也起過一定作用。劉松齡還可能參加過中國人口的統計工作，曾把乾隆二十六年（1761）的中國民數（近 2 億人）介紹給歐洲，被不止一個外國學者引用。他還多次參與了與歐洲國家有關的外來交涉事務（他曾因接待葡萄牙使節而被授予三品銜）」。（高王凌《劉松齡及新發現史料的價值》，黃愛平、黃興濤主編：《西學與清代文化》，中華書局，2008 年，第 170 頁）

吳旻、韓琦編《歐洲所藏雍正乾隆朝天主教文獻彙編》：「西洋人徐懋德等奏報，新到澳門之劉松齡等有技藝西洋人（乾隆三年九月十四日，1738.10.26）：西洋人臣徐懋德、巴多明、沙如玉、郎世寧謹奏，切臣等從前曾寄信要選數人能效力者前來。今接澳門來信，知今年六月盡，波爾都噶爾國船上到來劉松齡、鮑友管，能知天文曆法，魏繼晉能知律呂之學，又拂郎濟亞國船上到來王之臣，係善畫喜容人物者，楊自新係能於鐘錶者。以上五人求皇上將姓名按舊例交與廣東督撫，令其派人伴送進京，爲此具折奏聞。乾隆三年九月十四日奏。本日奉旨：著交海望行文該地方官，令其來京。欽此。（上海人民出版社，2008 年，第 58～59 頁）

高愼思（Joseph d'Espinha，1723～1788），葡萄牙人，又名約瑟，曾任中國副教省長，任欽天監監正。

觀象臺，《燕都叢考》「內一區各街市」：「自崇文門內東城根中間南

北直達於觀音寺胡同之小街。……又北曰東袼褙胡同，其東有觀象臺。」
此段注引《一統志》曰：「觀象臺在城東南隅，臺上有渾天儀、簡儀、銅
球、量天尺諸器。康熙十二年，以舊儀年久多不可用，御製新儀凡六：
一天體儀，一黃道儀，一地平經儀，一地平緯儀，一紀限儀，陳於臺上，
至今遵用。其舊儀移藏臺下。又五十四年製地平經緯儀。」《藤陰雜記》
卷四：「觀象臺在城東南隅。癸卯監試外場，於重九前，偕琳侍御寧登高，
通州城市可接之眉睫間。」

六月初，為酷熱所困，夜不能眠。

《苦熱》：「吁嗟乎！天胡為乎慘降此炎赫！去秋不雨，至今已將十弦魄。
雷公伏藏雨師避，惟有織烏當空恣騰擲。歊陽晱晱森角芒，不作濕蒸作乾炙。
百川泉眼蝸涎枯，千里土脈龜兆坼。赫熹餘威竟夜不肯散，繁星皆紅月不白。
有時微雲黶黯似欲雨，忽然化為泠泠之風去無蹟。蒼宵如鏡無一蟾，何處得
以泄涓滴。翻嫌女媧當日太多事，何妨聽其漏天而必補此一卷石。繄我苦熱
坐煩鬱，寓齋數椽地又窄。渾身忽遭入竇煅，束手慘受烹鼎厄。白汗翻漿浹
胸背，赤疿成粟遍膚革。聊同禪子日掩關，迄如病夫晝臽席。遙望晴空萬里
正蕩蕩，上天下地無處不是赤焰積。我於其間渺如滄海粟，奚啻洪爐燎毛立
見作人臘。沈吟掩卷忽自笑，書生脆弱真不耐煎迫。已聞旱久將成災，至尊
步禱瘁圭璧。吾儕竊祿太倉米，不能噓雲吸雨助膏澤。手中一滴地一尺，猶
然偃息在床歎憔悴。毋乃處福不知惜。況爾心冷如冰尚中熱，何以處夫病於
夏畦之熱客！」（《甌北集》卷七）

【按】將此詩繫於六月，理由有二：一是詩中曰：「天胡為乎慘降此炎赫！
去秋不雨，至今已將十弦魄。」弦，月半圓時，狀如弓弦，故謂之弦。
魄，月亮初出或將沒時的微光稱魄。弦魄並用，蓋指一月。此處稱，將
近十月未降雨，由去年九月算起，至本月，首尾恰十月。二是詩稱「已
聞旱久將成災，至尊步禱瘁圭璧」。本年大旱，乾隆帝祈雨多次。據《清
史稿·高宗紀》，僅五月，就有「辛卯，上詣黑龍潭祈雨」、「辛丑，上素
服詣社稷壇祈雨」、「丁未，上以雨澤未沛，不乘輦，不設鹵簿，由景雲
門步行祭方澤」諸記載。一月之間，祈雨竟高達三次。至六月庚申（十
一日），「上以久旱，步至圜丘，行大雩禮，是日大雨」。詩中既敘及乾隆
帝「步禱」之事，故此詩當寫於五月丁未（二十二日）之後。此繫於六
月初，或無大礙。

六月中旬，和乾隆帝《喜雨十詠》詩。

《恭和御製喜雨十詠元韻》：《雨陣》：「誰向穹霄運握奇，神兵指顧布魚麗。乍疑叱咤風雲變，旋訝虛空矢石施。戰退炎官收火傘，乞降旱魃倒牙旗。眞看天上將軍到，歡過來蘇伐葛師。」《雨雲》：「黯黮彌空膩不消，異他舒卷在晴霄。陰來頓覺天將暮，行處何須日以朝。穹漢非池誰潑墨，中天無海亦生潮。絕勝糺縵書祥瑞，六幕凝和氣最調。」《雨山》：「久晴山亦槁將童，雨至先鏖萬木風。急瀑如紳盤詰曲，濕云爲絮冒龍鬆。髻痕新沐傾盆裏，膚寸原生觸石中。欲上層椒覽滂沛，轉愁路滑躐虛空。」《雨田》：「方罫行行水沒犁，川原彌望插秧齊。油油耕覺烏犍駛，漠漠飛看白鷺低。渴土快如澆魄碔，枯塍滿忽映頗黎。度阡多少欹青笠，飯餉家家餉婦攜。」《雨樓》：「雨勢尤宜高處看，一層更上俯闌干。窗虛早灑珠簾濕，地迥原連玉宇寒。簷溜如聞棋子落，檻雲欲繞笛聲殘。翠帷繡戶空濛裏，倒影寧須月滿灘。」《雨舟》：「推移枉費柁師憂，雨至能輕萬斛舟。乘漲眞同天上坐，沿溪不羨剡中游。野橋水沒人呼渡，御宿波深士習流。卻憶淺時牽百丈，纜夫一里要三休。」《雨樹》：「林霏一夜濯新枝，往日幾同百草萎。枝榦仰天原望澤，條枚得氣亦生姿。頓回枯樹休悲庾，豈浴空桑爲產伊。不數襄陽好詩句，梧桐清滴夜涼時。」《雨荷》：「洗盡纖埃吐豔姿，未嫌待澤較開遲。步生仙子凌波處，座湧如來渡筏時。翠蓋重逾晨露滴，紅衣濕向晚風披。從知積潤增鮮麗，茶董朝來也似飴。」《雨蟬》：「插冠曾記壯朝常，帶濕無煩暖炙簧。似抱露花棲蛺蝶，恰遮雨葉避螳螂。涼迎新爽爲寒噪，潤帶殘聲過遠揚。信有羽仙身最潔，賽他香徑占蜂王。」《雨蚓》：「膏流地脈液旁行，蠕動昭蘇竅作聲。蠖屈頓伸泥裏蟄，蟢祥曾兆土行精。穴居知雨原成性，泉飲逢源倍樂生。聖澤瀜汪隨地驗，肖翹微物亦含情。」（《甌北集》卷七）

七月，娶繼室高氏。

《舊譜》：「是年繼娶程恭人，本大學士程文恭公景伊甥女，姓高氏，文恭公撫爲己女出嫁。」

《西蓋趙氏宗譜》，趙翼「繼配程氏，本高氏，國子監生封文林郎贈奉直大夫諱希淮女。乾隆己未進士文淵閣大學士兼吏部尚書賜諡文恭諱景伊，以甥女撫爲己女。乾隆壬戌十月初五日寅時生」。時年十八。趙翼《繼室程恭人行略》：「恭人姓高氏。封文林郎晚香公女；贈奉政大夫、掖縣知縣、捐升府同知曉東公，授文林郎、湖南沅陵縣縣丞冠林公妹；故相國程文恭甥女也。

恭人少喪母，文恭公撫爲己女，歸於余。由文恭公出嫁，故又從程姓。其來歸也，年甫十八，余雖已官內閣中書，而貧窘特甚。恭人即能清苦持家，奉吾母丁太恭人敬愛兼至，撫元配劉恭人所生女不啻己出，以是早有賢淑聲。」（《西蓋趙氏宗譜・藝文外編》）

【按】《舊譜》、家乘均不明載高氏來歸之時間。由大概寫於六月的《苦熱》詩來看，既曰「禪子日掩關」，「偃息在床歎憔悴」，似孤身獨處，無人照管，若有妻室在旁，或持扇旁侍，當不致如此。再由《暑夜戲筆》來看，詩謂：「暑夕愛孤眠，我眠豈眞孤。六尺黃琉璃，鋪之皀羅櫥。引睡有黃奶，伴寢有青奴。左抱而右擁，長夜爲歡娛。閨人不相妒，翻送斗酒需。貧官享此福，毋乃太侈乎。」（《甌北集》卷七）既稱「閨人不相妒，翻送斗酒需」，很有些因妻子賢惠而自鳴得意之情態。詩可能寫於新婚未久。詩稱「暑夜」，當是在氣溫最高的七月份，故迎娶高氏之時間，當在六、七月間。

連日大雨，庭院西牆為雨淋塌丈餘。

《大雨倒牆戲筆》：「鳴簷三日雨淋浪，摧倒苔垣一丈長。竝使相如無立壁，或傳夷甫竟排牆。蝸涎作字難留蹟，麇眼編籬且畫疆。除卻青氈本何有，不妨恃陋少堤防。」「曾笑冰山易作泥，不虞識在小庭西。故人來訪應排闥，鄰女如窺免上梯。亂石已妨行藥步，濕塵先掃落花蹊。最憐十五蕭郎竹，也復玲瓏被壓低。」（《甌北集》卷七）

【按】此作雖爲「戲筆」，但由用典來看，似與婚慶未久有關。「相如無立壁」句，語出《漢書・司馬相如傳》：「文君夜亡奔相如，相如與馳歸成都，家徒四壁立。」用典與兒女之情事有關。「鄰女如窺」句，出自宋玉《登徒子好色賦》，中曰：「天下之佳人，莫若楚國。楚國之麗者，莫若臣里。臣里之美者，莫若臣東家之子。東家之子，增之一分則太長，減之一分則太短，著粉則太白，施朱則太赤，眉如翠羽，肌如白雪，腰如束素，齒如含貝，嫣然一笑，惑陽城迷下蔡。然此女登牆窺臣三年，至今未許也。」（《文選》）因牆已倒，無需登梯而窺。「除卻青氈」，《晉書・王羲之傳附王獻之》曰：「夜臥齋中，而有人入其室，盜物都盡。獻之徐曰：偷兒，青氈我家故物，可特置之。群偷驚走。」後以「青氈」指稱士人故家舊物。然而，很容易讓人聯想到與婚事或情事相關的「青廬」、「青鳥」。整首詩語調輕鬆，帶有調侃的意味，與《苦熱》詩之基調大不

相同，當應是寫於婚後。

閒暇之餘，為《唐明皇馬上擊球圖》題詩。

《題唐明皇馬上擊球圖》：「天寶昇平遍四陬，先幾未兆銜花鹿。九華殿已舞羽衣，千步場兼習皮毱。誰其從者一貴妃，又韓號秦三阿姨。禁煙初過賜新火，平明結束黃金羈。古人毱革蹴以足，此獨馬上用杖撲。杖頭紅拂妙轉旋，左撥右挑工起伏。一球突出廣場飛，君王控騎先追逐。錦韉玉勒四蛾眉，齊著珊鞭鬥誰速。遊龍戲珠爭奮爪，流星趁月難瞬目。奔馳將及忽折回，一拂驅之往而復。是時美人更逞姿，翻若驚鴻矞平陸。回身或疑薛夜來，反腰直比孫荊玉。縱使吳宮教戰嚴，嫻習無煩申令熟。興酣樂極日西斜，墜屨遺簪紛可掬。至尊含笑策奇勳，餅金斛琲輂來分。直自平陽公主後，又成一班娘子軍。宮中方演白打技，塞上亦演超距戲。一旦漁陽鼙鼓來，驍騰即用趨球勢。可憐煉就走馬工，只供倉皇避賊計。嗚呼！一毱區區何重輕，江山遂入衰弄傾。始悲五色球空好，不及千秋鏡最明。」（《甌北集》卷七）

【按】甌北酷愛繪畫，時有題畫詩。僅本年夏季，就有《為許松堂題亡姬小像》、《題總憲劉繩菴師鏡影圖》、《題吟薌所藏扇頭美人》、《戲題姮娥奔月圖》（《甌北集》卷七）諸詩。然由《題唐明皇馬上擊球圖》詩末數句，「可憐煉就走馬工，只供倉皇避賊計。嗚呼！一毱區區何重輕，江山遂入衰弄傾。始悲五色球空好，不及千秋鏡最明」來看，似是目睹上層統治者豪侈之生活有感而發。

作《飲倪敬堂少僕寓齋次韻》詩。

詩曰：「仗有通宵飲，能消急景馳。酒監三約法，圈戲七稽疑。燭影翻燈海，甌香淬茗旗。醉歸應犯夜，已是曉鐘遲。」「古來名利路，行者盡如馳。作婦公孫衍，為卿子叔疑。酒兵君拓戟，詞壘我搴旗。一笑皆遷客，生天未免遲。」（《甌北集》卷七）

【按】倪敬堂，即倪承寬（1712～1783）。《蒲褐山房詩話》：「倪承寬，字餘疆，號敬堂，仁和人。乾隆十九年殿試第三人及第，官太僕寺卿。」《清秘述聞》卷九：「倪承寬，字餘疆，浙江仁和人。乾隆甲戌進士，三十三年以禮部侍郎任。」先世從青州遷於杭。其幼自識趣開遠，好講求有用之學。雍正十三年舉於鄉，乾隆七年考取內閣中書。十七年（按，此處誤記。應作「十九年」），以一甲第三人授翰林院編修。二十二年，散館一等，以薦在上書房行走。次年，升右中允，旋遷太僕寺少卿。三十一

年，擢內閣學士。明年，授禮部右侍郎。官至倉場侍郎。爲官在內廷最久，誦法服習，循循有方幅，行止不失尺寸，獨居無惰容。及總督倉場，仍命於漕務之暇，入直如常。直廬在澄懷園之近光樓，樓前方沼，有芰荷、蘆葦、槐柳之勝，退直輒吟詠其間。夜籌火讀書，倣古帖，每至夜半，苦讀如此。爲人風度詳整，不立崖岸。事見邵晉涵《誥授光祿大夫太常寺卿倪公承寬墓誌銘》（《碑傳集》卷四二）。與翁方綱、洪亮吉、金姓有交，見《復初齋文集》卷二九、《卷施閣集》文乙集卷一、《靜廉齋詩集》卷七、卷九、卷一〇。

與時任左都御使的劉繩菴綸，時有交往，並爲其《鏡影圖》題詩。

【按】《甌北集》卷七收有《題總憲劉繩菴師鏡影圖》一詩。《清史稿》卷三〇二「本傳」謂：「二十一年，覆奏鄂樂舜受銀屬實，擬絞候；同德未知情；富勒渾誣劾，擬杖流。上以富勒渾參款已實，不應議罪，責綸等失當。部議奪官，有旨從寬留任，罷直軍機處。二十二年，命仍入直。二十四年六月，奏薊州、寶坻等縣蝻子萌動，州縣官事繁，督捕未能周遍，飭千總、外委同佐雜分捕、參將，偕監司巡察勤惰，報可。進左都御史。」又查《清史稿》卷一七六《軍機大臣年表》，劉綸自乾隆十五年庚午（1750）以工部右侍郎在軍機處行走，其間或以事離職，但時間不長，其餘均供職軍機處。趙翼與之相識，當爲選入軍機處行走之時。劉綸於乾隆二十四年閏六月遷左都御使。詩題中既稱其爲「總憲」，自是寫於本年閏六月之後，故繫於七月。

劉繩菴，即劉綸（1711～1773），字愼涵，號繩菴，江蘇武進人。乾隆元年，以廩生舉博學鴻詞，試第一，授編修。遷侍講。進太常寺少卿，擢內閣學士。十四年直南書房，授禮部侍郎，調工部。十五年，命軍機處行走。後歷任戶部侍郎、左都御使、協辦大學士、吏部尚書、文淵閣大學士兼工部尚書等職。卒諡文定。直軍機處十年，與大學士劉統勳同輔政，有南劉、東劉之稱。爲文法六朝，根柢漢魏。爲詩喜明高啓，謂能入漢唐門閾。（《清史稿》卷三〇二《劉綸傳》）著有《繩菴內集》十六卷，《外集》八卷。《蒲褐山房詩話》：「文定謙和恭謹，尤以清修自屬。少在尹文端公幕府，得其指授，繼以鴻博第一入翰林，汪文端公愛其才，兼重其度。晚年尤與劉文正公相得，和而不流，無所附麗，代言應制，皆爲一時之冠。予嘗以要事繕奏稿，夜半詣公門請閱，公起，然燭操筆

點定。時仲冬寒甚，公呼三公子爲具酒脯，而廚傳已空，僅有白棗十餘枚以侑酒，公亦自歎其儉陋，爲可哂也。」

《鏡影圖》，錢維城有《題劉少司空鏡影圖》，見《茶山詩鈔》卷二（《錢文敏公全集》）。

七月末，蔣心餘士銓第四子斗郎出生，趙翼賦詩賀之。

《心餘舉第四雛，走筆戲賀》：「珠果犀錢慶洗兒，充閭佳氣溢深厄。琪珪玒璀今全備，不羨王家更五之。」「勞苦功高下種勤，人天應策種民勳。更容此老饒誇口，安穩他年萬石君。」「漫呼天上石麒麟，墮地先愁父業貧。昨夜天囷星象見，又添一耗太倉人。」（《甌北集》卷七）

【按】蔣士銓《舉第四子趙甌北翼張吟薌塤以詩詞見謔戲答口號》，詩答之曰：「敢說聰明誤此身？鈍根本自不如人。渠儂墮地有衣食，放免老夫爲析薪。」「多謝張郎絕妙詞，抽毫數典譽吾兒。可能他日桐花底，消得詩翁詠衰師。」「三兒都未好紙筆，一季啼聲霹靂鳴。料得歸田御籃筍，輿夫不用借門生。」「湯餅充筵歲歲開，廚娘翻羨瓦窯才。吟薌甌北如相遇，蠟屐還須載酒來。」（《忠雅堂詩集》卷七）蔣士銓寫有《七月二十六日四兒斗斗試周戲成》（《忠雅堂詩集》卷八）詩，知此子生於本月末。邵海清校、李夢生箋《忠雅堂集校箋》已作考述，甌北詩當寫於此子出生後不久，故繫於月末。

八月，同邵耐亭齊熊過從甚密，時往寄園步月。

《與耐亭寄園步月》：「官暇無公事，交親有比鄰。荒園三畝地，明月兩閒人。語味清淡雋，詩情白戰眞。誰知人海裏，得此豁襟塵。」（《甌北集》卷七）

【按】邵齊熊，見本譜乾隆二十年考述。

又，「寄園」，《燕都叢考》「外四區各街市」於「教子胡同」下注曰：《曝書亭集》：「趙恒夫所居寄園，瀦池累石，分佈亭館，種花木，海內名士入都，恒流連不忍去。」《順天府志》：「案：園在教子胡同，今圮。」沈德潛《歸愚詩鈔‧移居寄園詩》：「屋角時聞噪鴉晚，土牆一帶任周遮。行人欲認詩人寓，老樹村邊第二家。……莫語寄園全盛事，酒旗歌扇已蒼涼。」《笥河文集》：「趙給事吉士居城西古憫忠寺側爲寄園，嘗以名其所著說部，後園益圮，剝其一角，老樹十餘株尚存，前輩名流多居此。今爲余及門宣城張侍講燾慕青所僑寓，取古詩庭中有奇樹之義，以嘉樹

名其屋。」《復初齋集‧蔣香涇蓮花寺寓齋分飲詩》自注：「寺西為寄園舊址，吾師沈榕溪舊居也。」又《心餘、穀人、瘦銅同日移居詩》自注：「趙氏寄園舊址，庚辰、辛巳間予與諸桐嶼、王述菴比鄰居，時有三家村之目。穀人新居即張涵齋侍講舊居，其先生述菴居之，穀人齋名煙夢舫。」又翁方綱《甌北詩集序》：「己卯、庚辰，予與耘松先生鄰居寄園舊址，日夕過從談藝。」

陳玉亭輝祖出任河南陳州知府，趙翼為之送行。

《送陳玉亭出守》：「黃花驛路正高秋，五馬前驅指豫州。三十歲人新太守，二千石吏古諸侯。韋平家學傳黃閣，嵩洛名山擁絳騶。看取政成襦袴滿，汝南坐嘯繼風流。」「三年簪筆直承明，尺五原來地望清。幾輩飛騰誇得路，先生談笑獨專城。鳥非堠畫何嘗餓，馬對方轅不覺鳴。尊酒送君還一笑，同時才彥正舩舩。」（《甌北集》卷七）

【按】《清史稿》卷二三九《王亶望傳附陳輝祖》，稱陳氏，「以蔭生授戶部員外郎，遷郎中，外授河南陳州知府」。詩謂「五馬前驅指豫州」、「嵩洛名山擁絳騶」，知其是為官河南。又稱「黃花驛路正高秋」，知其赴任，在秋高氣爽、菊花盛開之時。陳州，即今河南淮陽。據此，知陳輝祖由京官遷外任，當在八月間。

江頤堂文虎應順天鄉試，因病中途退場，功名無望，翼遂賦詩安慰之。

《江頤堂上舍以病不能終試，詩以慰之》：「廿年文陣號雄師，翻到臨闈力不支。一夜人傳先落榜，半篇文似不全碑。漫同白蠟經相笑，難為黃門病改期。雲物薊邱秋正好，與君同醉菊花卮。」（《甌北集》卷七）

【按】江頤堂即江文虎。據《清人別集總目》，文虎，字思駿，號頤堂，常熟人。乾隆二十五年舉人。有《時干草》一卷。又據《清朝通志》卷七二《選舉略一》，清代「鄉試以子、午、卯、酉年八月初九日第一場，十二日第二場，十五日第三場。會試以辰、戌、丑、未年二月，三場日期與鄉試同。雍正五年，以會試春季遇閏，場期改至三月，嗣後會試遇閏，先期奏聞。乾隆九年，敕改三月舉行會試」。乾隆二十四年己卯，恰是鄉試之年，故江頤堂「以病不能終試」者，當指鄉試。

賀舫菴以病身亡。

《賀舫菴挽詞》：「履綦忽漫失斯人，素行群推賀季真。不脫寒酸存本色，每逢唱詠用全神。修蛾未肯描新樣，羸馬常甘步後塵。莫訝哭臨多淚雨，貧

交十載最情親。」「嘔盡心肝爲決科，一官才得遽沈疴。命窮眞比夏畦鬼，身死未醒春夢婆。絮酒我同蠅作弔，過門客已雀堪羅。關心最是玄亭草，誰與編排束筍多。」「蒿徑淒如仲蔚居，瓦燈布被了無餘。翻令健婦供親膳，只望孤兒讀父書。一束有芻人已渺，連舟無麥誼終虛。潞河亭外斜陽冷，腹痛歸喪薄笨車。」（《甌北集》卷七）

【按】由詩中「嘔盡心肝爲決科，一官才得遽沈疴」諸句來看，賀氏當爲家境貧寒而癡心功名的文士，其經歷與秉性，與甌北多所相似，故稱「貧交十載最情親」，亦有弔人以自傷之意。

十一月，賦《平定回部鐃歌》組詩，逐一追敘平叛經過，凡三十首。

十二月，扈駕赴南苑觀看閱兵，有《南苑大閱恭紀》詩以紀其事。

乾隆二十五年庚辰（1760） 三十四歲

【時事】 正月，西師凱旋。定邊將軍兆惠等以霍集占首級來上，並俘捋多索丕等至京。帝御午門，行獻俘禮，宥捋多索丕等罪。二月，西域既平，其地遼遠，沙漠居多，如何駐守，以消弭邊患，各軍營大臣意見不一。阿桂獨上言，稱伊犁海努克及固勒箚等處，水土沃衍，且有河可引灌注，若開墾屯田，則兵食可以漸充，故請官兵駐防協同墾種。此建議大爲乾隆帝賞識。（王昶《太子太保武英殿大學士一等誠謀英勇公諡文成公阿桂行狀》，《碑傳集》卷二八）三月，帝御太和殿受凱旋朝賀。試辦伊犁、海努克等處屯田事宜，設烏魯木齊至羅克倫屯田村莊。頒阿桂關防，駐伊犁辦事，常亮等協同辦事。（《清史稿》卷一二《高宗紀》）五月，江南太倉州鎮洋縣畢沅、鎮江府丹徒縣王文治、浙江餘姚諸重光、安徽徽州歙縣曹文埴、湖南長沙劉權之、浙江嘉興府錢受谷、江西九江府德化縣陳奉滋、江南蘇州府長洲縣吳泰來、江南松江府青浦縣許寶善等 164 人進士及第，出身有差。（按：《清通鑑》卷一七作 161 人，此從《清史稿》）本月二十日，乾隆帝就行圍之事訓諭，略曰：「行圍乃滿洲故業，所以嫻習騎射技勇之事。皇祖在位時，以滿洲故業爲要，曾經行圍。朕臨御以來，效法皇祖，恐滿洲故業有失，欲令官員兵丁學習騎射技勇，嘗率伊等行圍，每次賞賚。乃希圖安逸不肖之徒，不識朕教養滿洲之意，反以行圍爲勞眾，不無怨望。」「朕此數年巡幸出口行圍，正仰體皇考之心，效法皇祖教養滿洲之道。且朕巡幸行圍於一切應辦事件，仍照常辦理，毫無遺誤，即扈從之

官員兵丁等，皆特恩賞給幫銀路費官馬。伊等亦毫無苦處。官員兵丁各宜仰體
朕意，勤習騎射技勇，一切行走之處皆奮勉行走，不可希圖安逸，流入懶惰習
氣，以致有失滿洲故業。」（《欽定八旗通志》卷首之十二《勅諭六》）六月，
禁八旗滿族、蒙古人等妄改漢姓。上諭：「八旗滿洲、蒙古皆各有姓氏，乃歷
年既久多有棄置本姓沿漢習者，即如牛呼魯氏，或妄稱爲郎姓。即使指上一字
爲稱亦當曰牛，豈可直稱爲郎同於漢姓乎！姓氏者，乃滿洲之根本，所關甚爲
緊要。今若不行整飭，因循日久，必致各將本姓遺忘不復有知者。著將此交八
旗各省，嗣後引見人員俱將姓氏繕寫綠頭牌面，仍勒限一年。如一年後經朕詢
問仍有不能對答者，斷乎不可，必將該管大臣一併治罪。」（《欽定八旗通志》
卷首之十二《勅諭六》）八月，帝奉皇太后秋獮木蘭。此次行圍，至十月二十
日始回至京師。本月，以阿桂總理伊犁事務，授爲都統。「增設江蘇江寧布政
使，駐江寧府，分轄江、淮、揚、徐、通、海六府州。以蘇州布政使分轄
蘇、松、常、鎮、太五府州，安徽布政使回駐安慶」（《清史稿》卷一二《高宗
紀》）。十月，以阿里袞爲領侍衛內大臣。十二月，西安將軍松阿哩，以受屬員
饋遺，論絞。

本年，江寧張堅著《玉獅墜》傳奇。

寶山周書所著《魚水緣》傳奇在粵刊行。

武進胡文英著《吳下方言考》十二卷。

鎮洋畢沅入翰林院，輯此期詩，題名《闇風集》，自矜遭際。

浙江韓錫胙任金匱縣知縣，此年至南京鄉試中校文，得金壇段玉裁。

安徽戴震復客揚州，刻所著《屈原賦注》總十二卷。

武進劉星煒、直隸翁方綱與修《續文獻通考》，方綱撰《市糴考》。

嘉定錢大昕與修《續文獻通考》。

嘉定王鳴盛以昨年典閩試時濫用驛馬被劾，自禮部侍郎降職爲光祿寺卿。

武進莊存與作《重修城內外河紀》。

南匯吳省欽旅食湖南，作《岣嶁碑》、《回雁峰》詩。

吳縣張塤、江西蔣士銓作《京師樂府》，寫京俗及雜記十四種。

常熟孫原湘（子瀟）生。

武進莊逵吉（伯鴻）生。

江陰金捧閶（玠堂）生。

金匱楊揆（荔裳）生。

江都秦恩復（敦夫）生。

浙江王曇（仲瞿）生。

江西曾燠（賓谷）生。

【本事】元日，甌北隨班早朝。

《元日早朝》：「彤庭冠佩賀元辰，今歲朝儀分外新。雞鹿塞俱編屬國，麒麟閣已畫功臣。呼韓稽首班行肅，契苾駢肩宿衛親。糺縵五雲金闕朗，太平中外一家春。」（《甌北集》卷八）

【按】清代朝廷甚重元日、冬至、聖節三大節日，稱：「元旦者，一歲之始；冬至者，一陽之始；聖節者，人君之始。帝王所以蒞萬方，臣子所以尊君上，皆於是觀禮焉。」以此「正名分，辨等威」。（《清朝文獻通考》卷一二五《王禮考一》）然朝儀，各代略有不同。太宗文皇帝，是先率諸貝勒大臣拜天畢，始御殿受朝。文武群臣各按序排列，行三跪九叩頭之禮。至世祖時，凡元旦、冬至，帝詣皇太后宮行禮畢，始還宮，升太和殿，鳴鐘鼓作樂，諸王、文武百官行慶賀禮。至康熙十六年，則明確規定，凡大朝及常朝，王公貴族、文武百官，按等級、品類分作九班，按序排列，在指定地點侍立，以待朝見。行朝賀禮，也依次而行。若坐立無序，尊卑紊越，自有糾儀司員隨時察處。（《清朝文獻通考》卷一二五《王禮考一》）

三月，試禮闈，仍被落。

《舊譜》：「春，會試又報罷。」

五月中旬，又入直軍機。

《舊譜》：「前歲之出軍機也，本非傅文忠之意，而去秋諸同人扈從出塞，時事多誤，文忠益念先生。至是會試榜出，知先生落第，即日傳先生仍直軍機。」

【按】據《清史稿》，殿試揭曉在五月上旬。《舊譜》稱，會試榜出，即召甌北入直軍機，故將此事繫於五月中旬。

夏六月，軍機退直之餘，郊園漫步。

《偕北墅、青來、壽雪、蒔亭、竹軒郊園納涼》：「退值日未夕，蕭閒無塵機。素心四五人，聯步穿林霏。一鷺若前導，斜飛過釣磯。層巒多古松，大者皆合圍。藉草坐其下，空翠襲葛衣。日仄松陰轉，吾亦隨之移。流連不覺晚，披襟澹忘歸。皓月忽已出，清暉流翠微。」（《甌北集》卷八）

【按】詩中所稱「素心四五人」，北墅，即顧雲，見本譜乾隆二十二年考述。

青來，即陸燿（一作燿）之字。陸燿（1723～1785），字朗夫，一字青來，吳江人。乾隆十七年京兆恩科舉人。十九年，會試明通，考授內閣中書。後入軍機處，洊歷戶部郎中，選大理知府，改知山東登州，調濟南，升運河道、按察使、布政使，至湖南巡撫。其學優品端，精研理義，詳究前人言行、政績，故事理通達，無盤錯之難。不立講學之名，言動胥歸儒術，性淡泊，操持謹確。初蒞長沙，有詩謂：「能開衡嶽千層雲，但飲湘江一杯水」，可知其爲官之操守。著有《朗夫詩集》、《切問齋文稿》。（馮浩《湖南巡撫陸君燿墓誌銘》，《碑傳集》卷七三）王昶《湖海詩傳》卷一五載其事曰：「再起至湖南巡撫。時總督以閱兵抵長沙，朗夫迎謁畢還署。總督鈕祜祿君特升額來候，直入廨中，方午食，見所食皆菽乳菜蔬，訝之。曰：『天不雨十數日矣，地方官戒殺清齋，故所食如此。』總督素豪侈，聞語瞿然，詈其奴曰：『吾此來傳舍，酒肉如山，何不以祈雨具告耶？』語畢歸寓舍，悉撤其豐腆。」（《蒲褐山房詩話》）

壽雪，即張若淳。已故大學士張廷玉，凡四子：長若靄，次若澄，三若淑，四若淳。（《碑傳集》卷二二）《樞垣題名》：張若淳，若靄弟，江南桐城人。乾隆二十三年由刑部主事充補，官至刑部尚書，諡勤恪。《樞垣記略》卷一八：張若淳，字壽雪，安徽桐城人。若靄弟，蔭生。乾隆二十三年由刑部主事入直，官至刑部尚書，諡勤恪。《郎潛紀聞》卷三：「桐城張晴嵐、鏡壑、壽雪兄弟，皆曾官閣學，壽雪有紀恩詩。」鄒炳泰《贈張壽雪閣學》詩曰：「人物龍眼盛禁扉，新恩昨拜遇真稀。絲綸陪閣弟昆繼，家世登瀛翰墨暉。衣上霜華餘舊柏，風前鵲語到晴薇。相門副相增佳話，池北叢談孰比徽。」（《午風堂集》卷四）與翁方綱、顧宗泰、王文治、紀昀、潘奕雋、吳玉綸、胡季堂有交，見《復初齋詩集》卷三二，《月滿樓詩文集》詩集卷二七、卷三六，《夢樓詩集》卷九，《紀文達公遺集》詩集卷一二，《三松堂集》詩集卷四，《香亭文稿》卷三，《培蔭軒詩文集》卷四。

蔣亭，即金蔣亭雲槐。《樞垣記略》卷一八謂：「金雲槐，字蔣庭，安徽歙縣人。乾隆舉人。二十三年九月由內閣中書入直，復中辛巳進士，官至常州府知府。」《樞垣題名》：「金雲槐，江南歙縣人，乾隆二十三年九

月由內閣中書充補。」雲槐弟金榜，祝德麟《分校禮闈所得士金榜廷試第一，詩以志喜》詩謂：「金榜名題金榜首，芬芳姓氏合稱奇。蕚柎人道難為弟，令兄蔣亭由翰林改御史。衣缽君真得自誰。在昔已無溫飽志，從今更樹鼎臺基。東南竹箭森苕秀，紛映瓊林桂一枝。是科江南館選六人，余門下居其四。無錫鄒炳泰、丹徒茅元銘、荊溪潘曾起及君也。」（《悅親樓詩集》卷七）

竹軒，即劉秉恬。見本譜乾隆二十二年考述。

六月間，汪由敦長子承沆服闕赴京補官，病歿於途中揚州。為詩以哭之。

《哭汪幼泉民部》：「不謂吾師後，驚傳塚嗣殂。門庭望弓冶，名字是醍醐。官未施行馬，人猶愛及烏。盛衰何限感，剩有淚痕枯。」「別未三年久，哀從兩世增。師門今遂替，天道竟安憑。鶴髮悲應極，鴒原力未勝。敬容殘客在，報答愧何能。」（《甌北集》卷八）

【按】汪幼泉承沆，見本譜乾隆二十年考述。本詩列於《偕北墅、青來、壽雪、蔣亭、竹軒郊園納涼》之後，既稱「納涼」，當為六、七月間事。可知，承沆病卒，當在此段時間。據《清史稿》卷一四八《部院大臣年表》，汪由敦卒於乾隆二十三年（1758）正月。古喪禮規定，父母亡故，服喪三年，期滿服除。《禮記·三年問》：「三年之喪，何也？曰：稱情而立文，因以飾群，別親疏貴賤之節，而弗可損益也。」「故三年之喪，人道之至文者也。夫是之謂至隆，是百王之所同，古今之所壹也。」又稱：「三年之喪，二十五月而畢。」《禮記·檀弓上》：「孟獻子禫，縣而不樂，比御而不入。」此句後疏曰：「故王肅以二十五月禫除喪畢。而鄭康成則二十五月大祥，二十七月而禫，二十八月而作樂，復平常。」（《十三經注疏》）清之喪禮，為父母守孝，以二十七月為服闕。《清史稿》卷九三《禮志十二·品官喪禮》：「期年小祥，再期大祥，遷主入廟。祝讀告辭，主人俯伏五拜。訖，改題神主，詣廟設東室，奉祧主藏夾室。乃徹靈座。後一月禫。喪至此計二十有七月。」又，韓葵《資政大夫文華殿大學士戶部尚書掌翰林院事徐公元文行狀》：「又康熙十二年例，滿洲督撫、蕃臬，俱守制二十七月。」（《碑傳集》卷一二）可知，清人三年之喪，定縞素百日，素服二十七月，大致採取的是漢儒鄭玄之說。依此而論，汪承沆的服闕時間，不會早於本年的六月初。由此推論，其病歿於途中之時間，當在六月中旬前後。《于闐玉歌》亦作於此時。

八月中旬，扈從木蘭秋獮，又經古北口，途遭暴雨。

《古北口》：「設險人增一堵牆，天公寒燠豈分疆。如何一樣垂楊樹，關內青青關外黃？」（《甌北集》卷八）

《驟雨》：「蟄雷轟腳底，驟雨注峰巔。風吼千山樹，天低萬竈煙。馬驚拳似蜀，帳拔舞如鳶。忽漫高空掃，羲輪又朗懸。」（《甌北集》卷八）

【按】《清通鑑》乾隆二十五年「八月十八日，乾隆帝奉皇太后自圓明園啓鑾巡幸木蘭，二十五日至避暑山莊。」

赴木蘭途中，與倪承寬時而同行，並次韻其《過玲瓏山》詩作。

《次韻倪敬堂少僕過玲瓏山之作》：「山行日日馬首東，慣見岡阜如遊龍。忽然高崖插天起，幻出十里玲瓏峰。佳名傳是御題賜，倍覺峰勢增玲瓏。健鬣森開巨魚脊，萬古排立摩青穹。但疑斲削五丁手，詎藉雕鏤工倕功。袤延如屏薄如紙，幾恐片片吹落隨罡風。嵌空一竅更誰鑒？如大圓鏡懸虛空。噓吸朝霏味寒秀，透漏旭景光曈曨。橫吐風穴聲萬籟，側穿月窟嶻一重。惜哉拋落甌脫地，空自岌嶪排如墉。洪荒以來未有人蹟到，七十二代徒向雲亭梁父誇登封。茲峰倘得托區夏，當與岱松嶽藕日觀雲海相爭雄。何至鬱鬱久埋沒，韜奇潛采塵霧蒙。但有牧童橫笛臥淺草，樵夫持斧尋深叢。彼方身在畫中不自覺，那能標舉勝概傳郵筒。豈如山川靈秀待時顯，入我朝始光昭融。向來廣莫之野罕過問，一旦包入長楊五柞周陛中。忽如一鞭驅之到禁籞，不煩畚鍤移愚公。吾皇更爲肖形揣稱錫嘉號，益使匡廬面目呈眞容。譬若渭濱釣叟老不遇，忽經後車卻載稱非熊。千年古松偃寒深澗底，匠石一顧作棟隆。峰乎峰乎可以慶遭逢，從此名敵泰華嵩。不比武陵遠鋼蠻子國，豈同仇池屈陷氏王宮。我生到此信何幸，得從甫草歌車攻。況有勝侶老詞伯，帝後第七車是倪寬翁。相與緩鞭恣遊覽，橫看側看奇無窮。君家錢塘山水窟，尚有兩高三竺堪支筇。伊余生長陽湖畔，假山僅藉壘石充。今朝不覺歡喜讚歎得未有，開闢眼界觀鴻濛。欲傲五臺五座大耆崛，不數九華九朵青芙蓉。亟拈禿管和彊韻，要記雪泥爪蹟附塞鴻。」（《甌北集》卷八）

【按】據相關地理志書，山名玲瓏者有三處：一在山東招遠；一在河南遂平縣西五十里，一名嵯峨山，山空洞百孔，風吹則鳴；一在浙江臨安縣西十二里。然據該詩所寫，均不似。詩稱「惜哉拋落甌脫地，空自岌嶪排如墉」，「茲峰倘得托區夏，當與岱松嶽藕日觀雲海相爭雄」。「甌脫」，漢時匈奴語，指邊界所建立的土堡、哨所，後藉以指稱邊界之地爲「甌

脫」。《史記・匈奴傳》：「（東胡）與匈奴間，中有棄地，莫居，千餘里。各居其邊爲甌脫。」可知，此山不在中原腹地。「區夏」，諸夏之地，指中間。張衡《東京賦》：「且高既受命建家，造我區夏也。」《文選》薛綜注曰：「區，區域也；夏，華夏也。」蓋指中原地區而言。上述三山，均在內地，何言「拋落甌脫地」？又謂：「向來廣莫之野罕過問，一旦包入長楊五柞周阹中。忽如一鞭驅之到禁籞，不煩奮錘移愚公。」「禁籞」，宮苑。「籞」，藩籬，宮垣。山既在「廣莫（漠）之野」，何得「到禁籞」？此當指行宮。顧光旭《盤山》詩：「盤山如盤龍，一盤一玲瓏。中盤怪石下盤水，上盤直上萬壑松。」（《響泉集》詩卷三）《清史稿・地理志》「直隸・三河」載曰：「西北盤龍山，有行宮。」盤龍山，省稱盤山。疑玲瓏山即盤山，在京兆薊縣西北二十五里，爲京東第一名勝，平地突起，四無依傍，然其脈實與太行山脈相聯續，最高處曰掛月峰，約兩千尺以上。乾隆時建行宮於此，名靜寄山莊。甌北詩稱「嵌空一竅更誰鑿？如大圓鏡懸虛空」，似指掛月峰。詩又稱，「向來廣莫之野罕過問，一旦包入長楊五柞周阹中」，長楊、五柞均爲漢宮名，因此地建有行宮，故稱。且又與「到禁籞」相回應。由此可知，「玲瓏山」在由京師赴木蘭圍場的途中。既言「相與緩鞭恣遊覽」，知二人曾並轡而行，感情甚投洽。

與王鳴盛相識於木蘭圍場，曾「藉草共論文」，或杯酒「談古學」。

《次韻王禮堂光祿木蘭枉贈之作》：「霜天藉草共論文，閒對荒原萬馬群。如此雅懷良可笑，自慚少作久應焚。針師門豈嫌人販，鄰女光應許我分。卻喜結交從塞上，向來京邸漫相聞。」「書生袴褶狀如何，非我能騎馬善駞。此地只應知己少，如公始可患才多。經繙東土非三竺，水徒南流失九河。戎帳一樽談古學，兩癡不覺到顏酡。」（《甌北集》卷八）

【按】王禮堂，即王鳴盛（1722～1797）。江藩《國朝漢學師承記》（卷三）載其事蹟，略曰：「王鳴盛，字鳳喈，一字禮堂，別字西莊，嘉定人。生而敏慧，四歲，隨王父讀書丹徒學署，日識數百字，縣令馮詠以神童目之。年十二，爲《四書》文，才氣浩瀚，已有名家風度。年十七，補諸生，屢試第一，鄉試中副榜，才名藉甚。江蘇巡撫陳文肅公大受，招入蘇州紫陽書院，院長歸安吳大綬、常熟王峻皆賞其才。乾隆十二年鄉試，以《五經》中式，會試不第，客遊蘇州。時沈文愨公德潛以禮部侍郎致仕，海內英儁之士皆出其門下。與王侍郎蘭泉先生、錢少詹大昕、吳內

翰企晉及曹仁虎、趙文哲、黃文蓮相倡和，文愨以爲不下嘉靖七子。又
與惠松崖徵君講經義，知詁訓必以漢儒爲宗。精研《尚書》，久之，乃信
東晉之古文固僞，而馬、鄭所注，實孔壁之古文也。東晉所獻之《泰誓》
固僞，而唐人所斥爲僞《泰誓》者實非僞也。古文之眞僞辨而《尚書》
二十九篇粲然具在，知所從事矣。十九年莊培因榜，以第二人及第，授
編修，公卿爭以禮致之。刑部侍郎秦蕙田修《五禮通考》，屬以分修，尤
見重於掌院學士蔣文恪公溥。二十三年，天子親試翰詹諸臣，特置一等
一名，擢侍講學士，充日講起居注官。明年，充福建正考官，未蕆事，
即有內閣學士兼禮部侍郎之命。還京，有御史論其馳驛濫用驛馬，置吏
議，左遷光祿寺卿。尋丁內艱歸，遂不復出，卜居蘇州閶門外，不與當
事通，亦不與朝貴接。家本寒素，賣文諛墓以自給，餘則一介不取也。
閉戶讀書，日夕探討。嘗謂漢儒說經必守家法，亦云師法，自唐貞觀撰
諸經義疏而家法亡，宋元豐以新義取士而漢學殆絕。今好古之士皆知崇
注疏矣，然經注惟《詩》、《三禮》及《公羊傳》猶是漢人家法，餘經則
出於魏晉，未爲醇備。故所撰《尚書後案》以鄭、馬爲主，不得已間采
僞孔、王肅，而唐宋諸儒之說，概不取焉。又撰《十七史商榷》一百卷，
主於校勘本文，補正訛脫，審事蹟之虛實，辨紀傳之異同，最詳於輿地、
職官、典章、制度，獨不喜褒貶人物，以爲空言無益也。又有《蛾術編》
一百卷，其目有十：《說錄》、《說字》、《說地》、《說制》、《說人》、《說物》、
《說集》、《說刻》、《說通》、《說係》。其書辨博詳明，與洪容齋、王深寧
不相上下。詩宗盛唐，中年出入於香山、東坡，晚年獨愛玉溪生，謂少
陵以後一人。」著有《十七史商榷》、《蛾術編》、《尚書後案》、《耕養齋
詩文集》、《西沚居士集》等多種。《清史稿》卷四八一有傳。王昶有《王
鳴盛傳》，收在錢儀吉《碑傳集》卷四二。
本月行圍，賦《扈從途次雜詠》組詩以紀其事。
【按】《扈從途次雜詠》組詩，包括《帳房》、《風旗》、《土竈》、《行床》、
《矮桌》、《馬繩》、《駝筐》、《銅硯》、《皮包》、《皮碗》、《火鐮》、《短褂》、
《戰裙》、《幔城》、《氊廬》、《御道》、《唧嘍喊》、《割草》、《打柴》、《買
賣街》等，凡三十首，對行圍中的禮儀規範、生活狀態、居住條件、地
理環境、風俗習尚等，均有描述，對於考察清代行圍制度極有助益。
九月末，回熱河，觀回人繩伎。

《觀回人繩技》小序曰：「走索之戲，《晉·樂志》及《文選》注謂以繩繫兩柱，人行其上，是其索乃平繫也。今內地有能之者。回人則立一長木，斜繫一繩屬於地，步而直上，尤號絕技云。」詩曰：「險竿矗天五十尺，拔地孤撐少牆壁。其旁斜出十丈緪，短杙繫之堅砥石。彩虹影掛寥空高，紙鳶線入青冥窄。了無階級疊層層，詎設梯桄排節節。誰何健者獻技來，羯鼻虬鬚眼睛碧。猿臂未解左右射，鳶肩豈有大小翩。手持一木當胸橫，輕重兩頭取相適。奮足忽如履平地，直上不藉人扶掖。懸藤嫋嫋獼猴行，釣絲搖搖蜻蜓立。斯須更進竿頭步，獵獵罡風迎面拍。觀者瞪眙舌盡吐，深愁虀粉碎一擲。整暇故出一足翹，盤旋或作雙趺結。令威華表留鶴爪，王喬絳闕馭鳧舄。咿嚘更復操蠻謳，要使廣場歡嘖嘖。神哉技乃到乎此，肉飛僊人不足嚇。問渠遠自回鶻來，戎索新恢就俘獲。勃律天西古不庭，今入幅員受屬役。絕藝洵過龜茲樂，盛事更勝越裳譯。太平物色於此徵，莫但看成一戲劇。」（《甌北集》卷八）

【按】《甌北集》將此詩排於《入古北口》諸詩之後，當為回京後追憶。據史載，此次木蘭秋獮，本月二十八日回駐避暑山莊。至十月十四日始由山莊啓程回京師，故觀繩伎之表演，或在由木蘭回到熱河避暑山莊之時。又，《簷曝雜記》卷一《回人繩伎》：「回人有能繩伎者，與內地不同。內地走索之法，椓兩竿於地，以索平繫於竿，而人往來其上耳。回人則立一木高數丈者，其顛斜繫長緪屬於地。回人手橫一木，取其兩頭輕重相等，不致欹側，則步緪而上，直至木之顛，並蹺一足，而僅以一足踏於緪，口唱歌，良久始下。其絕技也。上每出行，武備院嘗以其人奏伎。後偶有一人墜而下者，上憫之，自此不得設。」可相互參看。

十月中旬，入古北口，氣溫驟降，天寒異常。

《入古北口》：「路從雲霧下崔巍，響踏空山落葉堆。投棧馬嘶歸意急，入關雁帶峭寒來。新茅縛把增簷角，老樹刨根作炭材。又是一番風景換，好將月令譜邠郮。」（《甌北集》卷八）

《曉行大寒》：「五更起來寒大作，孤燈無光耿戎幕。重裘如裹鄧艾氈，出門不覺同紙薄。上馬未敢驟加鞭，爲恐一蹶折凍腳。殘雪在山月在地，清興方將逐寥廓。寒威刮人銛於刀，透入層層掔筋絡。但覺兩足非我有，更恨雙耳無處閣。舌避空思捲入喉，齒寒若或拄其齶。沸湯暖酒熱粥糜，有錢難買一杯杓。可憐鼻息結在鬚，滿口冰稜白光皪。少年面目忽作翁，僮僕相看

盡驚愕。」(《甌北集》卷八)

十月末，汪由敦二子承霈、承霔，以父喪事畢，詣闕謝恩來京。趙翼請傅恒代為陳奏。蒙恩為帝所召見，承霈得蔭戶部主事，承霔賜以舉人。

《文端師兩子承霈、承霔，余授業弟子也。自其兄民部君歿後，余致書囑其以吾師諭葬事詣闕謝恩，茲以孟冬之杪入都，余請於春和相公代為陳奏，是日蒙恩召見瀛臺，以民部君蔭官賜霈，而賜霔舉人，余目睹曠典，不勝額慶，恭紀二律》：「兄終官及弟，此事古何嘗。聖主恩真厚，名臣澤故長。鎖闈增放榜，粉署乍含香。頃刻瀛臺路。三看拜寵光。」「自天來喜信，感極老門生。仕籍今堪繼，師門遂不傾。懷賢聖主意，念舊相臣情。遊說慚何力，曹丘浪得名。」(《甌北集》卷八)《文端師二子初入京，舊時賓客皆目笑之，以為何所望也，及遭榮遇，或又謂余有畫策之能，抑知聖天子垂念舊臣，久而弗替。豈臣下所能仰窺萬一乎？詩以志愧》：「萵帔西華傍路塵，昔時賓履更誰親。豈應成季勳無後，亦恐田橫客笑人。一代特開新恤典，九重自念舊勞臣。衣冠優孟慚何與，劇喜師門免負薪。(《甌北集》卷八)

【按】上引詩題稱，「以孟冬之杪入都。」孟冬，冬季第一個月，即農曆十月。據此，將由敦二子入京事，繫於十月末。又，《簷曝雜記》卷二《大臣身後邀恩之例》，載其事甚詳，曰：「師一日忽語余：『桐城張文和公先以得罪歸，今既歿，上仍遵世宗遺詔，還其配享鉅典，恩莫大焉。其子學士君自宜泥首闕廷奏謝。乃寄聲問余，應入京否，抑或循故事呈本籍巡撫代奏，毋乃不知事體。』余始知大臣身後有恤典，其子例當謝恩，而生前官禁近受眷最深者，尤當詣闕謝也。……承霈以書來告，余忽憶師前語，因令其以御賜祭葬來謝，萬一蒙恩旨，或可得一官。遂作書趣霈來，而霔亦至。余為白於傅文忠，文忠訝其以何事來，余告之以故，或因此得蒙恩授一內閣中書，文端一脈不墜矣。文忠喜曰：『此可謂善於覓題。』明日即代為奏。方是時，京師諸公卿皆以為文端既歿，其子復何所望而貿貿來也。雖舊在門下乞餘光者，亦目笑之。次日，上至瀛臺。奏甫入，上即命內監高姓者出問：『汪由敦二子在此？朕欲一見。』已而，又一內監秦姓者出，傳旨帶領引見。及駕出，二子迎輿前，免冠叩頭謝。上駐輿垂問，奏對畢，上意似不甚嘉許。因問二人履歷，奏云：『皆監生，試而未中。』上曰：『汝明年可再試，試而不中可再來。』諭畢，輿已行。文忠奏云：『明年乃會試，此二子皆監生，不能入禮闈。』上命各賞一舉

人，理藩院尚書富公德來傳旨，率二子叩謝。而文忠以余先有內閣中書之語未得遂也，又奏云：『小者無所能，大者書法似其父。』上又命以前賞其長子之蔭官賜霈，而賜霈舉人。於是文忠來傳旨，又率二子迎輿謝。一刻間凡三叩頭，而霈得戶部主事，轉過於內閣中書矣。是日滿朝大小臣工，無不感聖天子垂念舊臣恩施逾格，有泣下者，兼頌文忠之垂憫故人子弟，而並以余為有畫策之能，抑知此事實因師前論張文和語而觸發之。然則吾師前語其有意乎？無意乎？由今思之，竟如樗里子之智，能計及身後者。吾師真哲人也。自余為二子創此例，後裘文達、錢文敏、王文莊諸公歿，其子皆彷此得授內閣中書云。」

汪承霈（1737～1805），字受時，又字春農，號時齋，又號蕉雪，安徽休寧人。清李元度纂《國朝先正事略》卷一六《汪文端公事略附子承霈》曰：「承霈，字春農，號時齋。乾隆二十五年，以主事入直軍機處，洊升員外郎郎中。三十五年，授平越知府，以親老改邵武府。時母年近八旬，奏懇留京供職，復補戶部郎中，仍直軍機處。四十五年記名，以三四品京堂用，遂擢左都副御史。越二年，遷刑部右侍郎。調工部。時甘肅冒賑案發，部議西監一款，省費取巧，應禁革，毋許應試。及由別途出身，承霈奏人數甚多，乞開其自新之路，令加足京監費，許其考試出身，得旨應允。四十八年，上校射，承霈連發中的，賞花翎，調戶部右侍郎。五十四年，坐監臨順天鄉試失察代倩等弊，降兩秩用。五十五年，署通政使，尋補順天府尹，擢左副都御使。嘉慶四年，授刑部右侍郎。五年晉左都御史，賞紫禁城騎馬，遷兵部尚書，兼管順天府尹事。六年，永定河水溢，撫恤災民，散賑五十餘日，所全活無算，得旨獎敘。尋改左都御史，署兵部尚書，被劾，以二品冠服致仕。十年六月薨，詔視尚書例議恤，賜祭葬如禮。」《清史稿》卷三○二、《國朝耆獻類徵初編》卷九五、《昭代名人尺牘續集小傳》卷二、《墨香居畫室》卷二、《墨林今話》卷一○等，亦載其事蹟。

乾隆二十六年辛巳（1761） 三十五歲

【時事】 春正月，紫光閣落成，賜畫像功臣及文武大臣、蒙古王公等宴。浙江提督以挪用公項，辭任。二月，考覈外放官員之政績，以卓異、不謹、浮

躁、罷軟、才力不及、年老、有疾諸類相區別,處分如例。對卓異者,如例陞擢。據《清朝文獻通考》卷八〇《職官四》:「三載考績,在內曰京察,察以四格,曰守、曰政、曰才、曰年;在外曰大計,計以八法,曰貪、曰酷、曰罷軟無爲、曰不謹、曰年老、曰有疾、曰浮躁、曰才力不及,各聽察於其長,而著蹟於冊。凡京察合格一等,官自內閣侍讀學士翰詹開坊以上外列加一級;不入等者,或降或罷,與應加級官俱候引見,欽定二三等,皆仍供職。凡大計不入舉劾者,爲平等、上等、卓異者,優敘推升;干八法者,分別降革休致有差。至內、外官之處分,各按則例,別公罪、私罪,以定議焉。」然當時以年齡作考覈之參照。雍正帝曾諭曰:「八法內開列年老者,蓋謂其衰老不能辦事,故令罷斥,並非限定年逾若干即入於八法之內。況年老諳練事務之人,尤爲難得。」故平垣營守備梁玉,年已六十八歲,因精力不衰且操守廉潔,被仍留原任。(《清朝通志》卷七四《選舉略三》)三月,以軍機處御史眭朝棟借會試之機逢迎上司,諭交刑部治其罪。此前,「本年恩科會試眭朝棟上折奏請將今科會試迴避舉子另行考試。經查與試舉子,有正副考官劉統勳之胞弟、胞侄二人,于敏中堂侄一人。乾隆帝以爲眭朝棟既在軍機處行走,不難揣知劉、于二人將受命典試之機密,故上請去迴避卷之奏,顯屬迎合上官。至是降旨稱:前明師生堂屬,黨援門戶之弊,往往假公濟私,害及朝政,最爲言路惡習。命將眭朝棟拿交刑部治罪,並抄檢其家信及親友書箚;劉統勳、于敏中之應行迴避之弟侄停鄉、會試一次,以示儆戒。刑部旋引結交近侍例,坐眭朝棟大辟」(《清通鑑》卷一一八)。四月,本年恩科會試,賜陝西同州府韓城縣王杰、浙江杭州府仁和縣胡高望、江南常州府陽湖縣趙翼一甲進士及第。其他如江南常州府無錫縣嵇承謙、浙江杭州府仁和縣孫士毅、江西南安府南康縣謝啓昆、浙江嘉興府桐鄉縣馮應榴、江南常州府宜興縣儲秘書、山西蒲州府永濟縣崔龍見、江南松江府上海縣陸錫熊、江南徽州府歙縣金雲槐、浙江杭州府仁和縣孫嘉樂等,亦進士及第,出身有差。五月,以劉統勳爲東閣大學士兼管禮部事,梁詩正爲吏部尚書協辦大學士,劉綸爲兵部尚書,金德瑛爲左都御使。本月,林誌功捏造諸葛碑文案發。先是,浙江常山縣林誌功,因二十多年前妻、子相繼身故,遂晝夜啼哭,感發瘋疾,時向人前訴稱,自身如此忠孝行善,仍無人保薦做官。後不知何時,又捏造諸葛碑文,編成語句,時向人前誦說。眾人不解所謂。又欲借聖駕南巡來杭之機,呈獻以求官。然經知縣張又泰查訊,碑文雖語多不經,但並無悖逆情由。閩浙總督革職留任之楊廷璋、浙江

巡撫革職留任之莊有恭，唯恐處置不力，百計索隱，稱「捏造碑文，語句多不可解，其中恐有隱藏悖逆情由，借瘋掩飾，或別有煽誘情事」，又謂其「妄稱諸葛，自比關王，情類妖言」，以造讖緯妖書罪，發往東北荒寒地帶與披甲人為奴，解部發遣。其叔父亦受牽累遭重責。月末，江蘇學政劉墉查得沛縣監生閻大鏞抗糧、拒差、誣官、逃走一案，詞連其祖父閻爾梅、伯父閻圻之書稿，欲以悖逆定讞。乾隆帝諭令兩江總督高晉嚴查。據稱，閻大鏞三十餘歲時，曾刻有《俣俣集》，詩文內有《沛縣志記》一篇，因其母於二十四歲守志，卻未被列入縣志「節孝」之內，而不應列入者反得以入傳，心中不平，為文譏刺記載不公，為原任知縣李崇拘喚訓飭，並將書版追繳銷毀。（《清代文字獄檔》下冊）後搜得該書，見有憤激不平或不避廟諱之語，乾隆帝諭高晉等曰：「其悖逆當不至如呂留良之甚，但該犯書內筆舌詆毀，毫無忌憚，若姑容寬縱，則此等匪徒不知悛改，必將入於呂留良一派，該犯斷不可留！即按律定擬，速行完案。」（《清通鑒》卷一一八）七月，命兆惠為協辦大學士，舒赫德為刑部尚書，阿桂為工部尚書。八月，乾隆帝自圓明園啓蹕，前往木蘭秋獮，命誠親王允祕扈皇太后駕，因天雨路滑，數日後啓行。十月，江西巡撫胡寶瑔以原任刑部主事余騰蛟為詩狂悖譏訕，請旨即行誅殛。乾隆帝閱奏摺後，諭曰：「朕初閱摺內所敘事屬大逆，已批三法司核擬。及檢閱詩文各稿即原首及簽出各條，率多蹈襲舊人惡調，語句踏駮，不得謂之誹謗悖逆，胡寶瑔或有鑒於從前胡中藻之案，以為既經首出不得不嚴行處治，且入告少遲，又焉知不為謝溶生先得居奇，無以如此具奏，殊不知逆惡大罪國法不容，胡中藻狂悖實蹟種種，朕不能為之貸，若此等詩辭豈可從一例論耶？看來余騰蛟自恃曾為職官，武斷鄉曲，實所不免，如余豹明所控幫助爭田等事，然此亦自有應得之罪，若摭拾詩句吹毛求疵，置之重辟，不獨無以服其心，即凡為詩者勢必不敢措一語矣。朕明慎用刑，一切扞網之徒，輕重惟其自取，從來不設成見，況摺內既稱余豹明素屬健訟，必係逞刁滋事之徒，刁陷之風又可長乎？」（《清代文字獄檔》下冊）後經新任巡撫常鈞查明，余騰蛟以倚仗頂戴、遇事生風、欺凌族黨、武斷鄉曲、搶佔山場、非法拘禁諸罪，擬遣發邊遠地帶，交地方官管束。因爭奪田土而結仇隙舉首余騰蛟的余豹明，擬流放三千里。十一月，沈德潛以其所編選之《國朝詩別裁》一書進呈求序。此書「以錢謙益為冠，乾隆帝大為不滿，諭軍機大臣曰：錢謙益在前明曾任大僚，復仕國朝，人品尚何足論？即以詩言，任其還之明末可耳，何得引為開代詩人之首？更有錢名世，在雍正年間獲罪名教，亦

行入選。甚至所選詩人中，其名兩字，俱與朕名同音者，雖另易他字，豈臣子之誼所安？且其間小傳注評俱多紕謬。沈德潛身既老耄，而其子弟及依草附木之人慫恿爲此，斷不可爲學詩者訓！莊有恭前任蘇撫時，曾奏及伊子不知安分，此正莊有恭存心公正。現在詩選刻已數年，江蘇巡撫陳宏謀近屬同城，兩江總督尹繼善雖駐江寧，亦斷無不行送閱者。使能留心，不但此集早知檢點，及其子弟等群知約束，安靜居鄉，其所裨於沈德潛者豈淺鮮哉？陳宏謀無足論，尹繼善佯爲不知之痼習，雖朕屢經諄諭，尚執而不化耳。遂命內廷翰林將《國朝詩別裁》逐一檢刪，重新校定。並將此傳諭尹繼善、陳宏謀，令其知所省改」（《清通鑑》卷一一八）。

本年，寶應王嵩高作《決河行》，並次中州所作詩爲《游梁集》。

山陽阮葵生在內閣任職，入觀內閣大庫所藏檔案，作記。

婁縣廖景文寓青浦，著《遺眞記》傳奇。

華亭張景星、姚培謙、婁縣王永祺等合編《宋詩百一鈔》八卷刊行。

浙江朱夰此際應盧見曾聘到揚州，見曾爲刻所著《玉尺樓》傳奇。

安徽金兆燕所著《旗亭記》傳奇在揚州上演。

山東盧見曾再以贓罪黜。

甘泉江藩（子屛）生。

武進張惠言（皋文）生。

【本事】正月二十一日，傅恒誕辰，翼賦詩相賀。

《春和相公四十壽詩》：「扶桑弧矢掛青旻，黃閣開筵正早春。賜券功兼官將相，秉鈞身是國勳親。萬間廣廈胸恢廓，千頃澄波量渾淪。平格何須多祝頌，天教霖雨潤斯民。」「早曾授鉞帖番酋，帷幄今逾著壯猷。朝議盡疑疆外事，廟謨獨倚席前籌。平淮力贊惟裴相，佐漢功成首酇侯。多少凌煙褒鄂將，勳班孰並最高頭。」「一德堂廉喜起歌，手調伊鼎奏羹和。虛舟相度猜疑少，連茹人材長養多。溫室樹前頻贊畫，小車花下亦經過。從知四海蒼生福，當國名臣鬢未皤。」「綺筵樂事豔稱觴，花信風前日漸長。燈節過猶留璧月，沙堤高更接銀潢。笙璈紫府仙音朗，觚爵黃封法酒香。共向五雲瞻氣象，臺階福曜互榮光。」（《甌北集》卷八）

【按】史載，「長白傅文忠公恒，孝賢純皇后弟也」（《舊聞隨筆》卷一《傅文忠公》）。傅恒之生日，《清史稿》、《清史列傳》、《欽定八旗通志》、《國朝耆獻類徵初編》、《國朝先正事略》、《清代七百名人傳》等，從未見有

記載，此詩所提供的資訊，尤爲珍貴。傅恒（1722～1770），字春和，滿洲鑲黃旗人。《國朝耆獻類徵初編》卷二九，載其事蹟，謂其卒於乾隆三十四年（1769）。其他文獻所載，也多同此，如《清史稿》卷三○一「本傳」則曰：「三十四年二月，班師。三月，上幸天津，傅恒朝行在。既而緬甸酋謝罪表久不至，上謂傅恒方病，不忍治其罪。七月，卒。」《清代人物生卒年表》據《國朝耆獻類徵初編》，謂傅恒卒於乾隆三十四年，未注出生年。然而，《欽定八旗通志》卷一四四《人物志二十四·傅恒》卻記載：（乾隆）「三十五年二月，班師。三月，傅恒至京。七月卒。」《清史列傳》卷二○曰：（乾隆）「三十五年二月班師，三月傅恒還至京，七月卒。」《國朝先正事略》卷一八《傅恒》：（乾隆）「三十五年二月班師，三月還至京，七月公薨。」《清代七百名人傳·傅恒》言：（乾隆）「三十五年二月班師，三月傅恒還至京，七月卒。」《清通鑑》乾隆三十五年於七月十三日載述，傅恒卒，生年不詳。這樣，關於傅恒的卒年，就產生了異說。然依筆者之見，其卒年，當以乾隆三十五年爲是。除了上引材料，理由有三：一是《甌北集》於乾隆三十五年（1770）的編年詩中，收有《太保傅文忠公挽詞》（卷一七），時甌北任廣州知府，得訊必確，所記當無誤。二是甌北《皇朝武功紀盛》卷三《平定緬甸述略》謂：「三十四年春，上命大學士公傅恒來滇經略兵事。以四月朔至永昌，越八日，至騰越州。兩阿將軍及將軍伊勒圖偕至。南徼地多瘴，群議宜俟霜降後出師」，「部署既定，七月二十日經略大兵起行，阿里袞從，留阿桂於蠻暮督造戰艦。經略至戛鳩，集舟結筏，凡十日乃渡畢。」直至九月下旬，傅恒仍率兵征戰於緬甸，不可能卒於本年七月。三是《欽定八旗通志》亦謂，傅恒往征緬甸，二月離京，三月抵雲南，四月至騰越。八月渡戛鳩江。九月，攻南準寨，得獲多人，長驅至新街。十一月，進圍老官屯。豈得言其死？又，《清史稿》「本傳」，既稱乾隆三十四年二月「傅恒師行，發京師」，往平定緬亂。至緬，暑雨多疫病，大將軍阿里袞感瘴而病，未久身亡。阿里袞病歿，或在十月份。十一月，傅恒復進攻老官屯。又謂，乾隆三十四年二月班師。三月，上幸太津，傅恒朝行在。既言傅恒於本年的二月至十一月，一直在率兵征伐緬亂，又言其班師朝行在，豈不自相矛盾？所以，稱傅恒卒於三十四年七月之說，顯然是錯誤的。另外，傅恒的生年，也有據可查。甌北於《春和相公四十壽

詩》於「燈節過猶留壁月」句下注曰：「誕辰正月二十一日。」由本年上溯，知傅恒生於康熙六十一年（1722），至本年，首尾恰四十歲，與所述「春和相公四十壽」相合。至乾隆三十五年（1770），才四十九歲，與《清史稿》所稱：「卒時，未五十，上尤惜之」，又相吻合，所推論當無大謬。

是年，以皇太后七旬萬壽，特開萬壽恩科。三月，應禮部恩科會試。

【按】《清朝文獻通考》卷五一《選舉五》：「本年，恭遇皇太后七旬萬壽，敷天同慶，特開萬壽恩科，所有未經入彀舉子，應照前例一體加恩，按其科分、名次先後為序，派出大臣，詳慎揀選。」又，《清朝通典》卷一八《選舉一》：（雍正五年三月）上諭：「本年閏月，節氣稍遲。二月天寒，會試日期改至三月。各舉子許攜帶手爐、皮衣。供給官加意預備茶飯、薑湯、木炭等項，以資其用。」又議准，會試落卷內，揀選文理明通者引見，以教職即用。並注曰：「嗣於乾隆二年、十年、十九年，俱照此舉行，錄用如之，謂之明通榜。」關於「明通榜」，見本譜乾隆十九年考述。至乾隆十年始定三月會試，遂以為常例。

四月二十一日，赴殿試。

【按】《清朝通典》卷一九《選舉三》：（乾隆二十六年）四月，「禮部請定於四月二十一日殿試，二十五日傳臚。從之。以後歷科並沿此例。」商衍鎏《清代科舉考試述錄》：「清初二月會試，三月發榜，四月初殿試；後改三月會試，四月發榜，五月初殿試。乾隆十年改四月二十六日殿試，五月初十傳臚，二十六年定四月二十一日殿試，二十五日傳臚，遂為永制。」

四月二十四日，乾隆帝於乾清宮，親定所呈殿試試卷前十名之甲第。

【按】《清朝通典》卷一八《選舉一》記載道：「（乾隆）二十五年四月，敕傳臚前一日將擬定十卷進呈，即帶領引見，詳覈文品，以定名次。」據此，知乾隆帝親定殿試卷名次，是在本日。《甌北集》卷四○《五哀詩‧故都察院左都御史觀補亭公》略曰：「辛巳試禮闈，公握衡文軸。摸索在暗中，見得李方叔。自詫一斑管，不迷五色目。金門旋對策，已占蓬頂獨。神山風引回，猶列鼎三足。迴翔清閒地，無由脫穎速。公方領詞館，典策輒見屬。進御例奏名，得邀乙覽燭。此段援引意，暗中寓推轂。」句下小注謂：「翰林撰文，例書姓名進御，故公屢命余屬草。」

《簷曝雜記》卷二《辛巳殿試》：「辛巳殿試，閱卷大臣劉文正公、劉文定公，皆軍機大臣也。是科會試前，有軍機行走之御史眭朝棟上一封事，請復迴避卷，即唐人所謂別頭試也。上意其子弟有會試者，慮己入分校應迴避，故預為此奏，乃特點朝棟為同考官，而命於入闈時，各自書應避之親族，列單進呈。則眭別無子弟，而總裁劉文正、于文襄應迴避者甚多。是歲上方南巡，啟蹕時曾密語劉、于二公留京主會試，疑語泄而眭為二公地也，遂下刑部治罪。部引結交近侍例，坐以大辟。於是軍機大臣及司員為一時所指摘。且隔歲庚辰科狀元畢秋帆、榜眼諸桐嶼，皆軍機中書，故蜚語上聞，有歷科鼎甲皆為軍機所占之說。及會試榜發，而余又以軍機中書得雋，傅文忠為余危之，語余不必更望大魁。而余以生平所志在此，私心終不能已。適兩劉公又作閱卷大臣，慮其以避嫌擯也，乃變易書法，作歐陽率更體。兩劉公初不知已列之高等。及將定進呈十卷，文定公慮余卷入一甲，又或啟形蹟之疑，且得禍，乃遍檢諸卷，意必得余置十名外，彼此俱無累矣。及檢，一卷獨九圈，當以第一進呈。九圈者，卷面另粘紙條，閱卷大臣各以圈點別優劣於其上，是歲閱卷者九人，九人皆圈者惟此一卷。文定公細驗疑是余，以語文正。文正覆閱，大笑曰：『趙雲崧字蹟雖燒灰亦可認，此必非也。』蓋余初入京時，曾客公第，愛其公子石菴書法，每仿之。及直軍機，余以起草多不楷書，偶楷書即用石菴體，而不知余另有率更體一種也。文定則謂，遍檢二百七卷，無趙雲崧書，則必變體矣。文正又覆閱，謂趙雲崧文素跅弛不羈，亦不能如此謹嚴，而文定終以為疑，恐又成軍機結交之局。兆將軍惠時方奏凱歸，亦派入閱卷，自陳不習漢文，上諭以諸臣各有圈點為記，但圈多者即佳。至是兆公果用數圈法，而惟此卷獨九圈，余或八、或五，遂以第一進呈。先是，歷科進呈卷皆彌封，俟上親定甲乙，然後拆。是科因御史奏改，遂先拆封，傳集引見。上是日閱十卷，幾二十刻，見拙卷係江南人，第二胡豫堂高望浙江人，且皆內閣中書；而第三卷王惺園杰則陝西籍。因召讀卷大臣，先問：『本朝陝西曾有狀元否？』皆對云：『前朝有康海，本朝則未有。』上因以王卷與翼互易焉。」

四月二十五日，帝御太和殿，傳臚。翼以一甲第三名（探花）及第，自此為帝所識。

《舊譜》:「是年恩科會試中式,座師爲劉文正公統勳、于文襄公敏中、總憲觀文恭公保,房師爲工部郎中趙公琰。出榜後,京師人以先生才望,群以大魁目之。」

《臚傳紀恩四首》:「玉殿臚聲肅早朝,雲端仙樂奏虞韶。班依雉尾開宮扇,時先龍舟奪錦標。四海人才文一等,十年場屋蠟三條。生平望此如天上,何幸今眞到絳霄。」「三唱依然伏地堅,緣知仕宦戒爭先。無才名敢羞王後,有客書能炫趙前。蓬島雲霞曾到頂,洞霄班位總稱仙。已慚鼎足猶非分,敢望巍科第一傳。」「走馬長安已老蒼,多慚人說探花郎。來從金水橋中道,出有天街繡兩行。恩重始知無可報,才微自問有何長。宮花插帽生輝處,也比山妻瘦面光。」「卻憶燈窗弄墨丸,先公珍作掌珠看。弱齡時已期今日,舉世人皆豔此官。一第幸成偏已晚,九原雖笑對誰歡。只餘簫鼓喧迎處,略慰慈闈兩鬢殘。」(《甌北集》卷九)

【按】本詩「時先龍舟奪錦標」句後注曰:「向例臚傳在五月,今改四月二十五日」,「三唱依然伏地堅」句後注曰:「令甲唱名至三聲,猶伏地不起,鴻臚官掖之出班。」《簷曝雜記》卷二《辛巳殿試》:「臚傳之日,一甲三人例出班跪。余獨掛數珠,上陞座遙見之。後以問傅文忠,文忠以軍機中書例帶數珠對,且言昔汪由敦應奉文字皆其所擬,上心識之。明日諭諸大臣,謂:『趙翼文自佳,然江、浙多狀元,無足異。陝西則本朝尚未有。今當西師大凱之後,王杰卷已至第三,即與一狀元亦不爲過。』次日又屢言之。」

辭出軍機,入翰林院供職,任編修,爲方略館纂修官,與修《平定準噶爾方略》。

《舊譜》:「既入翰林,授職編修,即辭出軍機。尋充方略館纂修官,修《平定準噶爾方略》。」

與會稽畫師沈錦相識,請其爲老母寫真。

《贈寫照沈錦》:「世人論畫重山水,花草翎毛仙佛鬼。畫人亦只畫古人,寫照雖工固所鄙。豈知繪事此最難,未可憑虛信手擬。伏勝授經圖摩詰,子敬書裙摹老米。但取神采不取形,苟得其意一掃耳。試起昔人相比對,未必風貌果如此。寫照乃以人爲的,毫釐差輒謬千里。刻劃模成印板中,玲瓏影取帷燈裏。穠纖相稱配瘦肥,毛髮欲動肖悲喜。事兼束縛與馳驟,依樣葫蘆豈薄技。譬如拈題作時文,一縷脈縈微妙旨。多少詩古文辭家,掉頭弗屑掛

牙齒。一朝執筆就繩墨，耍駕跅弛不成理。乃知傳神阿堵中，慘澹匠心幾生死。會稽沈生秘獨擅，布衣徒步長安市。我來請作壽母圖，意思安閒拂素紙。詎須九朽始一罷，頃刻圖成未移晷。懸之粉壁群聚觀，三尺小鬢亦日似。信哉茲技有別長，弓人之弓矢人矢。古來絕藝當通都，早晚遭逢名鵲起。會看待詔金馬門，縑素揮成進綈几。」（《甌北集》卷九）

《寫真詞》、《恭和御製葉爾羌鼓鑄乾隆錢呈樣元韻》（《甌北集》卷九）亦寫於此時。

【按】據甌北《贈寫照沈錦》詩中所云，沈錦乃會稽人，以布衣遊京師，擅繪畫。《歷代畫史彙傳》卷五○所載沈錦「字景濤，傳神妙手，亦精補景」。未知係一人否？

夏、秋間，長子耆瑞生。

《舊譜》：「是年，子耆瑞生。秋，太夫人南歸。」

【按】據此，將耆瑞之生，附於夏、秋之間。時，繼娶高氏已過門兩年，此時生子，是極可能之事。《西蓋趙氏宗譜》：「趙翼：子五，長耆瑞，殤。」未注明其生、卒年。

秋八月，同鄉沈倬其進士及第，需次歸里，趙翼為之餞行。

《送倬其南還，時方成進士以需次歸里》：「秋堂餞別菊花杯，柔櫓輕帆潞水開。需次歸終勝下第，成名日況及循陔。經高千佛爭傳誦，山到三神輒引迴。一事早輸君領取，漁莊蟹舍且沿洄。」「春明浪蹟兩狂生，幾度聯床聽雨聲。賈酒每為無事飲，稱詩相戒不平鳴。一驢出入更番用，半著輸贏抵死爭。今日臨歧能不感，何時重與話寒更。」（《甌北集》卷九）

【按】沈倬其事蹟，見本譜乾隆十九年考述。由「賈酒每為無事飲，稱詩相戒不平鳴」，可知當時頻發之文字獄對文人心靈的震懾。又由「聯床聽雨」、「更番用驢」，知兩人關係款洽。後二人結為親家。

翰林院之土地祠，相傳所供奉者，乃詩人韓愈，遂賦詩以解嘲。

《翰林院有土地祠，相傳祀韓昌黎，詩以解嘲》：「瀛洲署中坎社鼓，社公傳是韓吏部。建置本末無可徵，肇祀不知義何取。從來名賢歿為神，各視生平所建豎。或班侍郎居碧落，或冊真人位紫府，或選閻羅分殿十，或封遮須列爵五。鬼官司命周顗除，太陽都錄魏徵補。白傅已列蓬萊仙，曼卿更拜芙蓉主。況公日星河嶽氣，立朝大節炳千古。絕脈能開道學先，餘事亦號文章祖。抗疏幾碎佛氏骨，從祀不慚宣聖廡。豈宜罰作土地神，坐使淮陰噲等

伍。屈宋詎稱衛官職，樂郤翻充皂隸戶。生前磨蠍坐命宮，曾謫嶺南鮫鱷浦。庸知身後尚蹭蹬，無端又遭左遷侮。鄉先生可祭於社，此地初非公故土。即云立社為樂公，公未久修史館簿。區區冷官一臠肉，寧足為公增華脮。我來展謁聊解嘲，且勿牢騷碩人侯。幸未改塑浮屠像，儒服依然端章甫。香火祠雖處末僚，翰墨緣仍近藝圃。猶勝杜陵老拾遺，變作十姨呼阿姥。」（《甌北集》卷九）

另，《汪用明以紅袖添香伴著書小照索題，即送之任》、《題申檀林桃葉渡江圖》、《恭和御製題職貢圖元韻》、《和友人洛陽懷古四首》、《納涼》（《甌北集》卷九）等詩，均寫於此時。

【按】汪用明《紅袖添香伴著書圖》，畢沅有《汪用明紅袖添香伴著書圖》詩，曰：「小閣桐陰覆畫闌，鴨爐溫熷未挑殘。妙香聞道心清候，古帖名花一樣看。」「根觸心情憶往緣，挑鐙重與拂芸箋。烏絲紅袖揚州夢，是夢分明已十年。」（《靈巖山人詩集》卷一四）正可與甌北詩對讀。

申檀林《桃葉渡江圖》，蔣士銓有《申檀林桃葉渡江圖》二首，謂：「芳草如裙帶，那更有、春江如鏡，遠山如黛。花月低迷石城艇，名士美人俱載。是當日、狂奴故態。司馬多情親折證，看朝雲、坡老真無奈。掀髯處，可憐太。　詩情畫意憑誰解？道個儂、傾城顏色，廣陵人在。剪燭推篷寒自忍，裘已為卿而賣。奉半臂、笑披郎背。今夜三星光豔豔，護鴛鴦、不許秋河界。夢中語，醒還愛。」「兩槳春風動。不隄防、夫人愛惜，比郎尤重。翡翠窗前初識字，白取周南低誦。向大婦、邊旁隨從。鶼侶中年常比翼，又新添、一朵桐花鳳。引玉燕，入香夢。　回思江上蘭橈送，莫雲邊、塔鈴低語，晚風輕控。君去桓伊邀笛步，橫竹定然三弄。料不要、桃根相共。試繪洗兒長卷子，索同人、玉果犀錢奉。當再乞，畫師宋。」（《忠雅堂詞集》卷下）

九月間，至潞河，送母南歸。

《舊譜》：「秋，太恭人以先生既入翰林，無可顧慮，而少子汝霖在家，頗為係念，乃南回。」

《潞河即事》亦追憶此事，謂：「無計留歸棹，衰親憶故園。老尤憐少子，貧愛住荒村。柳線遙波綠，蒲帆急雨喧。從今增旅夢，長繞舊蓬門。」「親老宜歸養，無陔可采蘭。賣文為客賤，乞米向人難。別又成千里，貧終戀一官。片帆南去駛，淒絕潞河干。」（《甌北集》卷九）

【按】《長安客話》卷六《畿輔雜記》「潞河」一目曰：「潞水自塞外丹花嶺合九泉水，一南經安樂故城，與螺水合，爲東潞河。一南經狐奴城，與鮑邱水合，爲西潞河。張家灣爲潞河下流，南北水陸要會也。自潞河南至長店四十里，水勢環曲，官船客舫，漕運舟航，駢集於此。弦唱相聞，最稱繁盛。曹代蕭詩：『潞水東灣四十程，煙光無數紫雲生。王孫馳馬城邊過，笑指紅樓聽玉箏。』」甌北送母返鄉，當至張灣渡口。

程景伊《趙母太恭人墓誌銘》稱：「太恭人就養京邸者四年。」（《西蓋趙氏宗譜・藝文外編》）丁太恭人攜兒妻劉氏等來京時間爲乾隆二十三年春季，至此首尾四年，與《宗譜》所載相合。又，甌北同鄉好友沈倬其「需次歸里」時，太恭人因新生孫子需照料，未便驟然離去，否則，與沈同舟南下，沿途有其照顧，豈不省卻許多心事？依次而論，太恭人歸里之具體時間，不會早於九月，故繫於此。還有，《潞河即事》一詩繫於癸未春，當是送別友人時，觸發思親之情，歸而寫成。「即事」一詞，恰透露出這一資訊。

十一月二十五日，皇太后壽誕，賦詩《皇太后七十萬壽詩謹序》以記其事。

【按】《清史稿》卷二一四《后妃傳》曰：「孝聖憲皇后，鈕祜祿氏，四品典儀凌柱女。后年十三，事世宗潛邸，號格格。康熙五十年八月庚午，高宗生。雍正中，封熹妃，進熹貴妃。高宗即位，以世宗遺命，尊爲皇太后，居慈寧宮。高宗事太后孝，以天下養，惟亦兢兢守家法，重國體。太后偶言順天府東有廢寺當重修，上從之。即召宮監，諭：『汝等嘗侍聖祖，幾曾見昭聖太后當日令聖祖修蓋廟宇？嗣後當奏止！』宮監引悟眞菴尼入內，導太后弟入蒼震門謝恩，上屢誡之。上每出巡幸，輒奉太后以行，南巡者三，東巡者三，幸五臺山者三，幸中州者一。謁孝陵，獮木蘭，歲必至焉。遇萬壽，率王大臣奉觴稱慶。乾隆十六年，六十壽；二十六年，七十壽；三十六年，八十壽，慶典以次加隆。先期，日進壽禮九九。先以上親製詩文、書畫，次則如意、佛像、冠服、簪飾、金玉、犀象、瑪瑙、水晶、玻璃、琺琅、彝鼎、磁器、書畫、綺繡、幣帛、花果，諸外國珍品，靡不具備。太后爲天下母四十餘年，國家全盛，親見曾玄。四十二年正月庚寅，崩，年八十六。」

《嘯亭雜錄》卷一《孝親》：「純皇侍奉孝聖憲皇后極爲孝養，每巡

幸木蘭、江、浙等處，必首奉慈輿，朝夕侍養。后天性慈善，屢勸上減刑罷兵，以免蒼生屠戮，上無不順從，以承歡愛。后喜居暢春園，上於各季入宮之後，遲數日必往問安視膳，以盡子職。后崩後，上於后燕處之地皆設寢園，凡巾櫛、枙枷、沐盆、吐盂無不備陳如生時，上時往參拜，多至失聲。」又卷一〇《蘇州街》謂：「乾隆辛巳，孝聖憲皇后七旬誕辰，純皇以后素喜江南風景，以年邁不宜遠行，因於萬壽寺旁造屋，仿江南式樣。市廛坊巷，無不畢具，長至數里，以奉鑾輿往來遊行，俗名曰蘇州街云。」據載，「僅裝飾暢春園至西華門沿途景點及修繕萬壽寺等，即用銀七十八萬兩」（《清通鑑》卷一一八）。據《皇太后七十萬壽詩》注，皇太后壽誕之日，天呈「日月合璧，五星連珠之瑞」。當時，「朝臣設經壇祝嘏，諸命婦皆跪迎安輿」。皇上為太后「恭上徽號」，還「親撰聯珠壽言，織成錦字為屏」，作為壽禮獻上。壽筵前，「上親為蟒式舞」以侑觴，「皇躬自舞玉階前，折矩周規衍壽筵」。「慈顏恰映嫵爛彩，聖慕原同象勺年」。（《甌北集》卷九）此恰可與《嘯亭雜錄》所載相對讀，以補其不足。

歲杪，賦《題畢某蕉陰小照》、《修史漫興》詩。

《修史漫興》：「史局虛慚費月餐，古今歷歷作閒觀。千秋於我宜何置？寸管論人固不難。高焰輝煜紅燭炬，古香浮硯翠螺丸。只輸小宋風流處，少個濃妝伴夜闌。」（《甌北集》卷九）

乾隆二十七年壬午（1762）　三十六歲

【時事】　正月，乾隆帝奉皇太后南巡江、浙。據載，扈從者親王、文武百官百十餘人。傅恒、史貽直、舒赫德等，均隨駕前往，另有侍衛官五百人，滿洲、蒙古諸官千餘人，羽林軍一萬人，甲兵五萬人，總計二十萬人。（《清通鑑》卷一一九）至清江浦，相度水勢，指授河臣治水方略。令清查俄羅斯疆界，命阿里袞為御前大臣。（《清朝通志》卷四一《禮略六》）二月，車駕過揚州，渡江閱水操。諭曰：「向來巡幸所至，地方大吏預備燈船、煙火，頗覺繁俗。頃在揚州，適以哈薩克陪臣入覲，聊示民情和樂之意，是以聽其預備。倘蘇、杭等處悉仿而行之，原屬不必，朕省方觀民，勤求治理，即以幾暇適情，則山水名勝盡足以供吟眺之資，又何事徒滋繁費為耶？」（《清朝通典》卷

五六《禮‧嘉六》）至蘇州，「萬民家家懸掛吳式燈籠，供奉自制的各色物品，迎接聖駕。其時天子龍顏和悅，義民內凡年逾七十之男女均賞賜刻有『養老』二字銀牌一面。又揚州、蘇州、嘉興、杭州四府鹽商及渡海赴日本辦銅之官商人等，皆搭設高臺演出歌舞，不惜錢物，極盡奢華。大凡數百里內迎駕之時，舞臺數千座，無一相同者。皇帝亦相應回賜上述人等金銀、小件器物、貂皮等，眾人皆引以爲不世之榮幸。又命免去南巡沿途的一年貢賦。至靈岩山行宮駐蹕，遊該地十八景。靈岩山行宮山麓建有舞臺百餘座，亭臺二十座，表演各種歌舞，皇帝觀賞。因山麓四周由同行扈從人員包圍守護，入夜燈火如繁星閃爍。河中燈船百餘艘遊動，燃放煙火，極其熱鬧，水中陸上皆如同白晝」（《清通鑑》卷一一九引日本所藏《大清皇帝南巡始末聞書》之鈔本）。三月，巡幸浙江海寧，閱視海塘工程。由浙江回鑾。至江寧，幸兩江總督尹繼善署，諭曰：「督撫等，朕車駕所經，惟橋梁、道路，葺繕掃除，爲地方有司所宜修補，其彩亭、燈棚，一切飾觀文具，屢經降旨斥禁，今江浙兩省途巷尙有踵事因仍者，此在蘇、揚鹽市商人等，出其餘資，偶一點綴，本地工匠、貧民，得資力作，以沾微潤，所謂分有餘以補不足，其事尙屬可行，若地方官專欲倣而傚之，以爲增華角勝，則甚非奉職之道，嗣後督撫等其實力禁止，一切屛去。」（《清朝通典》卷五六《禮‧嘉六》）四月，由宿遷順河集改行旱路，取道徐州，閱視黃河堤防。五月，乾隆帝經德州回北京。此次南巡，在浙江觀潮樓，曾賜召試貢生沈初等二人舉人，與進士孫士毅等二人並授內閣中書。在江南，賜召試諸生程晉芳等五人中舉，與進士吳泰來等三人，並授內閣中書。（《清史稿》卷一二《高宗紀》）七月，乾隆帝奉皇太后巡幸木蘭，至九月中旬始回至京師。九月，乾隆帝因江蘇學政劉墉所奏，命整肅江南吏治，諭曰：「江南士民風尙，多屬浮靡喜事，爲地方有司者加以姑息，致漸染日深，牢不可破。近年封疆懈弛之弊，直省中惟江南爲甚。總督尹繼善、巡撫陳宏謀，素性好以無事爲福，且更事既多，上和下睦之風，竟成故智。其所轄又大半往年舊屬，因瀆生玩，往往遇事姑息，甚至狡猾劣員邇來藉口辦差，有意延擱公事者，更不一而足，積習頹靡，罔知振刷。尹繼善等當從此痛除積習，克自淬勵，州縣官有怠玩相沿者，即據實參處。」（《清通鑑》卷一一九）十月，緬目宮里雁焚殺孟連土司刀派春全家，命處斬，傳首示眾。（《清史稿》卷一二《高宗紀》）《嘯亭雜錄》卷五《緬甸歸誠本末》載其事曰：「二十三年二月，緬酋甕藉牙攻陷木邦。木邦在耿馬外，爲耿馬、孟定、鎭康、孟連之藩

籬。落卓土司地大而彊，甕藉牙據有阿瓦，落卓首先歸附。於是甕藉牙寇劫波龍廠，遂威脅木邦，索其賄。貴家宮裏雁與結些國人糾約廠眾至木梳鋪劫殺，兵始退。時緬酋莽達拉之族弟占朵莽者，先分居景邁，宮裏雁遙附應之。十二月，宮裏雁謀攻落卓，會占朵莽及木邦土官之弟罕黑至落卓劫殺。落卓大敗，復引緬酋甕藉牙及各土酋之兵謀攻貴家及木邦，以泄其忿。二十四年三月，落卓先鋒兵六千餘人至臘戍，是時占朵莽率猛交兵一千人駐猛洒，乘落卓兵練遠出，間道已赴落卓。木邦土司罕蟒底聞緬甸、落卓兵至，乃屯發練堵禦，遂遷其家屬於大橋邦囊，翼日與宮裏雁出臼小坡與落卓決戰。越二日，木邦城陷，罕蟒底奔蟒戞，家屬渡滾弄江至那離，又遷於錫峨。緬兵入踞木邦，人民逃竄，波龍廠眾多歸於內地，沿邊土司撥練防守。宮裏雁率兵練男婦二千餘人渡滾弄江，奔蠻東、蠻弄，勢甚窮蹙。又由白沙水駐南溯，欲假道孟艮、耿馬往伐利伍，求占朵莽所在會兵復戰。而占朵莽已襲破落卓，率兵練還救木邦，木邦復定。罕蟒底、宮裏雁復渡江回永昌，鎮府聞報，率兵二百名於四月辛酉出禦，行抵姚關，旋即撤回。二十五年，緬酋甕藉牙死，其子莽紀覺嗣，與各部構兵如故。二十七年正月，宮裏雁被緬酋追殺甚急，由猛榜奔至耿馬，又由孟定之邦模、南板入莽旦，窮蹙無歸。五月丁酉至猛戞，並至孟連之猛尹，散處各村寨。初，宮裏雁自阿瓦奔出，帶練一千三百人，至木邦撥給占朵莽五百人，實止帶練八百人，又脅從阿瓦、緬子、木邦擺夷及擄掠男婦共三千餘人。既抵猛尹，猛尹頭目率眾驅之，宮裏雁乞內附，寄住孟連地方。孟連土司刀派春遂赴猛尹收其兵器，戶索銀三兩，將其眾安插於猛尹各圈寨。宮裏雁不欲受土司管轄，已相嗟怨。總督吳達善知其有七寶鞍，乃亡明至寶，太監王坤由北京內庫竊去者，向其索取。宮裏雁以其祖宗所傳重物，吝不與吳，遂挈其妾婢六人赴石牛廠。刀派春率宮裏雁之妻攮占及男婦一千餘人至孟連城，刀派春又向攮占及頭目撒拉朵索牛馬童女以賄吳達善。攮占忿，於閏五月丁丑夜，糾眾焚殺孟連城，刀派春家屬三十餘人俱被害，逃免者僅應襲刀派先及刀派春妾二人。戊寅，攮占、撒拉朵率眾逃散至猛養、伕伍各處。刀派春族兄刀派英聞變，率練追勦，而猛養、伕伍兩處夷眾亦各要路劫殺，攮占大敗，逃竄無蹤。派英寄信石牛廠民龍得位、王天和等，將宮裏雁好爲款留，宮裏雁實不知也。七月，永昌守楊重穀檄耿馬土司罕國楷帶練誘擒宮裏雁並其妾婢六人，及另行拿獲之餘黨阿占、阿九二人，因解赴省。布政使姚永泰曰：『孟連之變，雁不與知，況其夫妻不睦，雁是以避居兩地。今若留雁，可以爲緬酋

之忌憚，不可代敵戮仇也。』按察使張坦麟審稱：『宮裏雁雖堅供不知情，但勢窮來歸，先令妻屬詭計歸服，以致其劫掠，罪有攸歸。且連年與緬酋擄殺，既經拿獲，斷不可仍留夷地之害，應正法。』吳達善以前靳不與，故切齒於雁，遂左袒張議。適緬酋至木邦，聲言前往整欠、景線相戰，因遣頭目蟒散至孟連，索宮裏雁所脅從之緬人。刀派永悉將緬眾遣回，益知內地虛實。十月丁未，殺宮裏雁，以其妾婢分給功臣。吳達善既遂其志，乃檄緬人，諭以宮裏雁業經誅殺，宮裏雁之妻攮占及凶目等，當即拿送以靖餘孽。時攮占已嫁莽酋弟憒駁，故緬人以為有心羞指其淫行，益加忿恨，會木邦罕黑勾結，遂滋擾內地之耿馬。耿馬雖屬內地，於緬亦有歲幣，緬目普拉布率兵來索，闌入孟定，執土司罕大興，兵及茂隆廠。時永順鎮田允中調鄰近各營官兵親率進剿，吳達善恐其連兵致敗，露其前事，乃飛檄田鎮責其輕率，遂還師。耿馬土司罕國楷率兵禦緬於石牛廠，廠委周德會聞田允中進發，恃為屏障，率其廠練於滾弄江截緬人歸路，擊殺普拉布。吳達善以周德會為殺良冒功，竟置之於法，而緬人益輕中國。」趙翼《皇朝武功紀盛》卷三《平定緬甸述略》亦載：「二十七年，宮裏雁亦避於孟坑。而我孟連土司刀派春者，聞宮裏雁之竄於近邊也，遣人招之。宮裏雁疑未決，而其妻囊佔先率眾來附。刀派春勒索其貲財婦女殆盡，囊占怒，襲殺刀派春而去，宮裏雁不知也。而永昌守楊重穀誘致之，至則坐以擾邊罪，肆諸市。於是緬酋益無所忌，浸尋而及我耿馬土司矣。耿馬雖我土司，而於緬亦舊有歲幣。至是莽紀覺遣其目普拉布率兵兩千來索，先闌入我孟定，執土司罕大興，使為鄉導入耿馬。土司罕國楷邀之於滾弄江，擊斬普拉布，餘賊遁去。二十八年冬，緬賊復至我遮放邊外，揚言來索木邦官，會罕莽底病死，賊乃退。」

本年春，顧光旭改浙江道監察御史，仍兼戶部行走。同官何逢禧轉述某達官語曰：「何意不一至吾門。」光旭曰：「無事搖尾乞憐，人必賤之。」終不往。秋冬讀《易》。（《響泉年譜》）

如皋黃振作《海濱竹枝詞》，記沿海堤防及竈場生活狀況。

山陰程晉芳初定所著《蕺園詩集》。

嘉定錢大昕典湘試，作《輿丁》詩，謂：「不辭胼胝苦，終朝博百錢，勞人以奉己，我慚紅兩顴。」

直隸紀昀經江淮入閩視學，著《南行雜詠》一卷。

長洲許廷鑠著《竹素園詩鈔》八卷刊行。

浙江韓錫胙在南京鄉試中校文，得安徽戴震。

蔣士銓爲順天鄉試同考官，得蔣熾等十二名，副榜金拱閭等三名。充續文獻通考館纂修官。（《清容居士行年錄》）

兩江總督尹繼善，嫌袁枚蹤蹟太疎。枚賦詩答曰：「不是師門意懶行，尚書應諒草茅情。聽來官鼓心終怯，換到朝靴足便驚。老眼書銜愁小字，詩人得寵怕虛名。閒時每看青天月，長恐孤雲累太清。」（《隨園先生年譜》）

洪亮吉年十七，在百花樓巷莊氏塾，從金壇荊汝翼受《公羊》、《穀梁》及制舉義。（《洪北江先生年譜》）

【本事】春，畢秋帆沅納景山梨園家女爲妾，賦詩相賀。

《賀秋帆修撰納妾次諸桐嶼編修韻》：「合歡清醑映玻璃，不唱江南烏夜啼。才子名高蓬頂上，美人家住苑牆西。忍將芍藥呼爲婢，不用梅花聘作妻。從此消寒憑暖玉，禁他殘臘朔風淒。」「寓舍初移闢綺窗，簾衣增護守門尨。眉痕親點螺丸黛，曲譜新傳羯鼓腔。臥寶床頭聲喚幾，修書燭下影成雙。只愁消息聞南國，春水防他北上艭。」（《甌北集》卷九）

【按】本詩「美人家住苑牆西」句後注曰：「景山梨園家女。」由此可知，畢沅所納妾乃「景山梨園家女」。清吳長元《宸垣識略》卷一六謂：「景山內垣西北隅，有連房百餘間，爲蘇州梨園供奉所居，俗稱蘇州巷。總門內有廟三楹，祀翼宿。前有亭，爲度曲之所，其子弟亦延師受業，出入由景山西門。」又稱「只愁消息聞南國，春水防他北上艭」，知本作大概寫於春日，姑繫於此。

秋帆，乃畢沅字。符葆泰《國朝正雅集·寄心菴詩話》引《勸誡近錄》：「先生未第時，先由中書直軍機。應庚辰會試，揭曉前一日，公與諸桐嶼重光、童梧岡鳳三皆在西苑該班。桐嶼應夜直，忽語公曰：今夕須湘衡代我夜直。公問故，則曰：余輩尚善書，倘獲雋可望鼎甲，須早回寓以待。若君書法，即中式，敢作分外想乎？語竟，二人逕去不顧。公怡然爲代直。及日晡，適陝甘總督黃廷桂奏摺發下，則言新疆屯田事，公夜坐無事，乃熟讀之。無何，三人皆中。時新疆甫闢，上欲興屯田，及廷試策問即及之。公屯田策獨詳覈冠場，以第四本進呈。上改第一，桐嶼次之，梧岡名在第十一。同直知其事者咸嗟歎。」（《清詩紀事》第九冊）

又，錢泳《履園叢話》叢話六《耆舊》謂：「先生爲人仁而厚，博而

雅，見人有一善，必咨嗟稱道之不置。好施與，重然諾，篤於朋友。如蔣萃畬、程魚門、曹習菴諸公身後事，皆爲料理得宜，雖千金不顧也。家蓄梨園一部，公餘之暇，便令演唱。余少負戇直，一日同坐觀劇，謂先生曰：『公得毋奢乎？』先生笑曰：『吾嘗題文山遺像，有謂：「自有文章留正氣，何曾聲妓累忠忱。」所謂大德不逾閒，小德出入可也。』余始服其言。」藉此，可知畢沅之品性。

諸桐嶼，即諸重光（1720～1769），乾隆二十五年（1760）進士，官辰州知府。《兩浙輶軒錄》卷三一：「諸重光，字申之，號桐嶼，餘姚人。乾隆庚辰及第第二入，授翰林院編修，出爲辰州知府。著《二如亭詩集》、《二研齋遺稿》。《紹興府志》；重光以舉人考授內閣中書，直軍機，受知於傅文忠。時王師方進討伊犂，繼平回部，軍書旁午，重光晝夜入直，傳宣調發，大臣倚若左右手。館選後典試山東，以京察一等出守辰州。會辰溪水發，被劾罷歸。重光淹雅清辭，傲睨一世，而好汲引後進，人咸惜之。《梧門詩話》：諸桐嶼太守，少慧，屬徵士鶚、杭編修世駿、孫通政灝、陳太僕兆崙共相推挹，論交在師友間。」事又見《詞林輯略》、《白華後稿》卷二三。

與友人王詒堂諸人邂逅於陶然亭，聚飲，並預約其往法源寺賞海棠。

【按】甌北賦有《王詒堂編修邀客陶然亭而不及余，余是日獨遊適至，遂入座，兼訂法源寺看海棠之約》詩以記其事。

王詒堂，即王燕緒。王燕緒，檢子，字詒堂，山東福山人。乾隆二十五年（1760）庚辰科進士，散官授編修，二十七年（1762）爲陝西鄉試副主考，官至侍講。事見《詞林輯略》卷四、《清代職官年表》。又，李放《皇清書史》（卷一六）亦載其人，字號大致相同，然卻稱其「乾隆十六年進士」。檢索《明清進士題名碑錄》，於乾隆十六年辛未榜題名錄中未見此人。而在乾隆二十五年庚辰榜二甲二名，即王燕緒其人，與畢沅、諸重光等同榜，故《皇清書史》或誤記。

陶然亭，京城名勝之一，乃康熙間江藻所建，取白居易「更待菊黃家釀熟，共君一醉一陶然」之詩意。《順天府志》曰：「陶然亭，康熙三十四年工部郎中監督廠事江藻建。亭坐對西山，蓮花亭亭，陰晴萬態。亭下之孤蒲十頃，新水淺綠，涼風拂之，坐臥皆爽，軟紅塵中清涼世界也。」（《燕都叢考》第三編）《藤陰雜記》卷一〇《北城下》：「陶然亭建

於江藻爲工部郎監督窰廠，有記勒石。百餘年來，遂爲城南觴詠之地。名家集中，多有登覽之作」，「各省公車至京，場後同鄉讌集。吾鄉向在陶然亭設宴，飲酒論文。」汪由敦《松泉集》卷四，收有《陶然亭》詩一首，曰：「牽衣躡層皋，縱目得遠寄。開軒面西山，秋光澹寒翠。何待傾壺觴，始會陶然意。」同書卷五收《立夏前一日，晚亭舍人見過，同登陶然亭小憩，訪萬孝廉邦榮於清泰菴，晚亭枉示佳詠，次韻四首》。查慎行《敬業堂詩集》卷三六，收《初遊城南陶然亭》；卷三八，收《試燈夕吳篁村同年招集陶然亭》；卷四一，收《從刺蘼園步至陶然亭》。《藤陰雜記》卷一〇謂：「陶然亭，又名江亭。春秋佳日，宴會無虛。亭前廊以軒楹，可容小部。汪訒菴啓淑夏日招水部同人會飲，是日大雨如澠，雨聲與笙歌相間，亦春明所罕遇也。」

夏，族侄孫趙敷廷復來京謀取功名，敘起故土親鄰之事，倍感親切。

《喜敷廷侄孫至京》：「一肩行李又燕臺，握手眞堪笑口開。束筍卷知今益富，運租船記昔同來。曾憐白璧完歸趙，從此黃金始自隗。早喜述儂家事悉，鄉音款款簇深杯。」「買舟同上潞河濱，彈指俄驚十四春。韶景易馳眞轉轂，名場未了又勞薪。馬雖識道慚吾老，蟄久蟠泥望汝伸。不用仍愁艱旅食，寒官饘粥共蕭晨。」（《甌北集》卷九）

【按】趙敷廷（1724～1790）事，參見本譜乾隆十四年考述。敷廷此次入京，應爲應京兆試。鄉試乃八月份舉行，故其至京時間，當在六、七月間。

是年京察，以績優列一等。會考各省主試官，列一等第九名。

《舊譜》：「是年京察列一等，引見，御筆記名。會考各省主試官，先生取一等第九名。」

【按】京察，即對在京官吏定期所舉行的考察。《清史稿》卷一一四《職官一》：「考功掌考課，三載考績。京察、大計各聽察於長官，著蹟計簿。凡論劾、釋免、引年、稱疾，並覈功過處分。交議者，辨公私輕重，條議以聞。」清代，考功清吏司專司其事。對文武官員，三年一考覈，在京者曰京察，外任者爲大計。京官三品以上，由部開列事實，具奏裁定。四五品特簡王大臣驗看。餘官由長官驗看。《甌北集》卷四〇《五哀詩‧故都察院左都御史觀補亭公》略謂：「公方領詞館，典策輒見屬。進御例奏名，得邀乙覽燭。此段援引意，暗中寓推轂。計典況居最，頌詞更選

錄。井底青雲梯，謂可霄漢蹴。邊郡忽出守，永辭木天屋。負公期望殷，詩筆換吏牘。」可以參看。

奉掌院派撰文。

《奉派撰文有作》：「官職原宜翰墨緣，叨塵視草候花磚。楊劉體尚西昆麗，唐宋人多内制傳。蘿蔔生毛慚識字，葫蘆依樣僅成篇。相如典冊談何易，敢詡生平筆似椽。」（《甌北集》卷九）

此時，尚寫有《贈說書紫闌膏》、《汪水雲硯歌》（《甌北集》卷九）諸詩。

【按】此時翰林院掌院大學士，當爲觀保。《簷曝雜記》卷二《觀總憲愛才》謂：「後余入翰林，公爲掌院，派撰文，定京察一等，皆公力也。」《欽定八旗通志》卷一六三《人物志四十三·觀保》：「（乾隆）二十七年五月，調吏部侍郎兼翰林院掌院學士，閏五月，教習庶吉士。」《清史稿》卷一八四《部院大臣年表》：乾隆二十七年，「海明五月戊申遷，觀保吏部右侍郎」，與傳所載相合。《舊譜》於乾隆二十九年（1764）注曰：在翰林，奉掌院派撰文。然《甌北集》卷九所收「起辛巳（1761）至癸未（1763）春」這一時段之詩作，卻有《奉派撰文有作》一詩，且排在《喜敷廷侄孫至京》之後。依此而論，趙翼奉掌院派撰文，當在本年夏季。此詩之編年，乃甌北手訂，當不會錯，乃編年譜者將此事誤植，則是可能之事。又據錢實甫編《清代職官年表》（第一冊）所載，翰林院掌院一職，自乾隆二十八年至三十四年，一直由劉統勳兼署。（中華書局，1980年，第58頁）觀保任翰林院掌院，僅乾隆二十七年一年。前此，掌院學士乃梁詩正。甌北既稱擔當「派撰文」一職，乃得力於觀保。其爲派撰文，當在本年無疑。至於任此職凡幾年，則不得而知。派撰文，檢索《清史稿》、《清朝文獻通考》、《清朝通典》諸書中「職官」一門，翰林院中各類官吏無此名目，可知其並非官名。又閱《欽定八旗通志》卷四二《職官一·翰林院》「筆帖士」後按語，中謂：「翰林院不設司屬，凡有陳奏及往來文牒，舊例以典簿、筆帖式具稿呈堂。雍正元年，以官輕滋弊，令掌院學士於俸淺編修、檢討内，擇才守優長者充作司官，名曰辦院事。後復增置協辦院事，由掌院學士掄充，有缺遞補。辦院事滿洲二人，協辦院事滿洲一人，以非院官正額，謹附識於此。」所謂「派撰文」，當爲非翰林院官正額，負責有關草擬陳奏、處理往來文牒之類事務的辦公人員，或即辦院事之類，甌北緣京察列一等，爲掌院賞識，故而得爲

派撰文。

秋八月，分校順天鄉試，得江烺等多人。

《舊譜》：「是秋欽點分校順天鄉試，得江烺等十餘人。」

《秋闈分校即事》：「澹墨才分榜蕊香，遽持玉尺許評量。敢誇眼似新磨鏡，尚有魂驚古戰場。珊網慮疎羅一目，經籯欲叩腹三倉。所期瑞集高梧鳳，藉手文章報廟堂。」「魚雅衣冠列座分，科場責望此番新。主司原是蓬瀛長，分校全聯館閣人。文到醉翁應一變，莊收陸氏不妨貧。異時千佛經傳出，紙價長安幾倍論。」「黑白漫漫局未明，別裁忍負夙心盟。九還可煉誰功到？一筆能勾奈哭聲。腕力袖穿風雨肘，眼花燈眩鼓三更。可憐利市襴衫客，豈識持衡爾許情。」「連日西風落葉繁，人間渾未識秋痕。勞薪已作溝中斷，戰骨猶留夢裏魂。曉擲靈蓍勤問兆，夜看雄劍擬酬恩。生平此味曾嘗遍，束筍堆邊手再翻。」「紙窗雁齒互排連，恰稱朋儕作達緣。選佛廣場兼說鬼，聚奎仙界合談天。鼻尖出火敲燈穗，舌本翻瀾沸酒泉。捫腹自慚無故實，眾中堅坐聽轟闐。」

【按】王昶《太子太保東閣大學士梁文莊公詩正行狀》：乾隆二十五年十二月，蔣公溥病，奉旨署掌院學士，兼續文獻通考館總裁。二十六年正月初二日，上御武成殿宴賚將軍兆公惠等，公與焉。二月，駕幸五臺，公從。四月，充殿試讀卷官。一甲三名為陝西韓城王君杰，仁和胡君高望，陽湖趙君翼。陝西地鄰邊塞，本朝未有以一甲入選者，時值西域寧靖，而狀元為西人，上大悅。再命閱進士朝考卷。未幾，蔣公病薨，以劉公統勳授大學士。吏部尚書、協辦大學士缺，令公補授，仍管掌院學士」。「二十七年，充順天鄉試正考官。」（《碑傳集》卷二七）本次順天鄉試主考，乃翰林院掌院梁詩正及觀保二人，同考官十八人，皆翰林館閣之人，即所謂「主司原是蓬瀛長，分校全聯館閣人」。甌北初當此任，「持玉尺」評量試卷，更多考慮的是應試者的感受，以己度人，推己及人，「九還可煉誰功到？一筆能勾奈哭聲」、「生平此味曾嘗遍，束筍堆邊手再翻」云云，所述均是此意。又有《分校雜詠》組詩，舉凡「宣名」、「赴闈」、「封門」、「占房」、「聘禮牌」、「供給單」、「鄉廚」、「刻匠」、「分經」、「發策」、「刷題」、「選韻」、「號簿」、「薦條」、「文几」、「卷箱」、「紅燭」、「藍筆」、「落卷」、「副卷」、「撥房」、「論帖」、「塡榜」、「謝恩」、「門包」、「房卷」等，皆一一入詩，涉及科場的許多層面，可補科

舉史之不足。《藤陰雜記》卷四載曰:「壬午鄉試,趙甌北編修翼分校,作秋闈雜詠詩,一時傳誦。」並逐一迻錄其「最警策者」,凡三十首。《次韻戲詠藍筆》亦寫於此時。《十朝詩乘》卷一二謂:「趙甌北嘗分校秋闈,闈中謄錄用朱筆,校對用黃筆,監臨及內監試用紫筆,分校用藍筆,惟試官乃用墨筆。甌北《闈中戲詠藍筆》二律云:『未解題紅葉,常教蘸碧甌。墨朱俱不近,皂白總能酬。蠅不汙人璧,螺寧糞佛頭。由來管城子,封邑在青州。』『架少珊瑚製,床宜翡翠鐫。幾行分漢幟,數點散齊煙。禿到三條燭,圈成萬選錢。聚奎清閟處,直作蔚藍天。』又分賦入闈雜事:《宣名》云:『觚棱淑景日初寅,御紙簽名下紫宸。同輩半為揚觶客,至親翻有向隅人。及時朝服班行肅,隔夜巾箱檢點頻。卻笑門前迴避字,主人出後貼偏新。』『向隅』句謂考官親屬依例迴避也。凡主司、分校居宅皆封門,大書『迴避』二字榜之。《封門》云:『關鎖中分棘院森,外簾信息總沈沈。官封恰似丸泥固,人望居然入海深。妝閣但聞簷馬響,圍城不遞紙鳶音。由來選佛場高甚,隔斷紅塵路莫尋。』按:此謂試院封門也。《號簿》云:『不論工拙總須開,一例登收待別裁。先後就編魚入貫,妍媸未判鬼投胎。絕無名姓偏書冊,從此雲泥各判堆。恩少怨多何必問,就中幾個出群來。』《薦條》云:『三寸冰銜鏤刻工,卷端鈐與薦書同。品題未便無雙士,遇合先成得半功。佛海漸登超渡筏,神山猶怕引回風。吹噓送上吾何德,已有人懷感激衷。』《藍筆》云:『中書不判五花工,凝碧池頭染翠融。欣賞情同青眼客,別裁權亞黑頭公。澹痕豈向眉添黛,濃抹何須帛勒紅。卻笑出藍凡幾輩,異時若個最龍蔥。』『黑頭』句謂主司用墨筆也。《落卷》云:『幾陣雲煙過眼輕,案頭堆疊太縱橫。落花退筆全無豔,食葉春蠶尚有聲。沉命法嚴難自訴,返魂香到或更生。闇投未必皆珠琲,無限人間歎不平。』《副卷》云:『去取真看雞肋如,棄之可惜味無餘。我憐絓木旁驂馬,人比登盤半面魚。文彩原輸全豹變,姓名休笑續貂書。側生荔子香雖減,猶勝西風落葉疎。』副卷,即副榜也。國初,兩次中式副榜者,准作舉人,其例旋廢。《撥房》云:『中額難均數迴懸,按房衰益主司權。未妨蜾蠃艱生子,笑比琵琶別過船。梁上燕飛移故壘,擔頭魚去剩空筌。臨分不用增惆悵,三宿浮屠也結緣。』注謂撥房後,舉子於原薦官仍修門生禮。《填榜》云:『堂吏聲高唱拆封,關防加密鎖闈重。掀髯劇喜名流出,防口

深愁熟客逢。星斗光連千炬火，魚龍氣動五更鐘。榮觀最是填魁候，六幕文昌景倍濃。』注謂填榜畢，乃補填五魁，則萬燭齊輝，亦奇觀也。《房卷》云：『校官各自有房元，試牘從排似弟昆。十數名分新雁塔，一家人聚小龍門。文如和韻詩連刻，交比同年誼倍敦。師說誰堪傳枕膝，十年詩法要相論。』房卷之外，同房亦各有齒錄。科名故事，略見津塗。」

江烺，《(同治)蘇州府志》作江琅。其事蹟見本譜乾隆四十四年考述。

因家中人口增多，妻典衣買得一婢女，以助家務。甌北賦詩以自嘲。

《即事》：「貧官家無僕婢用，有時澆花自抱甕。爆柴老婦雇來驕，倦臥廚頭呼不動。拙妻一旦學豪奢，典衣買得雙鬟丫。先生聞之大弗喜，累我長安多索米。君言此女七分姿，好比香山楊柳枝。待他十五盈盈候，莫又回嗔作喜時。」（《甌北集》卷九）可見其當時生活之狀況。

此時，另賦有《陶然亭》、《爲北墅題歲寒三友圖》、《拂珊京少寓舍，汪文端師故第也。旁有小園，師題曰「時晴齋」，舊嘗分貸他人。京少今並僦之，賦詩屬和，即次其韻》、《聞友人有以家難繫獄論罪，悼之》（《甌北集》卷九）諸詩。

冬，鄉里故人子杭汭潮，父兄皆歿，來京相依。聞故舊多已凋零，感慨頗多。

《里中杭生汭潮，先友杭雲龍之子，其兄廷宣又余五友之一也。父兄皆歿，來京相依，詢知先友黃季遊、楊新友及潘本仁諸老人相繼物故，感賦二首》：「父兄皆棄世，千里一家拋。年僅逾髫齔，貧思覓斗筲。世無朱郭俠，我忝紀群交。相對惟滋愧，無能代治庖。」「桑梓懷耆舊，頻年感逝波。昔遊如夢短，新鬼比人多。名僅聞鄉里，身皆老轗軻。柳州先友記，石表待鐫磨。」（《甌北集》卷九）

【按】「髫齔」，指童年。「髫」，兒童頭髮下垂曰「髫」。「齔」，兒童換齒，即脫去乳齒，長出恒齒。由此可知，時汭潮年尚幼，恐不會超過十五歲。既稱拋家千里，「貧思覓斗筲」，爲生計而來，當在冬季青黃不接之時，姑繫於此。

乾隆二十八年癸未（1763）　三十七歲

【時事】　正月，命阿桂在軍機處行走，且允看軍機處朱批奏章。二月，命侍郎裘曰修來京督辦直隸水道、溝渠之事。四月，癸未科會試揭曉，帝御太和殿，傳臚。本科一甲三名爲：江南嘉定秦大成、浙江平湖沈初、江南蕪湖韋謙恒。其餘如四川綿州羅江李調元、浙江嘉興府海鹽縣董潮、江南淮安府安東縣程沆、浙江杭州府錢塘縣費淳、江南蘇州府常熟縣蘇去疾、江南松江府南匯縣吳省欽、揚州府寶應縣王嵩高、常州府陽湖縣蔣熊昌、常州府江陰縣屠紳、常州府武進縣湯大奎、廣東肇慶府高要縣龔驂文、浙江湖州府烏程縣戴璐、江南桐城姚鼐等 180 餘人進士出身、同進士出身。五月十八日，帝奉皇太后木蘭行圍，至九月下旬始回至京師。本月，史貽直（1682～1763）卒。貽直，字儆弦，號鐵崖，江蘇溧陽人。康熙三十九年（1700）進士，年僅十九。改庶吉士，授檢討，充雲南鄉試正考官，提督廣東學政，五遷至侍讀學士。雍正元年，除內閣學士，旋擢吏部右侍郎，再遷吏部左侍郎。（彭啓豐《光祿大夫經筵講官太子太保文淵閣大學士兼吏部尚書史文靖公神道碑》，《碑傳集》卷二六）未幾，召入爲左都御使，遷兵部尚書，又遷戶部尚書，文淵閣大學士兼吏部尚書。其器識宏達，處事精敏，踐更臺閣，累著勞績。《國朝先正事略》卷一三載其事曰：「公生有干局，神識超俊。雍正初，大將軍年羹堯平青海歸，勢甚張，黃繮紫騮，絕馳道而行。王公以下屈膝郊迎，年過目不平視。獨公長揖，年望見，驚異遽翻鞳下，曰：『是吾同年鐵崖耶？』扶上己所乘馬，而己易他馬，並轡入國門。後年以罪誅，窮治黨與，世宗問：『汝亦羹堯所薦乎？』公免冠應聲曰：『薦臣者羹堯，用臣者皇上。』上頷之。」六月，吳達善兼署雲南巡撫，以協辦大學士梁詩正爲東閣大學士，調陳宏謀爲吏部尚書。七月，命舒赫德兼署戶部尚書。八月，改烏魯木齊城曰迪化。十一月，大學士梁詩正卒。梁詩正（1697～1763），字舉仲，又字薌林，浙江錢塘人。雍正進士，授編修。未久，充山東鄉試正考官，會試同考官，授侍講學士。乾隆間，先後任刑部右侍郎，戶部尚書，充《續文獻通考》總裁、吏部尚書、兵部尚書、翰林院掌院學士、東閣大學士等職，卒諡文莊。著有《矢音集》。雖身居高位，然「性儉素，衣必數浣，居處飲食，嗇於寒士。貲郎墨吏，不敢因緣造請。每下直，雙扉晝掩，閒庭闃寂，筦司農者九載，不名一錢。常署所居爲味初齋，示不忘其舊。既歸西湖，構古懷書屋、不繫舟共五六楹，以供燕息。又於葛嶺增營新阡，建祠宇，即清隱菴而稍廓之，丙舍數間，樸櫖無飾，人不知爲宰執之

墊也。自以受知兩朝，天下想望丰采，治事持大體，必有裨民生、有益國計，而折衷掌故，綜覈利弊，不肯以曹事猝如稍自退逸，亦不肯曲徇同官意旨。雖纂撰書籍，亦再三披繹，期於美善。是以洊被寵遇，錫予便番，廷臣無出其右，屢爲忌者所惎，卒莫能少間也。吏部掌銓政，爲六官長，而掌院所屬係文學侍從之臣，內閣職典絲綸，出納王命，皆京僚極清要地。公兼領數年。錢塘王公際華戲謂曰：『公可謂三清居士矣。』新建裘公曰修笑曰：『兼以上書房、南書房，則五清也。』其爲同官傾慕如此。」（王昶《太子太保東閣大學士梁文莊公詩正行狀》，《碑傳集》卷二七）

春，京師多逃荒者。二月中，顧光旭奉命往畿輔查辦水利賑務，赴文安、大成一帶。至灤州等處巡查，文安縣城內積水數尺，急爲宣泄。萬里長堤傾圮，奉命發帑修築。至樂亭尖處，有數千人圍繞乞賑。至樂亭公館，聞民情洶洶，群欲打官，官急避，又欲打死衙役，人聲沸然，喊聲震地。光旭好言撫慰之。（《響泉年譜》）並賦有《提筐行》詩，曰：「少婦啼饑老婦泣，中婦提筐立原隰。欲渡不渡無方舟，野田流水聲嗚唈。我行見之心內傷，問婦不答置竹筐。竹筐青青采楊葉，何日南風大麥苗。」（《響泉集》詩卷五）

洪亮吉年十八，就讀於城北四十里郵村鄒翁元士家塾，仍從唐麟臣等學制義。鄒翁憐其貧，欲以女妻之，知有所聘，乃止。亮吉作《郭北篇》以記其事。（《洪北江先生年譜》）

青浦王昶作《詐馬》、《榜什》、《相撲》諸詩，記在熱河所見蒙古雜技。

長洲沈德潛增訂《唐詩別裁》爲二十卷刊行。

江寧嚴長明在北京，任事方略館，此年纂定所編《千首宋人絕句》十卷。

江寧秦大士、直隸翁方綱等奉弘曆命繕寫《昭明文選》，方綱據所見內廷宋本，與盧文弨商榷《文選》諸本異同。

江都焦循（理堂）生。

南匯吳省欽作《北舟雜詠》二十八章，寫經由淮南天妃閘北上過天津沿路所見市風民俗。

山陽程晉芳、阮葵生、上海陸錫熊、趙文哲、南匯吳省欽、嘉定曹仁虎等在北京，此年集會，以京中一種民俗爲題，作《鬥鵪鶉聯句》。

安徽戴震入都應試不第，居新安會館，金壇段玉裁從問學。

嘉定王鳴盛解京職還，旋卜居蘇州閶門，專力著述，不復出仕。

浙江杭世駿官北京，以應例試，於文中言朝廷用人當泯滿漢成見，被捕交刑部訊治，初議死，旋逐還。

安徽方正澍僑寓金陵，此年遊牛首，以詩題含虛閣壁。

【本事】春，為會試同考官，得士費淳、祝德麟、董潮、龔鯨文等多人。

《舊譜》：「春，欽點會試同考官，得士十一人；館選者五人：董潮、祝德麟、祥慶、龔鯨文、李鐸；分部者一人：費淳。分校得士之勝，為歷科所未有。」

《潞河即事》：「無計留歸棹，衰親憶故園。老尤憐少子，貧愛住荒村。柳線遙波綠，蒲帆急雨喧。從今增旅夢，長繞舊蓬門。」「親老宜歸養，無陔可采蘭。賣文為客賤，乞米向人難。別又成千里，貧終戀一官。片帆南去駛，淒絕潞河干。」（《甌北集》卷九）

【按】甌北此次所得士，多出類拔萃者。

費淳（1739～1811），字筠蒲，浙江錢塘人，乾隆二十八年進士，授刑部主事。歷郎中，充軍機章京。出為江蘇常州知府，父憂去。服闋，補山西太原，擢冀寧道。累遷雲南布政使，有惠政。以母老乞終養，喪除，起故官。六十年，擢安徽巡撫，調江蘇。嘉慶四年，擢兩江總督。淳歷官廉謹，為帝所重，兩淮鹽政徵瑞與淳為姻家，免其迴避。時南河比歲漫溢，淳以江督事繁，自陳未諳河務，乞免兼管，允之。命淳與總河詳議河務工程，應行分辦事具聞。帝密詢漕督蔣兆奎等優劣，諭曰：「安民首在任賢，除弊必先去貪。汝操守雖優，察吏過寬。去一貪吏，萬姓蒙福；進一賢臣，一方受惠。其悉心訪聞，慎勿迎合朕意，顛倒是非。」具以實聞。後歷任兵部尚書、吏部尚書、工部尚書等職，拜體仁閣大學士。（《清史稿》卷三四四《費淳傳》）

祝德麟（1742～1798），字趾堂，號芷塘，浙江海寧人。乾隆癸未進士，改庶吉士，授編修，歷官御史，著有《悅親樓詩集》。《雨村詩話》卷九載其事曰：「乾隆庚寅，編修海寧祝德麟芷塘典蜀鄉試，回京，道出羅江，偕副典試檢討鄧文泮筆山聯騎出城訪余於雲龍別業，時余弟鼎元出其門下，尚未歸。清談竟夜，翌日邀至南村舊宅，登堂拜母，舉雞黍、出家釀，命余弟龍山並諸子弟以詩文質正。翌日，連轡送至金山。芷塘

有《醒園留別用杜工部遊何將軍山林韻十首》。」《國朝御史題名》：「（乾隆五十一年）祝德麟，字芷堂，浙江海寧人。乾隆癸未進士。由翰林院編修考選湖廣道御史。」《清秘述聞》卷一一謂：「祝德麟，字趾堂，浙江海寧人。乾隆癸未進士，四十一年以編修任。」《晚晴簃詩彙》卷九一：「祝德麟，字止堂，號芷塘，海寧人。乾隆癸未進士，改庶吉士，授編修，歷官御史，有《悅親樓詩集》。《詩話》：芷塘早負文譽，入詞林，年甫冠，乞假歸娶。散館引見日，傅文忠、尹文端方掌院，奏對及之。詩以性靈為主，亦能驅遣故實，高者可擬其鄉初白翁。」龔詠樵《蔵園詩話》：「乾隆間，祝芷堂侍御德麟詩抒寫性靈，驅遣故實，不愧趙甌北門生也。《詠醉蝦》云：『有生難得惟中酒，到死何曾肯著緋？』《辦事翰林》云：『肯拋冊府詩書畫，忽學官箴清慎勤。』《鬻書及硯》云：『饑驅到爾真羞澀，鑒賞由人或愛憐。』又句如：『並無富貴誇春夢，差免形神病夏娃。』『每因一字難安處，吟到三更可睡時。』皆可誦也。」（《清詩紀事》第九冊）《兩浙輶軒錄》卷三四：「祝德麟，號止堂，海寧人。乾隆癸未進士。由編修官御史。著《悅親樓集》。施朝幹序略曰：余同年友止堂前輩，於百氏之書，靡不誦習討論而皆以資為詩。其生平出處之節，身世交際聚散升沈之故，有動於中，皆以詩寫其情，而不悖於義。其辭「雄古淵博，蒼莽變化，如神龍在天，煙雨迷離，蜿蜒而不可測。及冥心孤往，別開幽徑，則又令人掩卷而思，執筆而歎為不能至也。吳錫麒序略曰：止堂先生，學通五際，才備九能，毳毳之思，內修平穩行；熊熊之態，外溢乎緅繩。故能敷吻成瀾，含笑奏理，餐花一樹，映腸胃而生明唾也。三篇和金石而流響，驚才風逸，絕調煙高，不挫質於鼎鍾，不損華於林漵，交夏鷉鷺之韻，雜寫魚鳥之歡，斯誠藝苑之鴻裁、詩人之通矩也。」《雨村詩話》卷四謂：「癸未，余禮闈出，夢樓先生本房祝芷塘亦在趙雲松房內。芷塘時年甫十六，同年以『祝小姐』呼之，亦猶庚辰前輩宋小岩也。先余愛學小李將軍畫，而不甚似，故人以此嘲之，幾成別號，不復呼雨村矣。一日，宴於先生書屋，酒半，先生指祝與余曰：『余有杜詩二句，可贈二君。』問何句，曰：『「將軍不好武，稚子總能文」也。』一坐傾倒。故余和芷塘《接葉亭》詩有『頭銜謬許武文同』句，謂此也。」卷二謂：「祝芷塘官侍御，有直聲，劾司業某受贄，坐是改官，歸。其房師雲松在揚州，送別古詩中有句云：『瘦羊官乃索肥羊，合口椒

難禁開口。立仗馬鳴雖可怪，蹲池鳳噤實所醜。』蓋實錄也。」足見所選得人。有詩《新進士引見，余分校所得士館選者五人，喜賦》記其事。事又見《國朝詩人徵略》等。

董潮（1729～1764），字曉滄，號東亭，江蘇武進人。本年進士，改庶吉士。著有《紅豆詩人詩鈔》、《紅豆詩人集》等。董潮事蹟，說法不盡一致，或稱其武進人，或謂海鹽人，或說贅婿蘭陵，或說由常州贅於海鹽。《湖海詩傳》、《國朝耆獻類徵初編》、《國朝詩人徵略初編》、《碑傳集補》等，均有其傳。《隨園詩話》卷九：「丁丑春，陳古愚袖詩一冊，來告予曰：『得一詩人矣。』適黃星岩在山中。三人披讀，乃常州董潮字東亭者所作也。其《京口渡江》云：『輕帆如葉下吳頭，晚景蒼茫動客愁。雲淨蕪城山過雨，江空瓜步雁橫秋。鈴音幾處煙中寺，燈影誰家水上樓？最是二分明月好，玉簫聲裏宿揚州。』想見其人倜儻。癸未閱邸抄，知與香亭同中進士，入詞館。予方喜相交之日正長，不料散館後，竟病卒。余因思未見其人先吟其詩而相慕者，一為蔣君士銓，一為陶君元藻，皆隔十餘年，欣然握手；惟董君則始終隔面。渠未必知冥冥中有此一知己也，嗚呼！」《雨村詩話》卷九謂：「海鹽董東亭潮，余癸未館選同年，出趙雲松門下，能文，詩詞尤綺麗，工對仗，作《紅豆歌》，人爭傳誦。制義亦如之。是科會試，題為『寧武子邦有道則知邦無道則愚』，中有以『呆犬』對『襄牛』一聯，人服其工。素有嘔心成句之病，逾年假歸，修《毗陵志》，卒於常州，可惜也。趙雲松哭之，有句云：『生無薄產常依婦，才可名山未著書。』最為沈著。」《兩浙輶軒錄》卷三三：「董潮，字曉滄，號東亭，海鹽縣人。乾隆癸未進士，官翰林院編修。著《紅豆集》。方廷瑚曰：東亭先生本江南武進人，少孤，祖母陳撫之。成人，贅於海鹽，遂占籍焉。性至孝，讀書慷慨，負志節，工詩文，兼善六法，詩不規規於唐宋，而氣體逼古，獨自成家。與夏槐雲、朱笠亭、陸太沖及同郡知名之士結社聯吟，時有嘉禾八子之目。嘗賦《紅豆樹歌》，傳誦都下，稱為紅豆詩人云。卒年三十六。」

龔駿文（1730～1803），字熙上，號簡菴，廣東高要人。《清史稿》無傳。《國朝御史題名》：「龔駿文，號簡庵，廣東高要人。乾隆癸未進士。由禮部郎中考選江西道御史，仕至宗人府丞。」《（道光）肇慶府志》卷八載其家世、生平曰：「公諱駿文，字熙上，號曰簡庵。姓龔氏，祖起龍

自山東掖縣，徙居肇慶縣城西。父鎮國，號康齋，任英德清遠把總，再世以公貴，贈如公官。祖母郭，前母陳，母郭，皆夫人。康齋公生公兄弟三人，公居次。少敏悟，長益好學，乾隆壬午舉於鄉，癸未成進士，改庶常，散館授職檢討。大考以詩遺誤一字，休致。旋丁內艱。服闋，迎駕山東，授主事，復丁外艱。服闋，補官刑部，轉禮部。丁未，由郎中擢江西道監察御史。戊申，駕幸天津，當詔試迎鑾諸生，公疏言：『大臣子弟不得與寒士競。』進得旨，報可。復言：『軍機章京子弟請一併扣除。』奉旨，所奏甚公，均永著爲例。時京師久旱，有某侍郎家演劇，公將列之彈章，侍郎聞而趨止。公喜其悔過，立削稿。次年，擢光祿寺少卿。詣熱河行在，召對，天語詢及前折，嘉獎再三，令有事直奏勿畏。仍命即回京，同王大臣驗看月選官故事。驗看月選官，四、五品京堂不得與，蓋異數也。是歲，連擢通政使司參議、順天府府丞。嘉慶元年丙辰，與千叟宴，拜賜稠疊，累遷通政使司副使、光祿寺卿、宗人府府丞。辛酉致仕歸，邑人延主端江義學，負笈者三百人。有族人與廣文某訟墳山事，廣文畏公祖其族人，遣子以賄進。公曰：『官事自有官理，吾曷敢與聞？』峻拒之。公會試出陽湖趙雲松先生門下，當趙任廣州守，屬公閱府試卷，有請托者，賄公僕，昏夜懷重金列几上，公立斥去，而所取諸邑第一人，如東莞趙湘，聯捷成進士。餘皆登鄉、會榜，相繼無見遺者。及需次部曹，有同客逆旅某，將往奉天，以負主人金，不能行，公拮据代償之，仍資以路費。其勵操尙義類如此。公娶溫，繼娶陸，陸蓋余從叔祖母妹也，並累贈封夫人。子挺，正四品蔭生。孫澍霖公。卒於嘉慶八年八月，年七十三。」《（道光）肇慶府志》卷一九載其事蹟曰：「龔驂文，字熙上，號簡菴，高要人。乾隆壬午舉於鄉，明年成進士，改庶吉士，授檢討，以大考罷官，既而迎駕山東，授主事，補刑部，轉禮部，擢監察御史。戊申巡幸天津，舉行召試，驂文請令大臣子弟不得與寒士競進，復言軍機章京子弟請一併扣除，俱奉旨俞允。己酉擢光祿少卿，奏謝時上詢及前折，溫諭嘉獎之，令有事直奏勿畏。旋擢通政司參議。順天府府丞有校士之責，驂文評騭皆允。嘉慶丙辰與千叟宴。累遷通政司副使、光祿卿、宗人府丞。辛酉致仕，歸課士於端江義學，有函白金乞關說公事者，峻拒之，驂文時固貧甚也。平居自奉終身如儒生，年七十三卒。」另有佚事兩則，《（道光）肇慶府志》卷一七謂：「王士瀚，陝

西咸寧人，進士，由翰林改官。乾隆十三年作令高要，愛民好士，有人倫鑒。時龔驂文方應童子試，以占籍被攻訐，士瀚諭眾曰：『此子必由詞館起家，爲爾邑光。』遂拔置冠軍，贈以「翰苑先聲」額。越十年，驂文果登翰林，仕至宗人府府丞。」《（光緒）香山縣志》卷一四：「劉國鳳，字鳴六，隆都人。附貢生，性好義，嘗寓都門，過高要龔驂文邸舍。時歲暮，索債者盈坐，龔急甚。國鳳曰：『無庸，如數代償之。』一夕名動京師。」

祥慶，正黃旗滿洲人。（《清朝進士題名錄》）

李鐸，據乾隆三十五年六月二十八日履歷折，其乃「山東青州府壽光縣進士，年二十七歲，由翰林院檢討引見，奉旨以知縣用。今掣得福建汀州府武平縣知縣缺」。（《清代官員履歷檔案全編》第 19 冊第 709 頁）又據乾隆四十四年十月三十日履歷折，其時「年三十六歲，遵川運軍糧例，捐同知，本班先用，令簽掣山西寧武府同知缺」。（《清代官員履歷檔案全編》第 21 冊第 165 頁）

與內閣中書、四川李調元時相過從。

【按】《雨村詩話》卷一：「癸未，余始謁趙雲松先生於所寓椿樹三條胡同，汪文端公舊宅也。余時官中書，與雲松宅門斜對，朝夕過從，詩酒言歡。癸未會試，雲松爲分校，揭曉出場，雲松排闥直至床前曰：『將軍捷第二名矣，後似也，二比，大總裁密圈無縫矣。』未幾，出守鎮安，改廣州，升江右道，假歸。其爲詩千變萬化，不可以格律拘，而筆舌所奮，如諧如莊，往往令人驚心動魄。人皆推其古歌，余獨愛其近體。」

又，李調元《得趙雲松前輩書寄懷四首》（之二）「癸闈猶記房車過，親報余登第二人」句下注曰：「癸未禮闈，適君分校，出闈尚未至家，即先過我，報余中第二，故得捷音尤早，至今尚感云。」（《童山詩集》卷四二）

李調元（1734～1803），字羹堂，號雨村、童山、蠢翁、鶴州。四川省羅江縣人。乾隆二十八年（1763）進士，改翰林院庶吉士，散館，授吏部主事。三十九年（1774），以副主考典試廣東。四十一年（1776），升任員外郎。四十二年（1777），放廣東學政。四十六年（1781），任滿回京，補直隸通永道道臺。四十七年（1782），以事罷官，擬發伊犁，以母老贖歸鄉梓。李調元著述宏豐，有《南越筆記》十卷、《觀海集》十

卷、《粵東試牘》二卷、《全五代詩》一百卷等。所輯《函海》，計 40 函，163 種，852 卷。事見《清秘述聞》卷七、卷一二，《國朝詩人徵略》卷四〇等。

四月，散館，考列一等第二名。引見時，帝垂詢再三，詩稿得呈御覽。

《舊譜》：「是年散館，先生考列一等第二名。」

《散館恭紀二首》：「三十餘人試殿墀，姓名獨荷帝疇咨。小臣未敢他途進，聖主眞懸特達知。詩草行書呈滿幅，磚花跪奏語移時。廿年牢落菰蒲士，何幸親承雨露私。」「傳聞天語殿東頭，益愧才非第一流。已忝班行詞館綴，曾邀名字御屏留。文章似惜楊無敵，骨相兼憐廣不侯。寒士從來感知己，況蒙帝鑒更何求。」（《甌北集》卷一〇）

【按】《雨村詩話》卷一謂：「陽湖趙雲松翼，乾隆辛巳探花，余中書同年也，爲人頷尖面小，似猿，而胸中書氣逼人。癸未，散館引見後，上語大學士傅忠勇曰：『此人文自佳，而殊少福相。』故雲松詩云：『傳聞天語殿東頭，益愧才非第一流。已忝班行詞館綴，曾邀名字御屏留。文章似惜楊無敵，骨相兼憐廣不侯。寒士從來感知己，況蒙帝鑒更何求。』」

會大考翰林，方待試圓明園，以散館者免考，遂歸。

《舊譜》：「會大考翰林，先生方待試於圓明園，有旨才散館者免考，遂橐筆歸。」

【按】此次大考，蔣士銓列三等一名。（《清容居士行年錄》）

夏、秋之間，罹傷寒重症，為庸醫誤診，病幾不起，內兄高曉東力為調護。同鄉徐季常延請醫士王又寧前來診治，始得愈。

《舊譜》：「未幾患傷寒症甚巨，幾不起，有醫士王又寧治之，得愈。」

【按】《甌北集》卷四一收有《贈徐尙之明府》一詩，題下注曰：「余癸未歲得疾，甚危，其尊人季常先生挾醫來治，始愈。今先生已下世，而尙之以才士作賢宰，有聲梁宋間，俯仰今昔，不覺悲喜交集也。」又，卷四二《哭內兄高曉東》詩「昔曾治我病垂危」句下自注曰：「癸未歲，余在京得危病，君力爲調護。」知曉東此時亦在京師。又據《病起贈醫士王又寧》（《甌北集》卷一〇）：「豈知浮在胅，內邪實鬱積。浸尋數日間，其症遽增劇。中熱灼肺肝，外鑠焦頭額。火熾水益涸，神昏失其宅。二豎竄膏肓，萬鬼奪魂魄。揶揄侮三屍，猙獰聚伍伯。時作夢囈語，聽者

震愬愬。嘘煙鼻孔黔，迸焰眼芒赤。舌彊如有撟，皮枯慘將磔。失音旋暗啞，作呝轉嘆喈。命眞懸髮絲，危只在且夕」，知病甚沈重，危及生命。詩中還謂：「醫來紛履舄」、「臆見又多僻」、「或謂氣垂盡，補劑延晷隙。抱薪以救火，謬誤固非策。或謂熱太甚，冷劑解熹赫。杯水滴車薪，悾怚又何益」，知甌北此病之診治，爲庸醫延誤時日，幾致不測。又由「胸羅富詩篇，腹笥溢經籍。意趣況閒雅，嗜好兼迂癖。學醫二十年，人命引己責。得效不望報，拯危甘爲役。以是業雖精，家不積財帛。始知其襟懷，固高人數格」（《病起贈醫士王又寧》）、「花草溪山一筆無，倏然欲與古爲徒。高情不逐紅塵夢，畫出蒼茫獨立圖」、「寫照如何貌失眞，披圖不道素相親。幸君名姓韓康似，婦女都能識此人」（《題王又寧獨立圖》，《甌北集》卷一〇），知王又寧醫士，不僅醫術高超，且才學富贍，品德高尚。又，夏、秋之時，「時疾」較易流行，故繫於此。

　　高曉東（？～1800），趙翼繼室程恭人（本姓高）之兄，曾任萊州掖縣知縣，捐升府同知，贈奉政大夫。見本譜乾隆二十四年所引《西蓋趙氏宗譜·藝文外編》。

歲杪，移居裘家街諸桐嶼曾居住之寓所。

　　《歲暮移寓裘家街，次桐嶼見贈原韻》：「卜宅艱於渴掘泉，敢期托蹟杜韋天。奇書載處分中秘，華屋移來似左遷。自笑徒營懸磬室，卻慚不作買山錢。故鄉錐立猶無地，賦罷登樓感仲宣。」「草草庭除舊貫因，並無祭竈請比鄰。題詩敢倚樓名趙，作客曾煩榻下陳。涂酒杯涵三徑雪，唐花簾護一枝春。與君疊代尋常事，誰定蓬廬作主人？」甌北自注曰：「桐嶼曾寓此。」（《甌北集》卷一〇）

【按】裘家街，在椿樹三條胡同南，騾馬市大街北，山西街東，並與之大致平行，爲南北走向之街衢。《燕都叢考》「外二區各街市」謂：「西草廠以南魏染胡同以西，其南北直達之胡同，在北曰斂家坑，迤南曰四川營，斂家坑以西曰裘家街，曰山西街。又西曰鐵門，再西即宣武門大街之南頭。」並引《順天府志》曰：「裘家街，裘或作仇，有臨川、雷陽會館。」